에니어그램으로 진로 찾기

내 성격 유형에 적합한 직업 찾기

엘리자베스 와겔리 · 잉그리드 스테브 지음
한병복 · 이미경 · 경혜순 · 정아름 · 이혜연 · 윤혜경 · 이성심 · 김현승 옮김

목차
Contents

저자 서문		4
서문		6
1장	5 관찰하는 사람	17
2장	6 충성하는 사람	33
3장	7 즐거움을 추구하는 사람	53
4장	8 주장하는 사람	73
5장	9 평화를 추구하는 사람	91
6장	1 완벽을 추구하는 사람	107
7장	2 도와주는 사람	125
8장	3 성취를 추구하는 사람	141
9장	4 독특함을 추구하는 사람	157
10장	와겔리와 스테브의 진로 파인더	175
11장	작업 환경에서 고려해야 할 기본 사항	261
12장	구직활동 안내	292
역자 후기		332

저자 서문

이 책을 재번역해 주신 한병복 코치와 라파에니어그램 팀원들의 성원에 감사합니다. 한국은 에니어그램에 기초한 강점 기반 접근 방식에 가장 먼저 관심을 가지고 지금까지 작업해 오고 있습니다. 한국 독자들은 이 책뿐만 아니라, 우리 각자의 강점과 그 잠재력을 기르는 방법에 초점을 맞춘 '에니어그램 Made Easy', '우리 아이 속마음'과 같은 책을 가장 먼저 선택한 사람들이기도 합니다.

우리는 개인의 약점보다 강점에 초점을 두고 사람을 바라봅니다. 팬데믹이 시작된 지 2년이 지난 지금, 전 세계는 새로운 방식에 눈을 뜨고 있습니다. 우리는 기업에서 정의되었던 정형화된 경로를 따르는 대신 개인이 자신의 경로를 개척할 수 있도록 더 큰 가능성을 열어두고 있습니다. 또한 드러난 강점에만 초점을 맞추지 않고, 더 많은 잠재 가능성을 찾아낼 수 있는 지도를 제공하기 위해 에니어그램을 활용하고 있습니다.

저는 한국 교사들과 한 코치가 학생들의 고유한 스타일에 맞게 지도하기 위해 에니어그램을 사용하고 있다는 것을 듣고 기뻤습니다. 개인적으로 2012년 국제 에니어그램 컨퍼런스 캘리포니아 롱비치에서 한 코치를 만나기 전까지 이 사실을 몰랐습니다. 그동안 이 분야에서 광범위한 작업이 수행되었고 오늘날에도 계속 성장하고 있음을 알게 되었습니다. 전 세계의 교사와 코치는 이미 십 년 동안 한국에서 일어난 일로부터 배울 것이 많을 것입니다.

저는 개인적으로 한국 독자들에게 엘리자베스 와겔리 책을 번역해서 남녀노소를 가리지 않고 널리 알려준 것에 대해 감사드립니다. 독자들 자신이 건강하게 살 뿐만 아니라 다른 사람들도 그렇게 할 수 있도록 돕기를 바랍니다. 전 세계의 학교, 기관, 기업이 계속해서 강점 중심인 WSCF를 실행에 옮길 수 있는 길을 닦기 위해 한국에서 나올 혁신적인 응용프로그램의 다음 물결이 궁금해집니다.

2022년 5월 공동 저자인 잉그리드 스테브

서문

현재 나의 경력은 어느 정도 됩니까? 졸업을 앞두고 있다면 미래에 대한 희망을 품고 바라는 직업을 찾으려고 할 것입니다. 아니면 지금 하는 일이 마음에 들지 않을 수도 있고, 수십 년간 다람쥐 쳇바퀴 돌 듯 살았던 삶에서 벗어나고 싶지만 어디로 가야 할지 모를 수도 있습니다. 또는 최근 실직해서 다시 일하고 싶을 수도 있습니다. 어떤 진로나 직업을 원하십니까? 중요한 결정을 내려야만 하는 이때 우리는 자신의 열정과 재정적인 필요, 소속감도 고려해야 합니다.

지금 어떤 상황에 있든지 각자에게는 잘 맞는 진로가 있습니다. 아홉 가지 유형을 살펴보면서 자기 성격의 유형을 발견한 후 각자의 특별한 자질과 재능을 발견해보십시오. 이 책은 자신에게 가장 잘 맞는 진로를 결정하도록 도울 수 있습니다.

첫 단계는 진로와 적합한지를 판단할 수 있는 질문입니다. 나는 어떤 성격입니까? 나의 가장 큰 강점은 무엇입니까? 일을 하는 데 필요한 것은 무엇입니까? 이는 경영자가 나에게 바라는 자질과는 다를 수 있습니다. 이 책은 이러한 물음에 대답할 수 있게 도움을 주며 진로를 결정할 때 겪는 흔한 장애와 함정을 피하는 방법도 알려줍니다.

내가 지금의 직업을 선택한 이유는 무엇입니까? 어떤 사람은 가족이 일했던 직업이기에 그 길로 갔지만 자신의 성향이 다른 일에 더 적합했음을 나중에 알게 될 수도 있습니다. 또는 존경하는 선생님이 나의 두드러진 재능과 관련된 일을 하라고 하지만, 또 다른 재능이 있을 수도 있습니다. 나에게 관심이 있으며 좋은 의도를 가진 분의 조언이라도 그들의 경험을 기준으로 하기에 나에게는 적합하지 않을 수 있습니다. 젊을 때는 다른 사람의 동의를 얻거나 반대로 내 개성을 주장하는 것이 중요할 수도 있습니다. 그러나 나이가 들수록 주변 사람들의 인정과 반대에 영향을 받기보다는 내가 원하는 일을 선택하는 것이 더 중요합니다. 이 책을 본 후에는 각자의 특별한 강점과 약점, 필요와 욕구를 더욱 분명하게 알 수 있습니다. 어떤 성격인지 아는 것은 다른 일자리로 옮기거나 취직하는 데 결정적인 도움이 됩니다.

예레미야는 자라면서 똑똑하다는 칭찬을 많이 들었습니다. 그는 컴퓨터 공학 학사로 졸업한 뒤 연봉이 높고 유명한 소프트웨어 회사에 교대 근무로 취업하였습니다. 근무한 지 6개월 되었을 때, 에니어그램 진로 경력 워크숍에서 자신이 무엇보다 진정성과 자기표현이 중요한 독특함을 추구하는 사람임을 알게 되었습니다. 그 후 며칠 동안 어떤 일에도 집중할 수 없었습니다. 예술적이며 창의적이고, 업무에서 표현하기를 갈망했던 자신의 마음에 대해 돌아보게 되었습니다. 친구에게 전화해서 정보 기술 분야에서의 자신의 역할은 의미가 부족해 보이며 그로 인해 우울감을 느낀다고 말했습니다. 다음 날 도무지 출근할 수 없어서 집에서 생일이나 특별한 날에 친구들에게 주었던 초콜릿을 만들었습니다. 그러면서 가슴이 두근거리고 살아있음을 진정으로 느꼈습니다. 에니어그램을 공부하면서 독특함을 추구하는 사람은 원하는 것을 행하는 데 두려움이 없음을 알게 되었습니다. 이 유형의 가장 큰 강점은 엄청난 상상력과 미적 감각입니다. 예레미야는 현재 직장에서는 자신의 진가를 충분히 표현하지 못하고 있음을 알아차렸습니다. 소프트웨어 개발자로 창의력을 사용하고는 있지만, 자신이 원하는 방식으로 뛰어난 미적 감각을 발휘할 수 없었습니다. 반면에 매번 새로운 초콜릿을 만드는 시간이 행복했으며 주말마다 상상력을 발휘해서 다양한 조리법으로 사탕을 만들었고 친구들에게 맛보였습니다. 소규모로 팔기를 원하던 참에 마침 주말에 인근 식료품 가게에서 수제 초콜릿을 판매할 수 있었고 거기에서 장사가 잘되어서 전문 상점을 열었습니다. 그 후 자신의 웹 개발 능력을 마케팅에 활용해 온라인에서도 초콜릿을 팔게 되었습니다. 가게가 안정된 후 퇴사했고 창의적인 초콜릿을 만들면서 경제적인 여유를 더 갖게 되었습니다.

예레미야에게 적절한 조언이 우리 각자를 위한 것과는 완전히 다를 수 있습니다. 예레미야는 독특함을 추구하기에 창의적인 일을 선택했고, 우리 각자는 다른 선택을 할 수 있습니다. 나는 어떤 유형입니까? 과연 나는 어떤 동기를 가진 사람입니까?

사람들의 성향을 통해 강점, 약점, 관심 분야를 구별하는 여러 가지 방법이 있습니다. MBTI나 강점 찾기와 같은 인지도가 높은 체계를 포함해서 적절한 진로 방향을 돕는데 사용할 수 있는 자료들은 많습니다. 에니어그램이라고 불리는 유형 체계는 내면의 동기와 핵심 가치를 알려주므로 자신을 이해하는 데 가장 탁월합니다. 다른 체계들은 겉으로 나타나는 특성만 설명할 뿐 기본적인 동기를 분석하지는 못합니다. 에니어그램으로 스스로 마음을 보면서 자신의 유형을 발견할 수 있습니다. 더불어 나 자신이나 동료들이 현재 하는 일에 대한 동기부여를 어떻게 받았는지도 알 수 있습니다.

만약 내가 삶에서 행복과 재미를 추구하는 데 가치를 둔다면, 자유롭고 흥이 많은 즐거움을 추구하는 유형일 수 있습니다. 또한 위험을 예측해서 피하는 것이 중요하다면, 안전할 수 있도록 모든 상황에 대해 답을 찾으려고 하는 충성하는 사람일 수 있습니다. 이들은 미지에 대한 두려움을 줄이려고 합니다.

이 책을 통해 아홉 가지의 다른 유형들의 강점과 욕구, 약점을 알 수 있습니다. 우선 각 유형이 가진 내면의 동기를 소개합니다. 나의 동기는 무엇입니까?

1유형: **완벽을 추구하는 사람**은 개선하려고 함
2유형: **도와주는 사람**은 다른 사람들의 필요를 채워주려고 함
3유형: **성취를 추구하는 사람**은 성공적인 이미지를 얻으려고 함
4유형: **독특함을 추구하는 사람**은 감정과 개성을 표현하려고 함
5유형: **관찰하는 사람**은 지식을 습득하려고 함
6유형: **충성하는 사람**은 안전하기 위해서 위험을 줄이려고 함
7유형: **즐거움을 추구하는 사람**은 가능성을 탐색하려고 함
8유형: **주장하는 사람**은 힘을 가지고 주도적으로 하려고 함
9유형: **평화를 추구하는 사람**은 평안을 유지하려고 함

1유형: 완벽을 추구하는 사람
올바른 행동을 하는 것이 중요합니다.
내면의 비평가가 계속해서 강력하게 '좀 더 잘해야 해.'라고 합니다.
규칙이나 규율을 지키는 것에는 엄격합니다.
예의 바르고 도덕적인 사람으로 살아야 하며, 그렇게 살려고 노력합니다.
어떤 사람이 실수한다면, 그 사람은 개선하고자 노력해야 한다고 생각합니다.

2유형: 도와주는 사람
자신의 욕구나 필요보다는 남의 욕구가 더 잘 보입니다.
상대방을 위해 시간을 내어 도와주고 적절한 조언을 하는 것에 지나치게 신경을 씁니다.
감정을 잘 이해하고 공감을 잘해주므로 사람들은 관계에서 생기는 문제를 해결하기 위해 도와주는 사람에게 의지합니다.
어떤 사람의 일이 완성되도록 도움을 주었던 때를 가장 자랑스럽게 여깁니다.
좋은 관계가 가장 중요하기에 사람들에게 자주 고맙다고 말합니다.

3유형: 성취를 추구하는 사람

경쟁하는 것에 부담이 없고, 특히 이길 때 많은 에너지를 얻습니다.

사람들에게 성공적인 이미지를 보여주는 것은 아주 중요합니다.

자신을 위해서 뛰어난 멘토를 찾고, 누군가가 흠모할만한 멘토가 되고 싶습니다.

실패는 고려하지 않습니다.

완벽하게 하기보다는 효율적인 방식과 최상의 생산성을 더 추구합니다.

4유형: 독특함을 추구하는 사람

창의적인 방식으로 자신을 표현하는 것이 가장 중요합니다.

평범함에는 끌리지 않고, 독특하며 무엇인가 다르게 살고 싶습니다.

자신을 주변인으로 바라봅니다.

자기 삶에서 무엇인가 잃어버렸다고 여깁니다.

행복이든 슬픔이든 감정에 몰입하기를 좋아합니다.

5유형: 관찰하는 사람

관심사에 깊이 몰두하는 것을 선호합니다.

어떤 일에 집중할 때 간섭받는 것을 싫어합니다.

원리를 알고자 계속해서 지식을 탐구합니다.

사람들이 감정적으로 말하거나 행동할 때 불편해합니다.

조용하고 개인적인 삶에 가치를 둡니다.

6유형: 충성하는 사람

어떤 상황에서든지 확실하게 알기 위해서 자주 질문을 합니다.

믿을 수 있는 권위자인지 알고 싶어 합니다.

발생할 수 있는 위험의 수위를 확인합니다.

어떤 일이 발생해도 대처할 수 있도록 최악의 시나리오를 씁니다.

충성은 나에게 최고의 자산이고 이 가치를 다른 사람에게도 요구합니다.

7유형: 즐거움을 추구하는 사람

짜릿한 가능성이 있는 계획을 선호합니다.

동시에 여러 개의 일을 하며 다양한 기술을 접목하는 데 뛰어납니다.

무슨 일을 하든지 재미있어야 계속할 수 있습니다.

흥미를 위해 계속 다양한 일을 하고 무엇인가 경험하고자 합니다.

인맥을 형성하고 연결하는 역할을 잘합니다.

8유형: 주장하는 사람

독립적이고 강합니다.

자신감이 넘치는 사람으로 보입니다.

사람들은 주장하는 사람이 책임자가 되기를 바랍니다.

진실과 정의를 옹호합니다.

누군가와 대립하면 절대 물러서지 않습니다.

9유형: 평화를 추구하는 사람

여러 다른 관점의 사람들을 이해하는 데 뛰어납니다.

집단 안에서 일어나는 갈등을 완화할 수 있습니다.

일상의 편안함을 선호합니다.

사람들과 연결된 상태를 원합니다.

사람들에게 평온함을 준다는 말을 듣습니다.

우리가 자기 내면을 알고 유형을 이해하게 하는 여러 가지 정보는 진로나 경력의 모든 부분에서 나은 결단을 하는 데 사용될 수 있습니다. 이를 통해 자신의 강점에 대해 정확히 이해할 수 있고, 그 강점을 최대한 사용할 수 있는 진로를 선택할 수 있습니다. 가장 즐겁게 일할 수 있는 환경과 직책이나 업무는 자신의 필요를 알 때 찾을 수 있습니다. 자신의 약점을 잘 이해하게 되면 살아가면서 만나게 될 함정을 피할 수 있습니다.

다양한 기술을 가진 업무팀을 갖추는 것이 효율적임을 아는 상사는 결코 같은 업무의 전문가로만 팀을 구성하지 않습니다.

WSCF 와겔리와 스테브의 진로 파인더

10장에 WSCF가 있습니다. 각자의 유형을 파악하고 난 후, 이 시스템으로 선호하는 두세 가지 강점을 찾고 그것을 잘 살릴 수 있는 직업을 알아보면 자신에게 적합한 진로를 찾을 수 있습니다. 워크숍에서 이 시스템을 사용한 분들이 어떤 도움을 받았는지 예화를 보십시오.

* 대학에서 문학을 공부한 디모데는 어떤 길로 가야 할지 몰랐습니다. WSCF를 사용해서 자신의 강점이 도서 편집자에 알맞다는 것을 발견하고 기뻤던 그는 편집 인턴을 해본 후 이제는 그 분야에서 일하려고 합니다.

* 도마는 발명가의 꿈이 있었고 적성도 맞았지만, 수년간 사업 분석가로 일하면서 그 꿈을 잊어버렸습니다. WSCF를 통해 자신의 강점이 무엇인지 다시 보게 되었습니다. 이제 그는 진로를 바꾸어 자신이 원했던 발명가가 되기 위해 방법을 찾고 있습니다.

* 글쓰기를 취미로 가진 전직 부동산 중개인 이사야는 자신의 역량이 언론과 관련된 일에 알맞다는 것을 알게 되었습니다. 지금 그는 정기 간행물에 자유기고를 하고 있습니다.

* 솔로몬은 자신이 광고 대행 업무에 소질이 있음을 알고 놀라워했습니다. 온라인 마케팅 이사인 그는 여러 고객을 응대하면서 더 많은 다양성과 도전의 가능성이 특히 매력적임을 보게 되었습니다.

* 은퇴 교사인 요한은 WSCF를 사용했고 남을 돌보는 간호사 일이 좋다는 것을 알았습니다. 그 후 자신이 사는 지역의 복지 시설에서 자원봉사를 합니다.

각자 자신의 강점을 아는 것만큼 자신의 욕구를 이해하는 것도 중요합니다. 예레미야는 독특함을 추구하는 유형으로 만족스러운 삶을 살기 위해서는 더 높은 수준의 자기표현이 필요하기에 다양한 초콜릿을 만드는 일이 더 적합함을 알게 되었습니다. 이 책은 각각의 유형마다 다른 특정한 욕구가 있음을 알려줍니다. 제11장에는 내가 원하는 일에서 급여, 근무시간, 승진 등을 기준으로 특정 업무 상황에서 고려해야 할 요소들을 알아볼 것입니다.

아홉 가지 유형에는 주의해야 할 약점이 있습니다. 같은 유형의 사람에게서 약점을 읽음으로써 실수를 피할 수 있습니다. 완벽을 추구하는 바울은 생물학자이자 학술 회원으로 대단한 경력이 있습니다. 그에게 중요한 가치는 모든 일을 올바르게 하고 세부 사항에 집중하는 것입니다. 만약 당신도 그와 같은 유형이라면 세세한 부분에 지나치게 집착하느라 경력을 계발하는 데 제약을 받을 수 있습니다. 모든 답을 명확하게 알려고 하는 바울은 1시간의 강의에서 어떤 실수도 하지 않기 위해 10시간을 준비합니다. 그는 사람들이 괜찮다고 하는 것을 쉽게 받아들일 수 없습니다. 대학에서는 그에게 완벽한 강의보다는 학교를 위한 지원금을 받아 오기를 원했지만, 바울에게는 그런 활동을 할 시간이 없었습니다. 그는 지나친 완벽성으로 인해 대학에 도움이 되기에는 턱없이 적은 수의 논문만을 발표했습니다.

완벽을 추구하는 유형은 세부 사항에 집중하거나 이상이 높다는 강점이 있습니다. 그러나 과한 책임감과 완벽을 추구하는 욕구에서 어느 정도 자유로울 필요가 있습니다. 바울은 대학 측의 기대치에 부응하려 애쓴 나머지 호기심을 추구할 수 없었습니다. 은퇴할 때 자신이 가장 좋아하는 일은 실험을 보조할 수 있는 실질적인 기구를 만드는 것임을 깨달았습니다. 만약 그가 자신에 대해 조금 더 잘 알았다면 자신이 했던 강의나 논문, 일상에 흥미가 없었음을 알 수 있었을 것입니다. 그가 발명을 위해 시간을 더 보냈다면 보다 행복할 수 있었을 것입니다. 바울과 같은 이 책의 예화 속 사람들의 이야기는 우리 각자에게 자원이 될 수 있습니다.

1장에서 9장을 읽어보면 각자의 특별한 강점, 욕구, 약점을 포함해 자신의 유형을 발견할 수 있습니다. 10장은 와겔리와 스테브의 진로 파인더가 있습니다. 11장은 각 유형이 일할 때 가장 필요로 하는 우선순위 목록을 작성하는 데 도움이 됩니다. 12장은 구직 과정을 세부적으로 설명합니다. 일자리를 구하고 자신에게 알맞은 조건을 협상하는 방식과 이력서 및 인터뷰에서 각자의 장점을 돋보이게 하는 방법을 배울 수 있습니다.

나의 성향을 찾고, 원하는 진로에 대해서 더 많이 배울 준비가 되어있습니까? 지금 시작하면 됩니다.

The
Career
Within
You

관찰하는 사람

지식 습득하기

관찰하는 유형은 호기심이 많고 생각을 많이 하며, 한 번에 한 가지 일에 집중하고 자신만의 시간을 누릴 줄 아는 사람입니다. 즉 독자적으로 생활하거나 활동하는 것을 즐기는 사람입니다. 방대한 양의 연구물이나 기상 시스템을 분석하거나 처리하는 것을 좋아합니다. 다량의 데이터를 유의미하게 만들어 주므로, 조직에서는 아주 소중한 사람들입니다.

일반적으로 관찰하는 사람은 내향적이며 특이한 면이 있고 수줍음을 많이 타는 편입니다. 특정한 주제 토론을 위해서는 사람들을 만나지만 일할 때는 혼자 하는 것을 좋아합니다. 어떤 관찰하는 사람은 연구보고서, 의학 학술지, 비평 간행물, 이메일 등과 같이 문서로 소통하는 것을 더 선호합니다. 또 어떤 사람은 자신의 전문분야에 대해서 말할 때 대중 앞에서도 편안하게 발표하고 뛰어난 연설가가 되기도 합니다. 그래도 여전히 자기 생각과 프로젝트에 집중하기 위해 개인 시간이 필요합니다.

알맞은 직업으로는 과학자, 교수, 조사분석가, 사진작가, 사서 등이 있습니다. 일반적으로 컴퓨터 프로그래머, 변호사, 측량사, 생물학자, 화학자, 심리학자, 작가, 예술가도 잘 할 수 있는 일입니다.

자신을 알아가기

관찰하는 유형은 객관적인 사람이지만 속으로는 빈정댈 수 있고, 자신을 따분한 사람이거나 괴짜, 바보라고 생각할 수 있습니다. 이들에게는 다양한 모습이 있지만 괴상한 사람들은 아닙니다. 수학이나 컴퓨터 작업이 잘 맞을 수도 있지만, 자전거 타기, 자동차 운전, 요리, 아이들과 함께 활동하기 등 구체적인 일에 더 흥미가 있을 수도 있습니다. 이들의 상징은 '유리 날개 나비'로, 민감하고 부드러운 영혼이 내재해 있으며 갈등을 싫어하고 조용히 움직입니다.

부드러운 영혼과는 모순적으로 보일 수도 있지만, 때로 사람들에게 가혹하거나 지나치게 비판적일 수 있습니다. 이것은 자기 삶에서 가치 있는 자산으로 여기는 예민한 분별력과 관련이 있습니다. 단지 진실에 다가가기 위한 것일 뿐, 공격하거나 무시하려는 의도는 아닙니다. 또한 자신처럼 논리적이거나 지적으로 보이지 않는 주변 사람을 받아들이기 어려워합니다. 뛰어난 지식을 갖고 있어 오만해 보일 수 있지만, 사람들과 어울리지 못하는 것은 아닙니다.

이들은 나이가 많지 않아도 매우 명석하고 자기 분야에서 최신 아이디어로 최고의 위치에 오를 수 있습니다. 가끔 이해할 수 없는 행동을 하는 것처럼 보여도 삶을 다루는 중요한 내적 자원과 공감 능력을 발달시키기 위해 애쓰고 있음을 기억해야 합니다. 스스로 힘을 내어 자신에 대한 믿음을 가지고 자신과 잘 맞는 친구를 찾아야 합니다. 온화한 겉모습 뒤에는 숨겨진 많은 학식이 있으며, 화려하고 눈부시게 멋지거나 허풍떨고 권위적인 사람이 아닙니다. 높은 수준의 전문지식을 전달하는 능력이 있는 경우, 매우 매력적이고 성공적인 천체 물리학자나 배우가 될 수도 있습니다. '아는 자는 말하지 아니하고, 말하는 자는 알지 못한다.'라는 노자의 말처럼 관찰하는 사람의 대부분은 진지하고 매우 겸손합니다. 예외가 있기는 하지만, 보통 스스로 지식과 능력을 드러내지 않으므로 사람들은 때로 그들의 지식과 능력을 과소평가합니다. 그러나 그들의 생각과 관찰은 가치 있으며 용기를 내서 행동할 때 긍정적인 변화를 이끄는 창의적인 힘이 될 수 있습니다.

날개라고 불리는 양옆의 두 유형은 5유형의 성격에 영향을 줍니다. 독특함을 추구하는 유형 쪽의 날개를 많이 쓴다면 사람과 예술에 더 관심이 있을 것입니다. 반면 충성하는 유형의 날개를 사용하면 지적이면서 과학 분야에서 경력을 쌓을 수도 있습니다.

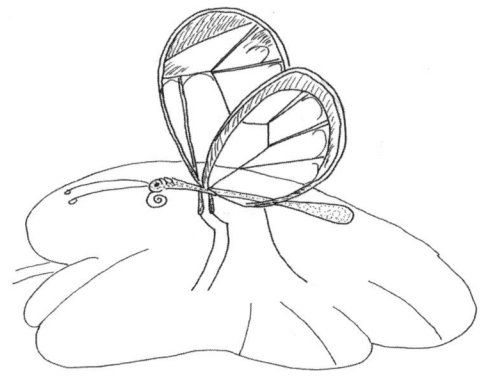

관찰하는 사람

직장에서 관찰하는 사람의 강점

직장에서 관찰하는 사람은 지식, 객관적인 관점, 다른 각도로 보는 능력 덕분에 높이 평가됩니다. 이들은 일할 때 깊이 집중할 수 있는 최적의 상태를 위해 조용한 장소를 원합니다.

구조를 파악하는 능력

관찰하는 사람은 인지능력을 통해 일의 진행 결과를 예측할 수 있습니다. 자키 가드너는 "추리 소설을 쓸 때는 많은 공을 한 번에 저글링하는 것처럼 머릿속에서 작은 지류로 움직이는 20가지의 주제를 함께 생각하며, 책의 결말이 처음과 확실히 일치하는지 계속해서 확인해야만 합니다. 건축가가 집의 전체 구조를 생각하며 일하는 것과 크게 다르지 않습니다."라고 설명합니다.

척은 36년 동안 토지 측량사로 일하면서 도로, 부동산, 소화전, 심지어 전구의 위치까지 알아냈습니다. 그의 작업은 수학적으로 세심함이 요구됩니다. 그것이 정확하지 않으면 누군가의 재산이 손실됩니다. 넓은 들판을 측량한 후에는 사무실로 돌아와 컴퓨터 디자인 프로그램을 이용하여 그림을 그리듯 설계를 합니다. 계약자를 위해 건축물을 어디에 짓는지 결정할 때는 예술가처럼 느껴지기도 합니다. 척은 한때 공터였던 샌디에고 만을 자동차로 돌면서, 그가 건축에 관여했던 공항 활주로, 터미널 빌딩, 호텔, 컨벤션 센터, 도시공원을 바라봅니다.

집중

이들은 과업을 마칠 때까지 끝까지 집중합니다. 많은 사람이 '만일 …했다면 글을 썼을 텐데.'라고 말하지만 그런 사람은 작업하는 동안에 아이디어를 유지할 만큼 충분히 집중하지 못한 것입니다. 그러나 자키에게는 집중하면서 글을 쓰는 시간이 더할 수 없이 즐겁습니다. 그녀는 글을 편집하고 완벽하게 하며 수정하고 아름답게 만드는 일을 좋아합니다.

척이 일할 때는 집중력이 매우 뛰어납니다. 사람들은 8시간 일하면 피곤해하는데, 그는 하루에 19시간을 일해도 전혀 문제가 되지 않습니다. 운전하며 퇴근하는 중에도 그는 놓쳤을지 모르는 계산, 다음에 시도할 수 있는 빠른 방식, 그의 논리를 향상하는 방법을 여전히 돌이켜 생각합니다.

객관성

학생, 동료, 고객들은 편견이나 판단 없이 사물을 보고 사람을 대할 수 있는 관찰하는 사람과 함께 일하는 것을 감사하게 생각합니다.

데이비드는 가수 마임 파리나의 비영리 단체인 브레드 앤 로즈에서 일했습니다. 이 단체는 노인요양원, 아동병원, 에이즈 병원, 정신 병원 등에 음악가를 보내는 일을 했습니다.

"현실에서 강요하는 질서에 따르는 것을 멈춘 사람들과 함께 폐쇄된 정신 병동에 있을 때 편안함을 느꼈습니다. 그들은 단지 무너진 현실을 그들 위에 흐르게 내버려 두었습니다. 간호사들은 환자들이 하는 이상한 이야기를 믿지 말라고 눈짓을 하거나 신호를 보냈지만, 나는 이 사람들을 따라 만화경의 풍차로 들어가는 자체가 좋았습니다. 그들과 논쟁도 하지 않았고, 그들이 생각하는 현실에 대한 환상적인 설명에 대해서도 말하지 않았습니다. 관찰하는 사람은 굳이 말할 필요가 없이 세계에 다양한 의미가 있음을 압니다. 아무도 무엇이 진짜인지 따지지 않으며, 우리는 시냅스의 가장 작은 우회도로가 어떻게 한 개인의 현실을 다른 방향으로 보낼 수 있는지도 이해할 수 있습니다."

거스는 쇠똥구리에 너무 집중해서 도시 전체가 자기 주위에 생겨났다는 것을 몰랐습니다.

세상을 바라보는 독창적인 방법

이들은 보통 사람들과 달리 세상을 깊게 보는데 이것이 이들의 창의성을 발휘하는 근원이 됩니다. 이들이 너무 특이하면 주변 사람들로부터 소외될 수도 있지만, 오히려 사람들이 알아차리지 못했던 세상의 다양하고 풍요로운 모습을 드러낼 수 있습니다.

민감성

대부분의 관찰하는 사람은 선천적으로 온화하며 민감합니다. 일하는 상황에서 사람을 인식하는 것은 매우 중요한 결과를 가져오므로, 다른 사람을 관찰하거나 파악하며, 사람에 대한 흥미는 교육하는 일과 판매 분야에서 유용할 수 있습니다. 학급 전체를 주시하거나 개인의 필요를 잘 알아차릴 수 있습니다.

이들이 의사인 경우, 환자들에게 줄 수 있는 선물은 최악의 상황을 고려하고 있음을 말하지 않는 것입니다. 예를 들어, 감기에 걸린 환자의 부어오른 분비샘이 림프종일 가능성이 있다고 말함으로써 환자를 겁주는 일은 결코 없을 것입니다. 대신 환자가 모든 것이 괜찮은지 알아보기 위해 다음 진료를 예약하도록 할 것입니다. 이들은 쉽게 확신하지 않으며, 직접 경험하거나 증거를 확인해야만 합니다.

학교 교사인 거스는 가을학기가 시작되기 전에 교육학 저자인 허브 콜이 약 2천 명의 교사들에게 했던 감동적인 연설이 좋았습니다. 교사의 대부분은 기본적으로 학생들을 더 엄격하게 훈육해야 한다고 생각했기에, 그가 "우리는 학생들을 더 사랑해야만 합니다."라고 했을 때, 일부 교사들은 콜에게 야유를 했습니다.

"그들의 반응이 너무 좋지 않았지만, 학생들을 더 사랑해야만 한다는 그의 말에 나는 전적으로 동의했습니다."라고 거스가 말했습니다. 성취도가 낮고 불우한 아이들이 많은 동네에서 정성껏 가르치던 거스는 몇 년 후에 학습장애 학생들을 교육하도록 초빙되었습니다. 학급에서 교육은 성공적이었고, 한 소녀는 그 시절이 그녀 일생의 최고였다고 말했습니다. 거스는 학생의 이야기를 항상 경청했기에 좋은 피드백을 받을 수 있었습니다.

관찰하는 유형이 직업상 필요로 하는 것

일상의 직장 생활에서 관찰하는 사람이 만족감을 느끼려면 다음과 같은 것이 필요합니다.

독립성

이들은 다른 사람들에 대해 방관자적인 태도를 보이며, 다른 이들도 그와 같이 반응할 때 높이 평가합니다. 자신이 내린 결정을 신뢰하고 타인의 결정에 관여할 이유가 없기에, 다른 사람들도 자신의 결정에 개입하지 않는 것이 타당하다고 여깁니다.

거스는 학교 건물 외진 구석에 있는 교실을 선호했습니다. "누군가 그곳에 오는 일은 거의 없습니다. 내가 학습장애가 있는 학생들을 가르칠 때 학교 운영자들은 느리거나 문제가 있는 학생들과 그들을 가르치는 선생님들이 눈에 띄지 않기를 바랐습니다. 운영자들은 그들에 대해 더 적게 듣고, 덜 생각날수록 좋았습니다. 나는 수업을 방해받지 않았기에 그것은 내게도 도움이 되었습니다."

회사의 전 직원 중 가장 오래 일한 척은 거의 완벽하게 독립적으로 일할 수 있는 환경을 만들었습니다. "내가 하는 일의 2% 정도를 이해하고 있는 현재 상사를 포함해 그동안 함께 근무했던 20명의 상사는 내가 하는 일을 제대로 알지 못했습니다. 지금은 나 자신이 나의 상사이자 동기 부여자입니다." 척의 첫 번째 상사는 측량사 일을 원하는 수백 명의 지원자를 인터뷰했는데 척을 발견한 것은 '건초더미에서 바늘을 찾은 것과 같았다.'라고 전했습니다. 왜냐하면 그는 자기가 하는 일을 점검할 뛰어난 수학적 기능을 가진 사람이 필

요했고 척이 단연코 최고였기 때문입니다. 하지만 지금은 척이 상사이기에 그는 부하 직원들과 독립적으로 일하고, 아무도 척의 계산을 점검하지 않습니다. "측량팀의 책임자로서, 나는 언제나 어떤 대량의 위험 요소를 다루는 일에도 자신이 있습니다. 지난 36년간 회사는 내 실수로 인한 어떤 비용도 지출하지 않았습니다."

지적 자극

관찰하는 사람은 흥미롭고 충만한 내적 세계를 가지고 있으며, 보통 외부의 특별한 자극은 필요로 하지 않습니다. 그렇지만 자신들의 관심 분야에는 쉽게 참여합니다. 직장에서 몰입해서 일할 수 없는 환경이라면 어려움을 느낍니다. 이들 대부분은 잡담이나 지루한 상황에 있어야 하는 것을 참기 힘들어합니다.

다이앤은 지적 자극이 열악한 노동자 가정에서 자랐고, 그녀의 모든 고등학교 친구들은 결국 공장에서 일하게 되었습니다. 그녀는 "만일 세상이 이런 것이라면, 분명 '난 잘못된 행성에 왔구나!'라고 항상 느꼈어요."라고 말했습니다. 상실감을 느끼며 펑크 밴드 매니저부터 출장뷔페 직원 등 닥치는 대로 일하면서도, 그녀는 많은 책을 읽고 '어떤 것이 정말 중요한가?'와 같은 심오하고 깊이 생각하는 질문을 하기 시작했습니다. 그녀의 동료들은 출장뷔페에 서비스하는 철학자가 있다고 말했습니다. 다이앤은 내적 여정을 통해 자신의 길을 찾았습니다. 그녀는 자신이 철학을 사랑한다는 것을 알게 되었고, 하버드를 목표로 삼았으며 결국 석사 학위를 취득했습니다.

존은 예외적으로 외향적인 관찰하는 사람입니다. 매우 학구적이며 재생 에너지와 심리학에 대해 배웠지만 '책의 표지만으로 책의 내용을 알 수 없다.'라는 것을 보여주는 사람입니다. 존은 그가 지식으로 배운 것을 실제 상황에 적용하여, 사람들이 마시는 공기의 질을 더 좋게 하고 그들의 정서적 행복을 높이기 위해 노력했습니다. 그는 주택단열프로그램을 시작하고, 공원을 만들며, 태양열로 도시의 빌딩을 난방하기 위해 보조금을 신청하여 지역 사회와 국가에 재생 가능 에너지를 도입했습니다. "나는 개인적으로 하는 일들을 마칠 때까지는 끝까지 밀고 나갑니다. 나에게는 항상 몰입할 수 있는 중요한 어떤 것이 필요합니다."

혼자만의 시간

관찰하는 사람은 그들이 접한 정보를 잘 이해하기 위해 홀로 깊이 생각하는 것이 필요합니다. 심리학자 탐은 고객을 만나는 시간을 조율하고, 모든 고객과 만나기 위해 그의 하루를 구조화합니다.

교사인 거스는 책을 읽기 위해 조퇴를 하고 길 건너 도서관으로 갑니다. 컨설턴트로 일하는 다이애나는 재택근무를 할 때 자기 모습을 드러내지 않는 것과 사무실에서 사람들과 교류하는 것 사이에서 완벽한 균형을 이룹니다. "나는 매일 8시간씩 사람들과 소통해야 하는 눈에 잘 띄는 관리자 역할은 하고 싶지 않습니다. 직장에서 요구한다면 나의 성향과 맞지는 않아도, 사무실에서 일할 수는 있겠지요? 하지만 집에서 이메일로 소통하는 것이 더 좋습니다."

헤프리에게는 평화롭게 그의 취미를 즐길 수 있는 혼자만의 시간을 갖는 것이 '좋거나 도움이 되는 정도가 아니라 절대적으로 필요한 것'입니다. 직장에서 그는 휴게실이 편하게 느껴지지 않기에 가지 않습니다. 책상에 머물면서 그곳이 가장 편안하고 최상의 일을 할 수 있는 곳이라 생각합니다. 불쾌한 외부자극이 없기를 바랄 뿐이고, 다른 외부자극은 필요하지 않습니다.

응답 시간

상사는 관찰하는 사람에게 그들이 무엇을 생각하고 느끼는지, 어떻게 표현해야 하는지 생각할 시간을 충분히 주었을 때 더 신중한 답변을 얻을 수 있습니다. 커비는 신속한 답변을 요구하는 학생들이나 가족에게 적응하기 어렵습니다. 그는 한 주제에 대해 며칠간 생각하며 모든 부분을 더 큰 그림으로 이해한 다음 답변하고 싶어 합니다. "반찬으로 브로콜리가 좋을지 순무 나물을 먹을지 등 사소한 질문도 내가 당장 결정할 수 있는 것이 아닙니다. 나는 깊이 생각할 수 있는 혼자만의 공간으로 가야 하고, 그동안은 사회성을 유지할 능력을 잃게 됩니다. 이것이 가까운 친구나 학생, 가족일지라도 면대면보다는 온라인상에서 논의하는 것을 더 좋아하는 이유입니다."

심리치료사로서 탐은 고객을 대할 때 시간적 여유가 없습니다. 때때로 그는 고객과의 상담 시간에 '그것에 대해 생각할 시간을 좀 주세요.'라고 말할 수 있겠지만, 정해진 시간 이상을 기다리게 할 수는 없습니다. 실제로 심리치료사 일은 그가 고객에게 응대할 때 지나치게 생각하지 않아도 된다는 것을 알게 해 주었습니다.

자기 주도

관찰하는 유형은 그들의 내적인 성공에 관심이 있습니다. 그것은 '난 훌륭히 해냈어.' 또는 '나는 내가 하는 일에 정말로 매료되었어.'라고 느끼는 것입니다. 그들은 재정적인 보장도 뒷받침되기를 원하지만, 일반적으로 많은 부와 명예가 그들의 주된 가치는 아닙니다.

자키가 글을 쓰기 시작했을 때, 자기 자신을 압박해야만 글을 쓸 수 있다고 말하는 작가 친구가 있었습니다. 자키는 "그냥 글 쓰는 걸 좋아하지 않아?"라고 물었습니다. 글을 써서 부와 명예를 갖고 싶다는 친구의 답을 들었을 때, 그녀는 깜짝 놀랐습니다. '사람들은 작품을 쓰고 상을 받고 싶어 하는구나! 나는 그것에 대해 생각해 본 적이 없는데. 단지 누군가가 내가 글을 쓸 수 있도록 지원하는 경제적인 안정을 주길 원했어. 난 그런 일을 하면서 시간을 보내는 게 좋을 뿐이야.'

물질주의자가 아닌 척은 돈이나 인정에 대해서는 생각하지 않는다고 말합니다. "상사가 법률상 초과근무 수당을 지급해야 한다고 말하지만 저는 초과근무 관련 서류도 제출하지 않아요. 나는 그저 내가 잘하는 일을 하는 게 즐거울 뿐입니다. 아내와 저는 돈을 많이 쓰거나 비싼 레스토랑에 가지도 않습니다. 우리는 매우 검소합니다. 친구들이 건축 프로젝트를 도와달라고 하면 도와주지만, 돈은 받지 않습니다. 한번은 교회에서 만난 여자분이 자기 집 공사를 도와준 대가로 4백 달러를 준 적이 있습니다. 나는 멕시코 티후아나에 있는 기적 만들기 단체에 그 돈을 기부했습니다." 척은 자신이 은퇴할 때 다른 사람들의 인정이나 파티는 필요 없으며, 단지 성공적으로 일을 해낸 것에 대해 만족감을 느끼며 뒷문으로 걸어 나갈 것이라고 말합니다.

관찰하는 유형의 다른 면

관찰하는 사람은 도전적인 일을 할 때 겪는 어려움을 문제라고 생각하지 않습니다. 예를 들어 심리치료사 탐은 혼자서 치료실을 운영하고 자기의 일을 좋아합니다. 그는 아무도 부담을 느끼지 않을 수 있도록 고객들의 예약 시간 사이에 혼자 있는 시간을 확보하며, 사람들을 도와줍니다. 그가 특별히 자신보다 똑똑하게 보이는 지적인 내담자를 만날 때면, 그는 자극을 즐깁니다. 이러한 자극은 그의 직업에 놀랍도록 유효하게 작동합니다. 하지만 탐과는 다른 관찰하는 유형이 여러 작업 환경에서 경험하는 몇 가지 잠재적인 위험 요소들이 여기에 있습니다.

힘든 일 또는 힘든 모습
- 사람들과 어울리는 상황을 어색해하지 않고 편안하게 느끼기
- 큰 소음과 대립을 포함하여 과도한 감정을 드러내는 사람보다 더 민감하게 반응하기
- 다른 사람이 비논리적으로 보일 때 편안하게 받아들이며, 비난하지 않으면서도 수준 높게 대하기
- 과도하게 간섭받을 때

앞으로 노력해야 할 일
- 내가 잘 알고 있는 주제의 이야기라도 혼자만 말하지 않기
- 머릿속에 있는 지식뿐만 아니라 경험도 매우 중요하다는 것을 깨닫고 실천하기

갈등 관리의 어려움

관찰하는 사람은 갈등을 싫어하고 피하려고 하지만, 지적인 논쟁은 즐길 수 있습니다. 그들이 좋아하지 않는 것은 감정적 대립이며, 지적인 대립이라면 괜찮습니다.

척은 부하 직원이 업무를 제대로 하지 않을 때 훈계를 하면서 감정을 소모하고 싶지 않기에, 작업량이 더 많아지더라도 자신이 처리하는 것이 더 효과적이고 빠르다고 생각합니다. 그는 대립을 피하는 것이 그의 원초적인 욕구 중 하나임을 알고 있습니다. 측량사의 책임 중에는 법정 소송에 관여하는 것이 포함되어 있으므로, 법정에서 그는 사고가 회사 소유지에서 발생하지 않았다거나 빌딩이 토지 경계선을 침범하지 않음을 증명해야 합니다. 그는 그러한 실수를 하지 않았지만, 만일 계산상의 실수가 있다면 엄청난 책임이 따를 것입니다. "논란의 여지는 항상 있었지만, 분쟁은 피하는 편이 낫다고 여겼습니다."

'전조등에 놀란 사슴' 같은 두려움

관찰하는 사람은 먼 훗날에 있을 잠재적 위험에 대해 특별한 생각을 합니다. 그들은 두려움의 근원이 될 수 있는 것에 주의를 기울이고 두려움이 그들을 무력화시키지 못하도록 노력합니다. 전조등에 깜짝 놀라 얼어버리는 사슴처럼 내적으로는 불안감을 느끼면서도 무표정을 유지할 수 있습니다. 다른 사람의 불안은 관찰하는 사람에게 쉽게 영향을 줄 수 있습니다. 그래서 신경질적인 동료와 가깝게 지내게 되면 불안해합니다. 자키의 인생에서 주요한 경험은 두려움을 느끼는 것입니다. "나는 모든 것이 두렵습니다. 누군가의 감정을 상하게 하는 것도 파리를 밟는 것도 두렵습니다. 심각한 상황에서는 집중도 잘하고 나 스스로 잘 돌보지만 사소한 일에는 두려움을 느낍니다."

척을 포함한 많은 관찰하는 사람은 너무 신중한 나머지 기회를 놓치는 경우가 있습니다. "내가 일하는 분야에 대해서는 항상 비정상적으로 몰아붙이는 책임감이 있습니다. 나는 도박꾼이나 위험을 감수하는 사람이 아니니 내 전문분야가 아닌 곳에서 잘 해낼 수 없는 일은 하고 싶지 않습니다. 그래서 내가 잘 알고 있는 분야에서만 일합니다."

마리아가 맨 앞줄에 서서 합창 공연을 하고 있을 때, 누군가의 악보가 그녀의 발 옆에 떨어졌습니다. "우리가 잠깐 쉬는 동안, 한 사람이 바닥에 있는 것을 보았습니다. 맥박을 재러 갔는데 맥박이 뛰지 않았습니다. 그를 평평한 곳에 눕힌 후에 맥박을 느낄 수가 있었습니다. 우리는 119에 전화했고, 합창은 끝이 났습니다. 나는 의사지만 그와 같은 상황은 두렵습니다."

침범에 대한 과도한 경계심

관찰하는 사람은 때때로 사람들의 간섭을 매우 두려워해서 결국 사람들의 감정을 상하게 합니다. 그러나 많은 관찰하는 사람이 그것을 피하는 방법을 배워서, 실제로 선을 넘는 일이 자주 일어나지는 않습니다. 척은 사무실에서 일할 때 누군가가 오면 하던 일을 멈추지 않은 채 사람들의 질문을 듣습니다. "컴퓨터에서 작업하고 있을 때 사람들이 내게 이야기하기 위해 들르면, 멈춰서 눈을 마주쳐야 했습니다. 나는 멈추고 눈을 맞추는 대신 컴퓨터를 2초 동안 쳐다보고, 1초 동안은 그들을 쳐다본 다음 다시 2초 동안 컴퓨터를 쳐다보는 식으로 일합니다."

친구들이 자키에게 전화를 걸었을 때 그녀가 글을 쓰고 있다고 말해도 신경 쓰지 않고 계속 이야기하면, 고집스럽게 혼자 있으려 하지는 않으나 나중에는 화가 납니다. 그래서 단단히 경계를 세웁니다. "방문판매원이 집으로 들어오려고 하면, 그들이 발을 들이든 말든 문을 닫아야 합니다."

부정적인 생각

관찰하는 사람이 부정적인 것에 초점을 맞추는 한 가지 이유는, 주로 외향적인 가치관에 기반을 둔 미국 사회에서 자신이 선천적으로 내향적이라서 종종 오해받는다고 느끼기 때문입니다(대조적으로 핀란드 사회는 주로 내향적인 가치관에 기반을 둡니다). 그들은 경계에 대한 타인의 침입, 무지, 게으른 생각으로 인해 짜증이 날 수 있습니다. 또한 그들의 분주한 마음은 어두운 면을 포함한 모든 이슈를 살피고, 미래에 대한 걱정에 초점을 맞추다 보면 비관론에 빠지게 됩니다. 극단적으로, 관찰하는 사람은 상반된 면을 동시에 생각하는 사람들입니다. 플로베르 박사는 아름다운 여성의 얼굴을 보았을 때 그 아래에 있는 두개골을 보지 않을 수 없었다고 말했습니다.

"우리는 다른 사람들이 진지하게 생각하는 것에 별로 신경 쓰지 않습니다. 내가 보기에, 외향적인 사람들은 다람쥐 쳇바퀴 돌리듯 항상 바쁩니다. 그러한 무의미한 사교에 대한 반감은 우리의 삶에 많은 영향을 끼칩니다."라고 거스는 말합니다.

자키는 종종 머릿속으로 심술궂은 말대꾸를 하지만, 절대 큰 소리로 말하지는 않습니다. 속으로 '도대체 저런 바보 같은 인간이 있나?'라고 생각하거나 아니면, '내가 멍청했더라면 나도 그랬을 거야!'라고 생각할 것입니다. "그렇게 부정적으로 생각하고 대응하는 방식은 내 평생의 습관이었습니다. 하지만 다른 사람들은 절대 알지 못할 것입니다. 나는 내가 직접 말하는 대신 내 소설 속의 인물들을 통해 그런 말을 하도록 합니다. 만일 누군가가 나를 괴롭혀 화나게 한다면, 나는 그들의 목덜미에 기어다니는 뱀이나 다른 어떤 것이 있다고 상상할 것입니다. 과도한 상상이긴 하지만 화나는 것들로부터 마음을 진정시켜 줍니다. 또한 저는 실제로 말하기 전에 심사숙고합니다."

사회적 불편

대부분의 관찰하는 사람은 한두 명의 친구와 함께 있거나 혼자 있는 것을 선호하며 큰 무리를 지어 다니는 것은 불편해합니다. 사회공포증이 있는 사람도 있습니다.

거스는 "어떤 상황에서는 편안함을 느끼지만 다른 상황에서는 그렇지 못합니다. 나는 좋은 친구들이 있어서 오랫동안 내 직업을 좋아했지만, 내가 교직에서 은퇴할 즈음 가장 친한 친구들은 떠나고 없었습니다. 나는 새로운 사람들을 쉽게 사귀지도 못합니다. 교수진들은 부부 동반의 지루한 모임을 하고, 모두가 고상한 척 행동하겠지만, 나는 그런 것이 마음에 들지 않아 가지 않았습니다."라고 말했습니다.

관찰하는 사람의 문제는 그들이 사람들을 상대할 때 나타납니다. 의사-환자 관계와 같이 구조화된 관계는 때때로 다루기 쉽습니다. 그러나 구조화되지 않은 상황에서는, 무엇을 어떻게 해야 할지 어떤 말을 해야 하는지 모르는 경우가 많습니다.

마리아는 누군가에게 방해가 되고 싶지 않아서, 큰 만찬 같은 곳에 가면 어디에 앉아야 할지 불안해합니다. 그녀는 아는 사람이 있는 곳에만 갑니다. 예일 대학 50주년 동창회에 갈 계획인데 부담스럽습니다.

충성하는 사람

위험 줄이기

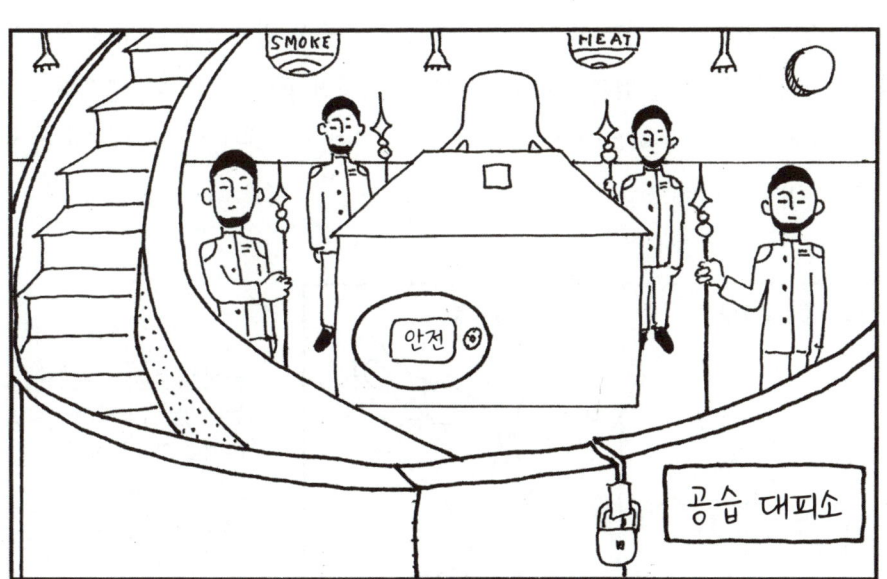

충성하는 유형은 안전이 가장 중요하다고 생각하기에 상황을 분석하는 습관이 있습니다. 시스템의 약점이나 자신 또는 상대의 잠재적 위험을 잘 감지합니다. 성격 문제, 법률적 책임, 소프트웨어 오류, 디자인 결함 등이 눈에 잘 들어옵니다. 모든 유형 중에서 두려움을 자주 느끼는 유형이므로 위험한 일이 발생하기 전에 그에 대처할 수 있는 최악의 시나리오가 떠오릅니다.

같은 인물이라도 상반되게 행동하기에 충성하는 유형에게 알맞은 직업을 찾아내는 것은 어렵습니다. 두려움에 대한 반응으로 소심하게 행동하며 도피하는 공포 순응형과 공격적으로 투쟁하는 공포 대항형으로 나뉩니다. 그래서 위협에 대한 도주-투쟁 반응으로 나타납니다. 도주하는 공포 순응형은 걱정이 많으며 확신이 없습니다. 확신을 얻기 위해 사람들에게 여러 번 확인하며 조바심을 냅니다. 코미디언 겸 영화감독 우디 앨런이 끝없이 질문하며 조바심 내는 표정을 드러낼 때가 바로 그렇습니다. 이와 달리 공포 대항형은 불순한 의도를 가진 사람에게 강한 이미지로 겁을 주어 내쫓아 버리려고 합니다. 조지 부시 미국 전 대통령이 세계 무역 센터에 대한 9.11 테러를 당한 후에도 굽히지 않고 '우리 편이 아니면 적이다.'라고 말한 것이 공포 대항형의 모습을 잘 보여줍니다. 이처럼 내면의 불확실성이나 불안감을 감추기 위해 오히려 공격적인 행동을 합니다. 충성하는 유형은 이 둘 중 한 가지 모습을 보이면서 다른 면을 숨기려고도 하고, 이 두 가지 모습이 동시에 나타나기도 합니다.

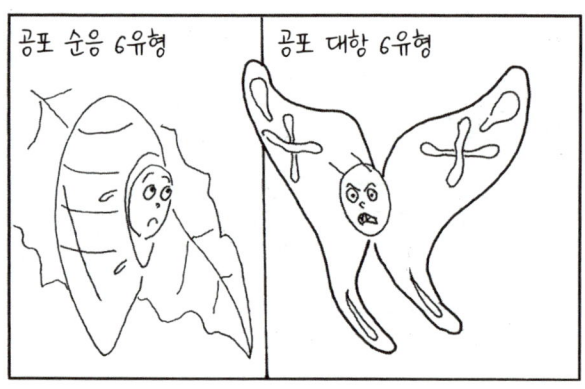

충성하는 공포 순응형인 번데기는 소심했다. 누에로 있을 때처럼 나비가 되어서도 보호받기를 원했다. 그러나 나비가 되어서 세상에 나오자 용감해졌고 강함을 보여주었다.

자신을 알아가기

충성하는 유형은 여러 각도에서 살피기를 원하며, 논리적이고 과학적인 근거로 사실을 찾으려 합니다. 이들은 주변의 권위자에게 마음이 끌릴 수도 있고 반대로 불편함을 느낄 수도 있습니다.

이들 중 어떤 사람은 권위에 순응하지만, 또 어떤 사람은 권위자의 권력이 남용되는 것을 막을 수도 있습니다. 이들은 강력한 지도자 밑에 있을 때 안전함을 느끼고 좋은 동료가 됩니다. 조직 내에서 충성스럽고 신뢰할 만하다는 평가를 받으며, 민첩하게 행동합니다. 조직이나 구성원들에게 도움이 되는 정보를 수집하는 능력이 있으며, 믿을만하고 활동적이며 재치 있는 언변으로 분위기를 띄우기도 합니다.

날개로 불리는 양옆에 있는 두 유형은 6유형의 성장에 영향을 줍니다. 관찰하는 유형 쪽이 더 계발되면 내성적 특징을 보이며 말수가 적습니다. 즐거움을 추구하는 유형을 날개로 사용하면 사교적인 모습이 보입니다.

직장에서 충성하는 사람의 강점

충성하는 사람은 다양한 이유로 같이 일하는 팀원이나 상사 혹은 고객들에게서 헌신적인 사원이라고 높게 평가받을 것입니다. 어떤 충성하는 사람은 뛰어난 분석 능력을 보여주지만, 또 다른 이들은 긍휼함으로 사람을 잘 대합니다. 조직에서 현실적인 인식 능력이 두드러진 모습을 보이는 사람도 있고, 어떤 사람은 미래의 가치 있는 일에 대한 직관이 있습니다.

정확성

이들은 신중해서 거래를 잘 해내고 승진하며 함께 일할 동료를 얻을 수 있습니다.

야구 선수 도미닉은 정확한 투구를 하는 최고의 마무리 투수로 활약하고 있습니다. 평소 경쟁을 좋아하는 동료들과는 달리 그는 실패에 대한 두려움이 가장 큰 동기부여가 되어 열심히 노력할 수밖에 없었습니다. 매일 반복적으로 과녁에 맞추는 연습이 그의 실력을 발전시킵니다. 경기에서 좋은 성적을 낼 때 들리던 내면의 목소리는 반복 훈련 중에도 그의 귀에 맴돕니다. '중심을 맞춰라! 실패는 재앙이다.'

이 세상에서 가장 안전한 롤러코스터를 만들고 싶다면 충성하는 유형의 엔지니어를 만나야 합니다. 미쉘은 자신의 합리적 사고 능력과 과학적 방법에 자부심이 있었으며, 최상위권 대학에서 수년간 초정밀 엔지니어링을 전공했습니다. 로켓 과학자인 그녀는 젊은 나이에 박사 과정을 마치고 몇 년간 방위 산업체에서 일했습니다. 그러다 그녀는 컨설팅 회사의 공동 창업을 목표로 안정적인 직장에서 퇴사했습니다.

어느 날 디즈니랜드에 있는 롤러코스터 고장으로 아홉 명의 탑승객이 다치는 사고가 발생했습니다. 그녀가 롤러코스터를 다시 설계하게 되었을 때, 사람들은 정확한 시스템 설계로 기구가 잘 만들어질 것이라 기대했습니다. 여러 번의 시험과 분석으로 고장의 근본 원인을 찾아냈고 롤러코스터를 안전하게 제작하였으며, 설계와 제작비용뿐 아니라 비가동 시간을 최소화하였습니다.

회의주의

충성하는 사람의 DNA에 새겨진 회의주의는 다양한 업무 상황에서 자산이 됩니다. 이것은 진실을 파헤치는 업무 감사 상황, 법정, 점심시간 토론에서도 필요합니다.

천문학자나 물리학자를 꿈꾸었던 로저에게는 눈으로 볼 수 없는 것이 매력적으로 다가왔습니다. 지금은 원자나 분자 단위의 물질을 다루는 나노 기술 분야에서 일하고 있습니다. 특히 나노 물질이 환경에 영향을 끼친다는 점이 그의 회의주의적 특성과 잘 맞습니다. 발 냄새를 없애기 위해 양말에 은나노 입자를 적용하면 그 물질이 폐기물 공장에서 유용한 박테리아까지 파괴한다는 것은 알려진 사실입니다. 또한 나노 입자가 쥐의 뇌와 폐에 쌓이면서 염증 수치와 스트레스 반응이 증가한다는 실험 결과도 있습니다. 심지어 립스틱에도 독성물질의 나노 입자가 있을 수 있습니다. 그래서 로저는 나노 입자가 적용된 제품의 안전성을 조사하기 위해 과학적 지식과 자신의 회의주의를 연결하였습니다. 천문학을 선택했다면 우주에 있는 모든 미확인 물질이 지구로 오는 소행성인지 아닌지 알기 위해 분석하고 있었을 것입니다.

야생동물 보호 활동가이며 예술가인 그레타는 인생의 대부분을 총과 밀렵꾼들로부터 멸종 위기에 처한 늑대를 보호하는 데 헌신했습니다. 미국 정부가 늑대를 위협하는 여러 요인에 대해 적법한 절차로 처벌할 수 있을지 회의적이지만 어쨌든 그녀는 꾸준히 노력하고 있습니다. "정부나 각종 미디어가 대중의 관심을 더 긴급한 사건으로 돌릴 때, 중요한 환경 이슈들은 관심 밖으로 밀려나게 됩니다. 최근 멸종 위기 동물 목록에서 늑대가 제외되었고 이 법률 조항으로 인해 밀렵꾼들이 다시 늑대를 많이 포획하고 있습니다. 우리는 계속되는 포획으로 관련 단체에 소송을 걸어 승소하고 있습니다. 그러나 앞으로 소송에서 패한다면 늑대들은 또다시 포획당할 것입니다."

충성심

충성하는 사람은 대부분 노동조합, 사법부, 군대, 자선단체, 정치 집단에서 단체의 목적을 위해 깊이 헌신합니다. 그들은 의무, 책임, 봉사 정신이 있기에 신뢰할 만한 동료가 됩니다.

체이스는 직장 상사에게 자신이 여러 면에서 신뢰할 만한 사람임을 보여줍니다. 회사를 위해서라면, 무엇이든 해내며 회사 장부와 은행 통장을 맡겨도 될 정도로 믿을 만한 사람입니다. 로즈는 입주 청소 고객들이 자신을 존중해 주고 시간을 지키며 정확한 때에 비용을 계산한다면 고객에게 충성을 다 할 것입니다. 그녀는 "토사물 흔적은 물론이고 고객이 남겨 놓은 가장 지저분한 쓰레기도 깨끗하게 치울 수 있습니다. 그러나 누군가가 나에게 무례하게 대하고 비난을 일삼으며 심술궂게 행동하거나 나의 수고에 고마움을 표현하지 않는다면 그곳에서 일하지 않을 것입니다."라고 말합니다.

올리비아가 제품전략 부서 담당 임원이었을 때 그녀는 여러 번의 조직 개편에서도 끝까지 회사에 남을 수 있었습니다. 처음에는 부사장에게 업무보고를 하였고 이후에는 임원에게 보고했으며, 결국에는 같은 직책의 동료에게 보고하는 상황이 되었습니다. 올리비아는 그 동료가 너무 편하게 대하지 않도록 세심한 신경을 썼습니다. "나는 충실한 사람이고, 주어진 일에 최선을 다하며, 내 생각을 매료시킬 만한 일을 찾았습니다."

캐서린은 장애인 미혼모 어머니와 힘들게 살았을 때 지원해 준 뉴욕시 복지정책과에 대한 보답으로 사회복지 분야 박사학위를 취득했습니다. 그녀는 자신이 자란 환경과 같은 가난한 지역에서 봉사하고 싶었습니다. "나의 꿈은 사회복지 공무원으로 일하면서 정부 재원을 사용해서 공공의 문제를 해결하는 것입니다." 그래서 캐서린은 급여가 많지 않음에도 수년 동안 취약 계층의 아동을 돕기 위해 정부 지원 기금을 분배하는 업무를 감당하고 있습니다.

문제해결

충성하는 유형 대부분은 관찰하는 유형처럼 많은 양의 복잡한 정보를 검토하고 이해하는 능력이 뛰어납니다.

제품전략 담당 임원인 올리비아는 4억 달러 예산 내에서 기술 개선이 필요한 모든 시스템과 운영 과정을 점검하는 5년 계획을 세웠습니다. "회사의 운영과 시스템에서 우선 개선해야 할 사항 10가지를 찾아내려고 전 부서 차원의 위원회를 만들었습니다. 위원회에서는 전자상거래 팀과 IT팀 사이에서 핵심기술을 구축할 것인지, 구매할 것인지에 대한 치열한 논의가 있었습니다. 나의 업무는 최선의 방안을 찾아 사내 합의를 이루는 것이었습니다. 논쟁이 수평을 이루었기에 한쪽을 선택할 수 있도록 작은 요인이라도 찾으려 했습니다. IT팀에게 소프트웨어를 개발하게 할 것인지, 아니면 그것을 구매함으로 시장에 빠르게 진입하여 사업적 이득을 남길 것인지 사이에서 결정이 힘들었습니다. 결국 우리 회사가 시스템을 구축할 수 있는 인적 자원과 적합한 기술력을 갖추지 못하고 있다는 분석을 기반으로 시스템 구매를 결정했습니다."

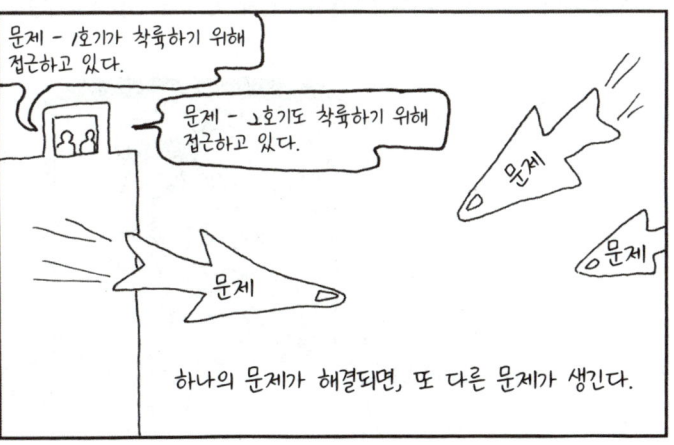

제니퍼는 대형 은행의 투자용 홈페이지 인터렉션 디자이너로 일하고 있습니다. "나는 편리성과 기술, 사업성 등을 고려하여 복잡한 은행 업무를 사용이 편리하고 이해하기 쉽게 만듭니다. 1500만 고객 중 대부분이 영어가 모국어가 아니기에, 안내 화면에 모든 금융 포트폴리오 작업을 직관적으로 볼 수 있게 회계 세부 사항을 배치하는 것은 어려운 일입니다. 현재 작업하고 있는 매체는 인터넷이지만 인터렉션 디자인은 내부 디자인, 건축설계, 소프트웨어 디자인, 책 편집, 리모컨 디자인, 설계도면 등에 적용할 수 있습니다. 지금 거주하는 집을 꾸밀 때와 문헌정보학 분야에서 박사학위를 취득할 때도 정보검색으로 문제를 해결하면서 인터렉션 디자인을 활용할 것입니다."

보호

충성하는 유형 중 공포 대항형은 자신을 보호하기 위해서 페르소나를 사용하여 사람들을 겁주고 쫓아 버리기도 하지만, 색다른 방법을 사용할 수도 있습니다. 그들은 주먹으로 싸움을 하지 않을 뿐입니다.

변호사인 아드리아나는 여성의 권리와 이익을 위해 힘을 다해 싸웁니다. 그녀는 가정폭력을 당하는 여성에게 법률 서비스를 제공하였고, 피해 여성이 이런 문제로 결근할 때 계속 근무하도록 도와주었습니다. 그녀의 친구들은 아드리아나가 데이트 첫날 "가정폭력을 당하는 여성들을 법적으로 대변하는 사람이니 어떤 수작도 부리지 말아요."라고 해서 좋은 남자들이 대부분 겁을 먹고 떠났다고 말해 주었습니다. 그녀는 전국 여성 법률구호단체 및 교육기금 조직위원회에서 일했으며 성차별적 요소가

있는 이민법에 대해 대법원에 제기했습니다. 그 후 월 스트리트의 샐러리맨을 위한 법률 소송 업무를 돕기 위해서 비영리단체를 떠났습니다. 그 단체를 배신했다는 생각이 들었지만, 자신의 안전에 필요한 아파트를 사고 퇴직연금을 개설했습니다. 영리를 추구하는 직장에서 얼마간 일한 후 그녀는 인권 분야의 전문성을 쌓기 위해 제네바에서 국제법을 공부하였으며, 관타나모 만에 억류당한 죄수를 대변하는 일에 자원하였습니다.

재치

유명 예능인들이 충성하는 유형에 속한다는 것은 신기한 일이 아닙니다. 이들의 탁월한 점은 무엇이 대중을 웃게 하는지 알기 위해 그들의 반응을 떠보는 것입니다. 이런 기술은 위험한 상황을 주의 깊게 관찰하거나 친구를 사귀는 것과도 관련이 있습니다.

충성하는 유형이 연예계에서 보여주는 기발한 재치는 두려움과 분노에 대응하는 방법이면서 권위를 조롱하며 풍자적으로 표현되기도 합니다. 유머를 사용하는 또 다른 방식은 역설적 상황을 연결하여 재치 있게 말하거나 과거에 우리 대부분이 알지 못했던 진실을 기발하게 지적하는 것입니다.

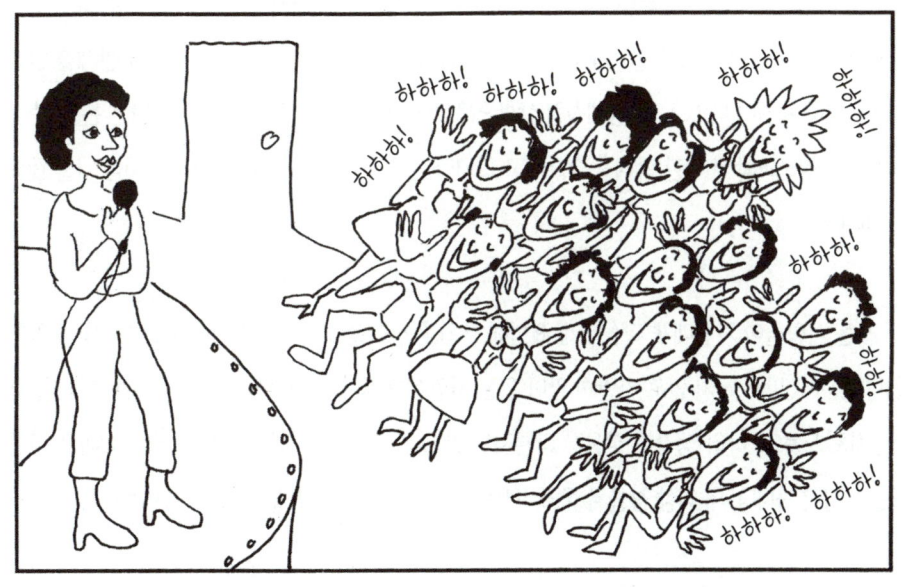

충성하는 유형이 직업상 필요로 하는 것

일상의 직장 생활에서 충성하는 유형이 만족감을 느끼려면 다음과 같은 것이 필요합니다.

확실성

어떤 유형은 일할 때 예측 불가능이나 즉흥성을 원할 수도 있지만, 충성하는 유형 중 공포 순응형은 모험을 떠나기 전 모퉁이에 숨겨진 것이 무엇인지 알아야만 합니다. 이들에게 너무 많은 가능성은 어느 것이 가장 확실한지 몰라서 망설이게 합니다. 생각을 많이 함으로 상대가 말이 없거나 혼란한 상황이나 조작의 흔적이 있는 모든 것을 추측하면서 방향을 벗어날 수 있습니다.

제니퍼는 경제적인 면에서는 보수적입니다. "위험을 감수하는 사람이 아니며, 더 많은 부를 쌓고 더 많이 누리는 것보다는 지금처럼 일하는 방식이 더 좋습니다. 안정된 일을 하고 내 목표와 미래 승진을 계획하는 것을 더 선호하며, 규칙과 조직에서 일하는 방법을 잘 찾아냅니다. 의학 공부에 지쳤을 때, 보수도 높고 일자리도 많은 인터넷 기반 사업체에서 일하는 것을 선택했습니다. 돈을 너무 많이 벌어 직장을 그만둘 때는 다시 일할 필요가 없다고 생각했습니다. 그러나 직장은 내게 필요한 관계를 만들어주기에 일하는 것이 나았고, 또 경제적인 상황으로도 일이 필요하게 되었습니다. 더 많은 돈을 벌 수 있는 온라인 정보과학에 대한 학위를 받으려고 합니다. 안전하게 학위를 받을 때까지 지금 일을 계속할 것입니다."

베드로는 사람들이 자신에게 확실하게 표현해 주기를 선호합니다. "나를 싫어한다면 그렇게 말하면 됩니다. 아무 말도 하지 않고 가만히 앉아 있는 사람은 저를 돌아버리게 만듭니다. 어떤 사람을 상대하는지도 모르고, 나와 생각이 같은지 다른지도 알 수가 없습니다. 내 상사도 너무 조용해서, 고문당하는 느낌이 듭니다. 더 이상 참을 수 없을 때는 무슨 생각에 잠겨있냐고 무조건 물어봅니다."

명분을 위한 다툼

어떤 충성하는 사람은 구호 활동이나 약자를 보호하는 것에 끌리며, 이는 취약함을 느끼는 것이 무엇인지 이해하기에 그럴 수 있습니다. 명분과 관련이 없는 곳에서 일하고 있다면, 시간을 내서라도 이런 만족스러운 활동에 참여해 보십시오.

디자인 학교를 나온 그레타는 생계를 위해서 뉴욕시에서 예술을 가르치고 메트로폴리탄 미술관에서 일하는 예술가로 살아가지만, 계속해야 할지는 확신할 수 없었습니다. 그러다 늑대의 곤경에 대해 알고 난 후 관심이 생겼고 특히 모든 개과 동물에 대한 파일을 모으며 동물들과 가깝다고 느꼈습니다. 졸업 후 늑대에 관한 책을 읽다가 직접 늑대를 보러 갔습니다. 그녀는 곧 동물 보호 활동가들과 연락을 취한 후, 하던 일을 그만두고 늑대에게 가장 위험한 미네소타로 가서 북미 포식자 보호 그룹이 야생동물을 보호하는 프로그램을 만드는 것을 도왔습니다.

로즈는 고등학교 때부터 자연에서 걷기, 배낭여행, 카누 타는 것에 관심이 있었습니다. 재활용 수거가 실행되기 전인 1960년대 후반부터 재활용 수거센터에서 자원봉사를 했습니다. 그 후 캘리포니아 북부 지역의 숲으로 이사를 했는데 그곳은 시멘트보다 흙이 더 많았습니다. 그녀는 낭비를 부추기는 소비주의에 반대했고, 건강식품 가게에서 일했습니다. 적은 돈으로 살았고 재활용 재료로 오두막을 세웠으며, 장작 난로에서 요리하는 등 현대 설비를 사용하지 않고 자족적으로 살았습니다. 결국 생계를 위해서 청소 대행 사업을 했는데 독성이 있는 세제를 사용한 날 저녁에는 기분이 좋지 않았습니다. 그래서 제품 중에 암모니아, 부식성 화학품, 표백제가 들어 있는 것을 제외했습니다. 지금 그녀는 녹색 및 친환경 제품을 사용하여 생물에 대한 독성을 줄이는 것으로 잘 알려진 청소 회사를 운영하고 있습니다.

지적, 신체적 자극

충성하는 사람의 신경계는 정신적으로나 신체적으로 에너지를 방출할 방법이 필요하기에 할 일이 없는데도 바쁘게 보여야 하는 직장은 피하십시오. 도전할 수 있고 적극적인 활동을 할 수 있는 곳에서 더 잘 해낼 수 있습니다.

제니퍼의 동료들은 지혜로워서 늘 그들에게서 도전과 자극을 받습니다. "피곤한 일이지만, 또한 행복한 이유입니다." 그녀는 자전거로 출퇴근을 하고 쉬는 시간에 산책하며 일하고 있는 큰 건물에서도 급하게 돌아다닙니다. "넘치는 에너지로 인해 그렇게 하는 것이 필요합니다. 이전 직장에서는 신체적으로 무엇인가를 할 수가 없어서 성장이 멈춘 것 같았습니다. 저는 외향적이며 우리 그룹에서 사회 활동을 계획하는 핵심 인물입니다. 제 직업은 재정적 필요와 많은 요구를 충족시킵니다."

칼라는 몇 년간 전업주부로 집에 있다 보니 지루해졌는데 의료비 청구와 관련된 직장에 취직하게 되어 기뻤습니다. 맨 처음 맡은 일이 너무 쉬워서 난이도가 높은 일을 요청했습니다. "호기심을 가지고 차트를 보다가 뇌 손상을 입은 환자에게 어떤 일이 일어나는지 알아냈습니다. 의학적인 면으로 이해하는 것이 아니라 그 원인과 사회사업 측면을 찾는 것이 저를 매료시킵니다. 또한 누군가는 저를 묘하다고 생각할 수도 있지만, 저는 살인자들이 어떻게 생각하는지 알아내는 데 끌립니다. 범죄에 관한 책을 읽고 법의학 사건을 다룬 TV 프로그램을 하루에 최소한 한 편은 시청합니다. 저에게 일어날 수도 있다는 생각은 안 하기에 연쇄 살인범의 이야기도 두렵지 않습니다. 그 대신 살인자들이 그런 일을 어떻게 하는지, 왜 하는지 알아내려고 노력하는 것에 자극됩니다. 예를 들면 제프리 다머라는 연쇄 살인범은 평범한 어린 시절을 보냈는데, 그렇다면 그렇게 타고난 것인지 궁금합니다."

신체적 안전

의사 올리버 색스는 그의 책인 Musicophilia(뇌와 음악의 관계를 다룸)에서 '뇌는 끊임없이 활동적이어야 한다.'라고 이야기합니다. 이것은 다른 어떤 유형보다 충성하는 유형에게 더 사실일 수 있으며 이들에게 활동이 부족할 때 패닉 상태에 빠지기 쉬운 이유를 설명할 수 있습니다.

회의에서 크롬웰은 벽에 등을 대고 앉는 것을 좋아합니다. 그렇게 하면 아무도 자신 뒤에 몰래 올 수 없다고 확신하기 때문입니다. 엘사는 화재가 발생했을 때 내려올 수 있도록 4층보다 높은 건물에서는 일하지 않는다고 합니다. 로라는 재난과 같은 두려운 일이 일어났을 때 자신이 남겨질까 두렵습니다. 그래서 사람들에게 기억되려고 섹시하며 주목받는 옷을 입고 출근할 때마다 안정감을 느낍니다. 그러나 옷차림이 야하며 치마의 길이는 너무 짧다고 상사에게 경고를 네 번이나 받았습니다.

로즈는 고객의 집을 청소할 때 일정을 조정하거나 예방 조치를 취할 수 있도록 가족 중 아픈 사람이 있는지 알고 싶습니다. 청소하면서 매일 생기는 세균에서 자신을 보호하기 위해 라텍스 장갑을 자주 사용합니다. 불안정하게 놓인 물건이나 엉클어진 전기 배선도 불편합니다. 어떤 고객이 날카로운 이빨을 드러내고 있는 큰 테리어를 그녀가 일하는 곳에 방치한 적이 있었는데, 개를 다른 방으로 옮기지 않자 화가 나서 일을 그만두었습니다.

안심

위험이 닥쳤을 때 겁을 줄 수 없다면, 도망갈 수도 있습니다. 다른 방법은 가장 신뢰하는 누군가가 나를 보호하고 있으며 모든 것이 괜찮다고 스스로를 안심시키는 것입니다.

구조 엔지니어인 브렛은 회사의 사장인 그의 상사가 종종 그에게 비판적으로 말하는 거칠고 당당한 스타일이라 자신이 지지를 받지 못하는 것 같다고 기업고객을 만날 때마다 말했습니다. 그러나 요즘은 다르게 느낍니다. "10개의 서로 다른 도면 세트를 조정하는 한 프로젝트에서 내가 맡은 일은 대기업 고객에게 무엇이 작동하지 않는지 알려주는 것이었습니다. 자신감이 없어서 시작하기가 힘들었습니다. 내 프로젝트 매니저는 주저하는 나를 보고 내가 설계도에서 치명적인 결함을 잘 찾는다면서 안심시켜 주었습니다. 상사는 일이 쉽지 않음을 인정하고 작업을 완료하는 데 하루가 더 필요하다고 고객에게 이메일을 보냈습니다. 이러한 지지를 받고 안심하게 되니 사업에 관련된 문제는 더 이상 장애물처럼 보이지 않았습니다."

바후발리는 재정적 안정이 걱정되어 매일 온라인으로 투자 계정을 모니터링합니다. 경제가 호황일 때도 예금보험공사에 가입되어 있는지 재정 고문과 이중으로 확인했습니다. "재정 고문은 내가 편집 증상이 있다고 여길 수도 있었겠지만, 나중에 경기 침체기에 리먼 브라더스와 같은 회사가 없어지는 상상도 안 가는 일이 생겼을 때 저는 살아남았습니다. 그녀에게 계정을 아무리 많이 확인했었더라도 그렇게 하는 것이 옳았다고 말했습니다!"

충성하는 유형의 다른 면

충성하는 유형이 일반적으로 겪는 어려운 부분을 염두에 두십시오.

힘든 일 또는 힘든 모습
- 불안을 느끼며 대중 연설을 두려워하고 어려워함
- 비꼬는 말을 하거나 화를 부적절하게 내서 문제를 일으킴
- 너무 조심하고 주저함
- 반대로 하고 무모하게 뛰어들어 두려워하지 않는다는 것을 증명하려 함

앞으로 노력해야 할 일
- 자동으로 반대편의 태도를 선택하거나 너무 많이 논쟁하지 않기
- 나의 회의적인 생각을 말하기보다는 내 안에서만 유지하기
- 후회할 말을 하기 전에 무슨 말을 할지 생각하기
- 실수하거나 비판을 받을 때 남을 탓하지 않기
- 모든 것을 통제하려는 습관을 내려놓기

불안

올리비아의 직무는 대규모 소프트웨어 프로젝트에 대한 잠재적인 위험을 생각하는 것입니다. 그녀가 가장 잘할 수 있는 일이지만, 너무 많은 최악의 시나리오를 생각하면 아무것도 할 수 없습니다. 그녀는 광범위한 자료와 500페이지 분량의 기능 사양설명서를 보관하면서 모든 것을 준비하지만, 항상 잘되지는 않습니다. 성취를 추구하는 유형인 그녀의 유능한 상사는 '너무 많은 정보에 집착하면 분석이 마비될 수 있으므로, 사업적인 특정 위험을 감수해야 할 때는 행동하는 것이 좋다.'고 알려줍니다.

공개석상에서 하는 연설은 칼라를 긴장하게 만들기에 수업 시간에 일어나서 말하는 대신 교사에게 F를 달라고 말합니다. 에스더는 매년 열리는 컨퍼런스 전에 매우 불안합니다. '수천 명의 사람 앞에서 말하기 이틀 전에 느끼는 불안감은 수천 가지 다른 방식으로 나를 힘들게 합니다. 고기 분쇄기를 통과하는 것 같은 느낌이 듭니다. 그러나 일단 그곳에 가면 내면의 평화가 오고 용기를 갖기 시작합니다.'

권위 이슈

충성하는 유형 중 어떤 사람은 반권위주의적 태도로 시스템에 저항하고 어떤 사람은 상사를 두려워합니다. 이 유형 중 많은 사람은 이 두 가지를 동시에 할 수도 있습니다. 더 나은 지도력을 발휘할 수 있지만, 표적이 되고 싶지는 않습니다.

올리비아는 잘 따르는 편입니다. 상사 중 누군가가 그녀에게 질문을 할 때 대답이 떠오르지 않으면 패닉 상태가 됩니다. 몬티는 정상에 오르거나 권력을 가진 사람은 누구든지 실망을 줄 수 있다고 여깁니다. 그는 상사와 논쟁을 벌이곤 했는데, 그러던 어느 날 자신이 권위자 자리를 원한다는 것을 깨달았습니다. 자신에게는 책임이 없었기에 책임을 져야하는 상사를 탓하고 있었습니다.

아스마는 대학에서 고생물학 전시회를 열 때 긴장합니다. 박물관 관장과 애증의 관계로 긴장하면 목소리를 높이며 공격적으로 돌변합니다. 그러다가 죄책감이 들고 관장이 자신에게 화를 낼까 두려워서 잠시 사라집니다.

때로 충성하는 사람은 권위자가 되는 것이 불편합니다. 에두아르도는 자신의 연구에 대해 사람들과 소통할 때 연구 파트너에게 보조 역할을 좋아한다고 말합니다. 하지만 지금은 파트너가 휴가 중이어서 그가 주목받고 있습니다. 권위자가 되면 그의 등에 과녁이 있어 사람들이 화살을 쏠 것 같다고 여깁니다. 케서린도 주목을 받을 때가 불편하다고 느낍니다. 기금 마련 행사에서 그녀의 타고난 성향은 조용하게 탁자에서 몇 사람과 어울리는 것입니다. 그러나 그녀가 가장 많은 돈을 기부했기에 자신이 참석자들에게 중요한 존재임을 알아서 마이크를 잡고 자선단체가 얼마나 자랑스러운지 말합니다.

의심

에두아르도는 자신의 선택에 확신이 없기에 문제에 대한 의견을 말하는 것이 매우 불편합니다. "내가 확실한 입장으로 어떤 문제에 대해 말을 하면 내 속에서는 그것에 대한 공격을 대비하고 있습니다. 모두가 테이블 주위를 돌아다니며 아이디어를 내고 있을 때 만일 나에게 독창적인 생각을 말하고 먼저 자리에 앉으라고 하면 두 번째로 하겠다고 말합니다. 내 생각을 먼저 이야기하기보다 다른 사람의 아이디어를 지지하고 싶습니다. 또한 앞에 나서서 상대가 올바르게 이해하지 못한다고 말하는 사람이 되고 싶지 않습니다. 내가 옳지 않다면 어떻게 될까요? 마침내 토론에 뛰어들 때는 아드레날린이 솟구칩니다."

제니퍼는 사람들을 자주 의심한다고 말합니다. 좋은 인상을 주는 사람들을 믿지만, 가끔은 뒤에서 자신의 이야기를 하지 않을까 걱정합니다. 브렛은 면접을 볼 때 불안해합니다. "감사하게도 두 번의 면접만에 일자리를 구했습니다. 수줍음이 많아 면접을 여러 번 해야 하는 것은 악몽이라 여겨졌습니다."

칼라는 10년간 전업주부로 지내다가 직장을 구하려고 마음을 먹었을 때 누가 자신을 고용할지 의문이 들었습니다. "일할 사람을 구하는지 묻기 위해 운전하고 갈 때 정말 긴장했습니다. 신청서를 받으러 들어갈지 말지에 대해 갈등하며 차에 있기도 했습니다. 제 이력서를 내밀기가 좀 어색했습니다. 면접관이 이력서를 보면서 10년간 아무것도 하지 않고 집에만 있었다고 생각할 것 같았습니다. 그러나 제가 개인 의원에서 일한 적이 있었고 의료보험 관련해서도 일을 했기에, 그 분야에 있는 친구의 도움을 받아서 지금의 일자리를 구했습니다."

조급함

오스카 레반트(1906-1972)는 어떻게 보면 재치가 있거나 또는 말이 많은 사람으로 보입니다. 언젠가 친구인 조지 거쉰에게 '만일 삶을 되돌려서 다시 살 수 있다면 자신을 좋아할 수 있는가?'라고 질문한 적이 있습니다. 레반트는 충성하는 유형이고 피아니스트이며 영화배우이고 자기 이름으로 라디오 쇼와 퀴즈 쇼를 진행하는 작곡가입니다. 무대 공포증, 실제 및 상상의 질병, 재치와 선동적인 말을 결합한 생각으로 고통 받았습니다. 그가 한 정치인에 대해 냉소적으로 '저 사람은 번복할 것이야.'라고 말하면서, 정작 자신도 무엇을 결심하면 그 후에 우유부단해진다고 말합니다.

올리비아는 직장에서 성급하게 행동할 때 자기 내면의 감정을 이렇게 설명합니다. "만약 차가 6살 아이를 덮친다면 50kg도 안 나가는 엄마가 아드레날린과 두려움으로 차를 들어 올릴 수 있음을 알고 있나요? 사업적 환경에서 누군가가 위협적으로 나에게 말하면 같은 종류의 아드레날린이 분비될 겁니다. 해고될 수 있겠지만 그것이 생명에 위협은 되지 않습니다."

흔들림

칼라의 상사는 그녀가 더 자신감 있게 결정을 내려야 한다고 성과를 평가할 때 말했습니다. 그녀는 환자 청구에 대한 지침이 없기에 각 상황을 검토하고 환자에게 청구해야 할지 또는 의료보험 공단에 할지 아니면 그냥 청구하지 않을지 결정합니다. 그 후 곤경에 처할까봐 걱정하고, 스스로 추측합니다. 상사에게 가서 함께 사건의 세부 사항을 살펴보고 다른 길을 선택했어야 했는지 묻습니다. 그런데 상사는 "글쎄요. 어떻게 생각하세요?"라고 대답합니다.

제니퍼는 즉시 결정을 내리고 그것을 고수하면서 속으로 자기 말이 맞는지 아닌지 분별하려고 노력합니다. 올리비아는 전자상거래 사업부에서 새 소프트웨어를 구매할지 구축할지 결정하는 과정에서 백발이 되었다고 말합니다. 분석하는 데 일주일 이상 걸리지 않아야 하는데 4개월이 걸렸고, 그것에 대해 논쟁하는 데 2개월이 더 걸렸습니다. 모든 정보를 받아들여서 모든 사람의 관점을 이해하고 싶은데 그것이 참 고통스럽습니다.

The Career Within You

7 즐거움을 추구하는 사람

가능성 탐색하기

즐거움을 추구하는 유형은 열정적이고 재미있으며 새로운 선택을 갈망하는 영원한 낙천주의자입니다. 흥미로운 것이 많고 활동적인 이들을 팔방미인이라고 부르는 사람도 있습니다. 이들은 융통성이 있고 최소한의 간섭을 원하며, 관료적 구조로 가는 상황이라면 벗어나려 할 것입니다.

이들은 생태체험 관광의 새로운 코스를 발굴하는 여행가이드일 수도 있고, 회사의 직책을 새롭게 설정하는 마케팅 임원일 수도 있으며, 고객의 잠재력을 최대로 계발하는 데 도움을 주는 경영 코치나, 새로운 기능이 부가된 최신 기술의 상품 개발자일 수도 있습니다. 만약 기술 분야에 흥미가 있다면 자동차나 관공서 홍보 사이트와 같은 실용적인 상품을 디자인하거나 개선하는 일을 합니다. 다른 알맞은 직업으로는 사파리 여행 운영자, 탐험가, 음식 평론가, 프로 테니스 선수, 잡지 광고 판매인, 수리 기술자, 광산 시굴자, 물류회사 운영자, 여행 작가 등이 있습니다. 긴 방학이 있는 교사도 이들에게는 매력적입니다. 이들 중 다수는 새로운 기술을 만들거나 기존의 기술을 흥미로운 방법으로 연결하는 역할에 끌립니다. 노벨 물리학 수상자인 리처드 파인만은 아마추어 화가이면서 마술을 하고, 봉고 연주자였으며 마야 상형문자와 생물학을 공부하였습니다. 그는 장난스러우며 책 쓰는 것과 퍼즐을 풀고 자물쇠 따는 것을 아주 좋아했고 삶의 모든 여정에서 다양한 계층의 친구가 많았습니다.

자신을 알아가기

즐거움을 추구하는 유형은 자신의 모든 강점이나 능력들을 동시에 혹은 하나씩, 아니면 이것저것 돌려가며 사용하기를 좋아합니다. 그렇다면 적절한 직업 환경을 어떻게 찾을 수 있습니까? 역사가, 여행안내자, 디자이너, 요리사의 역할을 하며 스토리텔링을 할 수 있는 민박업소 주인이 되는 건 어떻습니까? 사진을 찍고 글을 쓰는 것을 좋아한다면 기자가 될 수도 있지만, 신문사 직원이 되는 건 갑갑하다고 느낄 수 있습니다. 만약 집중하는 시간이 짧다면 프리랜서 기자로 사는 것 또한 좋은 방법입니다. 매일 보석을 닦거나 회계사가 되는 것보다 단기 프로젝트를 하는 것이 훨씬 더 즉각적인 만족을 얻을 수 있으므로 구미가 당길 것입니다. 상품을 조립하는 반복적인 일은 이들에게는 최악의 악몽이 될 것이니, 가능한 다른 선택을 하십시오.

날개라고 불리는 양옆의 두 유형은 7유형의 성격에 영향을 줍니다. 충성하는 유형 쪽의 날개를 많이 쓴다면 보다 신중할 것이고, 반면 주장하는 유형의 날개를 사용한다면 자신감 있는 사람이 될 것입니다.

직장에서 즐거움을 추구하는 사람의 강점

즐거움을 추구하는 사람은 삶에 대한 낙관적이고 독창적인 접근 방식, 광범위한 관심과 지식, 대담함이 있으며 사람들에게 영향을 끼치는 삶에 경이로움을 느낍니다.

새로운 영역 탐색하기

즐거움을 추구하는 유형은 실질적이거나 개념적인 방법으로 개척자가 될 수 있습니다.

실리콘 밸리에서 연이어 창업에 성공한 솔로몬은, 오토바이 전자 상거래 웹 사이트를 만들고 야구 경기가 진행되는 동안 친구들끼리 경기에 훈수를 두며 참여할 수 있는 가상의 커뮤니티를 만드는 등 여러 신생 기업을 설립했습니다. 그는 불가능한 일은 없다고 여기면서 절벽에서 뛰어내릴 사람입니다. "변화를 회피하고 실패를 두려워하는 사람들은 나를 마치 정신이 나간 사람처럼 보더군요. 처음에 그들은 나에 대해 모든 일을 그저 내 방식대로 하기 원하는 사람으로 보았습니다. 이제는 무언가를 시도하고자 하는 나의 갈망이 그들도 함께 움직이게 한다는 것을 압니다."

우주 산업의 개척자였던 데이비드는 최초의 우주선이 착륙할 가장 안전한 장소를 정하기 위해 달에서 반사되는 음파를 찾을 정도로 다양한 방법을 탐색했습니다. 은퇴 후, 그는 삼나무 숲을 보호하는 일에 참여했고 불우한 아동을 도왔으며 호스피스 봉사 활동을 하였고 아이들에게 환경을 가르치며 새로운 곳을 여행하였습니다. 그의 우주 탐험은 인류를 돕는 방법을 찾는 것으로 바뀌었습니다.

동시에 여러 가지 일하기

즐거움을 추구하는 유형은 빠른 사고 능력으로 융통성이 있고 재주가 많아, 동시에 여러 가지 활동을 할 수 있는 능력이 필요한 직업에 알맞습니다. 빠른 속도의 업무 환경이 다른 유형에게는 상당히 부담스러울 수 있지만, 이들은 이런 활발한 환경에서 편안함을 느낍니다.

프로젝트 매니저라는 아드리엔의 직업은 그녀와 잘 맞습니다. 그녀는 다양한 정보들을 잘 처리하는데 그런 일은 느리고 체계적인 사람들에게는 적절하지 않을 것입니다. 연예 전문 법률 사무소의 임원 비서인 자말 역시 곡예를 하듯이 다양한 일을 합니다. 극장에서 영화가 상영되기 전까지 스크린 뒤에서는 엄청난 양의 법률 작업이 이루어집니다. 모든 배우는 계약서를 작성해야 하고, 모든 세트에 협찬사들이 관련되며, 롤렉스 시계를 빌리는 것에도 서면 동의서가 있어야 하고, 노조에서는 각각의 규정이 잘 이행되는지 지켜봅니다. 자말은 협상을 시작해서 모든 일을 마무리할 때까지 18개월 동안 이러한 동의 사항들을 점검합니다. 그는 여러 편의 영화와 관련된 200여 개 이상의 다른 문서들을 동시에 처리할 수 있습니다. 그의 사교적인 성품은 에이전트 및 영화 제작자들과 좋은 관계를 맺고 계약이 시기적절한 방법으로 성사되는 데 도움이 됩니다.

네트워킹

즐거움을 추구하는 유형의 대부분은 편하게 대화하고 정보를 모으며 사람들과 관계를 잘 맺습니다. 아마도 이들은 사람들이 붐비는 장소에 끌리고 파티를 즐기며 대체로 자신을 좋아하고, 사람들도 이들과 함께하기를 좋아합니다.

크리스의 일은 다른 부서와의 관계를 구축하여 프로젝트에 대한 지원을 얻어 내는 것입니다. 공식적 과정이 아니라 회의실 밖에서의 비공식 합의 문화 속에서 회사가 운영된다는 것을 알고, 자신의 사회적 기술을 갈고 닦아 관계 만들기의 고수가 되었습니다. 일이 끝난 후, 여유로운 시간에 사람들을 만나서 알아가는 것은 여러 면에서 성공적인 투자가 되었습니다. 동료들에게 술을 많이 사주다 보니 그가 술집에 들어서면 바텐더가 종종 "이봐, 크리스! 이번엔 내가 쏠게."라고 말을 합니다.

도랠리는 새로운 사람 만나는 것을 선호합니다. 그녀는 오랜 친구들이 모여 있는 파티보다는 전혀 만나본 적이 없는 낯선 사람들이 가득한 흥미진진한 파티에 가기를 오히려 더 즐깁니다. 그녀는 어떤 연령대의 사람과도, 심지어 엘리베이터 안의 낯선 사람과도 만남을 시작할 수 있습니다. 새로운 사람을 만나는 것은 마치 매혹적인 사탕 한 조각을 맛보며 그 달콤함을 만끽하는 것처럼 그녀를 기쁘게 합니다. 하나를 맛보고 나서 다음 달콤함으로 옮겨가는 것을 진심으로 좋아합니다.

낙천주의

즐거움을 추구하는 유형은 '우리가 해낼 수 있음을 난 알고 있어.'라고 말하며 즉시 웃음으로 사람들의 마음을 환하게 해줍니다. 이들에게 삶은 축복입니다. 동료들은 흥미를 유발하는 그를 좋아하고, 가능성에 집중하는 그의 확신은 프로젝트를 뛰어난 수준으로 끌어올립니다.

파커가 광고 업계에서 영업할 때 성공의 열쇠는 낙천주의였습니다. "제가 믿을 수 있는 제품이라면 전화로 영업하는 것을 매우 잘합니다. 거절당하면, 항상 다음 사람으로 넘어갈 수 있습니다."

해리엇은 매우 긍정적이고 쾌활해서 가족과 친구들은 그녀를 '해피'라고 불렀습니다. 그녀는 모든 터널의 끝에는 빛이 있으며, 하루 이틀 문제가 될 수는 있어도 사업은 잘 돌아간다는 것을 알고 있었습니다. 그녀는 사소한 일은 염려했을지라도 궁극적인 결과물에 관해서는 걱정이 없었습니다. 그녀는 한때 파산했지만, 자신의 두 발로 일어설 것을 알았고 결국 그렇게 일어섰습니다.

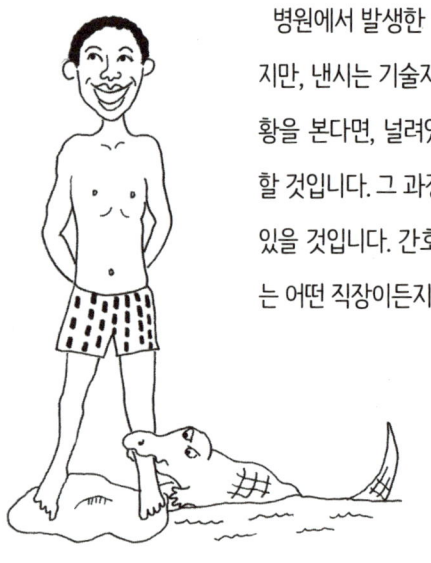

병원에서 발생한 일에 대해서 다른 사람들은 대충 받아들여 전선을 그냥 내버려 두지만, 낸시는 기술자처럼 적극적인 행동으로 해결하려고 합니다. 만약 기술자가 이 상황을 본다면, 널려있는 전선들을 수액 주사 걸이 대에 올려놓는 등의 적절한 조치를 할 것입니다. 그 과정을 어떻게 변화시킬 수 있는지에 관한 생각이 있다면 분명 진척이 있을 것입니다. 간호사들은 자신들에게 주어진 것을 받아들이는 경향이 있지만, 그녀는 어떤 직장이든지, 심지어 병원조차도 변화시킬 수 있습니다.

장난기 가득한 즐거움

즐거움을 추구하는 유형은 삶에서 무엇이든 얻는 방법을 알아냅니다. 쾌활함과 유머 감각은 세일즈맨, 특히 개그맨이나 동기부여 강사, 혹은 행사 매니저와 같은 활동가, 교사, 의사, 작가, 특정 예술가 등 사람들을 다루는 직업에 강점이 됩니다.

핀들래이는 뛰어난 피아노 연주자이자 음악 대학 학과장입니다. 언젠가 한낮에 수백 명이 참석한 개인 연주회에서 죠지 거쉰의 '파리의 미국인'이라는 작품으로 클래식 음악 프로그램을 마무리하고자 하였습니다. 그 곡을 절반쯤 연주했을 때 그는 피아노 의자에서 걸어 나왔고, 그동안 피아노 연주는 계속되고 있었습니다. 이 부분부터는 피아노 연주를 녹음해두었는데 연주에서 녹음으로 바뀌는 부분이 완벽했습니다. 그는 공연을 마무리하기 위해 자신의 연주에 맞추어 별안간 탭댄스를 추기 시작했습니다. 교수들과 학생들은 193cm 키의 점잖은 교수가 춤추며 자기 삶을 즐기는 모습을 보고서 즐거웠습니다. 그들은 만면에 미소를 짓고 기분 좋게 춤을 추며 오후 수업과 일터로 향했습니다.

즐거움을 추구하는 사람이 직업상 필요로 하는 것

일상의 직장 생활에서 즐거움을 추구하는 사람이 만족감을 느끼려면 다음과 같은 것이 필요합니다.

사랑받기

즐거움을 추구하는 유형은 특별하고 유용한 특징이 있는데 이는 '긍정적인 태도'와 '내가 하는 것을 좋아해 주기'입니다. 이러한 특징은 현실의 삶을 흔들 수 있는 부정적인 위험에서 자신을 보호해줍니다. 이들은 충분히 활기찬 분위기를 만들고 자신을 동료 직원들에게 둘러싸여 있게 함으로 일에서의 안정감과 지지를 얻습니다.

고마워하는 환자나 가족들로부터 선물이나 사탕을 받는 것과 같이, 간호사들은 자신들의 일에 대해 박수갈채 받는 것을 좋아합니다. "그들은 우리를 좋아하지요. 우리 대부분은 그들의 고통을 누그러뜨려 주기에 그러한 감사를 받는 건 우리에게는 굉장히 중요합니다."라고 낸시는 말합니다.

전직 여배우 바이올렛은 무허가 술집 운영을 좋아했는데 그곳이 이웃들에게 아지트가 되었기 때문입니다. 아파트에 난방 공급이 끊겼을 때나 도시에 정전이 일어났을 때 이웃들은 그곳에 모여들곤 했습니다. 그녀는 모든 사람의 이야기가 쭉 이어지도록 그 무리의 대모 역할을 했으며 온 세상이 그녀의 친구처럼 느껴졌습니다.

다른 이들을 즐겁게 하기

즐거움을 추구하는 유형은 대화하고 파티를 열며, 친구들이나 가족, 사업 동료들과 어울리는 것을 좋아합니다. 어떤 이들은 수다 모임 이후에 잠깐 홀로 시간을 가지면서 방전된 배터리를 충전할 필요가 있습니다.

"나는 사람들을 기쁘게 해주고 요리하는 것을 좋아하지만 무엇이 좋은 파티를 만드는지 알고 있답니다. 그건 음식이 아니라 누가 누구랑 어울리게 되는가의 조합이지요. 나 자신이 가장 먼저 즐깁니다. 뮤직 파티라면 초대받은 사람들은 음악적 소양이 있어야만 해요. 만약 안식일 저녁 모임이라면 어떤 손님에게는 지나치게 의식적인 행사일 수 있지 않을까요? 나는 누구도 떠나고 싶어 하지 않기를 바랍니다."라고 해피는 말합니다.

로빈은 매년 열리는 버닝맨 프로젝트에서 다른 사람들을 즐겁게 해줍니다. 이것은 네바다주 사막에서 열리는 축제로 참가자 중 즐거움을 추구하는 사람들이 높은 비중을 차지합니다. 언젠가 그녀는 온통 거울 조각으로 된 옷을 한 벌 만들었습니다. "저는 똑같이 반사하는 물질로 덮인 오토바이를 탔습니다. 사람들은 제가 지나갈 때 자신들을 보게 됩니다. 그래서 저는 사막을 통과해서 움직이는 하나의 커다란 거울이 되었답니다. 다른 사람은 나를 볼 수 없다고 생각했어요. 그것이 바로 제가 관심의 중심이 되는 것을 즐기는 방법이랍니다."

재미와 흥분

> 흥분이란, 추구하려고 노력해야만 하는 바로 그것이다.
> 그것은 모든 문제를 해결할 수 있다.
> 사람들이 즐거움을 추구하는 유형에게 '열정'이나 '행복'을 따르라고 제안할 때
> 나는 그것들이 실제로는 똑같은 단 하나의 개념인 흥분을 가리키는 것이라고 여긴다.
> – 티모시 페리스, 〈일주일에 4시간 일하기〉의 베스트셀러 작가

즐거움을 추구하는 유형은 새롭고 창의적인 환경을 조성하여 일을 맛깔나게 합니다. 무슨 일이 벌어질지 알기 전에 먼저 두려움이 몰려드는 느낌을 받을 수 있지만, 그 일에 숙달되면 쾌감을 느낍니다. 어떤 일이 제대로 되도록 반복해서 연습하거나 자극적인 문제 해결에 흥미를 느낄 수도 있습니다.

롭은 전문 아이스 스케이트 선수로 항상 다른 도시에서 열리는 아이스 폴리스쇼(시사 풍자극)에 5년 동안 출연하였습니다. 그는 새로운 지역에 도착하면 필요한 사람을 만나거나, 친구를 만납니다. 혹은 둘 다 찾아 나서기도 합니다. "저는 이 세상에서 가장 사교성이 풍부한 사람이에요."라고 그는 말합니다. "기억하기에 대략 3,000명 정도의 사람들을 만난 것 같아요. 제가 연락하고 싶은 사람들은 상당히 재미있고 좋은 취향을 가진 사람들이지요. 그들은 제가 생각해보지도 못한 활동들에 대해 기막히게 좋은 아이디어를 찾아냅니다. 저는 스케이트 분야의 동료들은 좋아하지 않았답니다. 좋아하지 않는 사람과 함께 하느니 차라리 혼자 있는 게 나았죠."

데이먼은 음악가이자 기업가이며 작가이고 서퍼(surfer)로, 일에 몰두하는 것을 즐깁니다. 주변 사람들 역시 재미있게 지내는 것을 보려고 합니다. 크리스는 '사무실에서 가장 재밌는 사람'이

라는 명성을 얻었습니다. 사랑받는 것은 즐거움에 대한 자신의 욕구를 채워줄 뿐만 아니라 직업의 안정성을 제공해 주기도 합니다. 그는 이단아로, 경영진과 의견이 일치하지 않아 강제로 쫓겨날 수도 있었을 것입니다. 그러나 신생 기업의 스무 명 남짓 되는 직원들 모두가 그를 좋아했습니다. "그래서 경영진이 저를 쫓아낼 수 없었답니다. 그랬더라면 반란이 일어날 수 있었을 테니까요."라고 그는 말했습니다. 그의 생일날, 그가 사무실 문을 열었을 때 실내에는 풍선과 음료들, 감자칩과 붉은 포도주로 가득 채워지고 대형 생일 축하 현수막이 걸려 있었습니다.

경계선 부족

즐거움을 추구하는 유형은 안된다고 말하는 것을 싫어해서 계획대로 되지 않을 때 난처하지 않도록 대안을 생각하기를 선호합니다. '여기에서 내가 더 할 수 있는 일이 뭘까? 이번 여행을 헛되이 만들고 싶지 않아.'라고 생각합니다. 만약 이들이 세일즈맨이나 투자가라면 어마어마한 부를 상상하며 흥분할 것입니다. 연구하는 교수라면 발견에 대해 무한한 기대를 품을 것이고 개업한 치료사라면 자신의 일정 관리하기를 좋아할 것입니다.

아드리엔은 3개월마다 일자리를 바꿀 수 있는 계약직으로 일하는 것을 선호합니다. 이것이 그녀에게 자유의 기분을 선사합니다. 낸시는 간호사들이 밤 대신 낮에 12시간 일하는 것에 좌절감을 느끼지만 언제든 그만둘 수 있음을 알기에 스스로 올무에 걸린 기분은 들지 않습니다. "제가 이 일을 계속하는 이유는 이 직업에는 기회가 아주 많아 행운이라고 생각하기 때문입니다. 가정 돌봄이나 호스피스 병동 또는 학교에서 일할 수도 있고, 학업으로 다시 돌아가거나 그만두고 아프리카로 가거나 평화 봉사단에 합류할 수 있었어요. 간호사들에게는 항상 일자리가 있고 어떤 것이든 할 수 있답니다. 제게는 너무나 많은 가능성이 있어요. 예를 들어 종합 병원에서 세팅하는 일부터 클리닉 업무까지도 할 수 있답니다."

이상주의

즐거움을 추구하는 유형 중 어떤 사람들은 열정이 느껴지지 않는 일은 할 수가 없습니다. 열정이란 노리스가 1970년대에 중남미 지역을 여행하다가 그랬던 것처럼 정글 어딘가에서 혁명에 합류하거나 집에서 정치적 운동에 가담할 수도 있음을 뜻합니다. 간호사인 낸시는 거의 매일 일을 하며 세상을 구합니다. "이상적인 직업은 다른 이의 고통과 괴로움을 덜어주는 것입니다."

페드리코는 주택 시장에 관한 지식을 부동산 업무에 적용하여 사람들을 기쁘게 합니다. 바이올렛의 마음은 뉴욕시 지역 공원에 있는 노숙자에게 향합니다. 그녀는 휴가를 내어 그들에게 식사를 배달합니다. 재정 자문가인 파커는 수입의 1%를 환경보호 단체에 기부하고 그녀의 고객들이 자녀들에게 좋은 가치를 남기도록 격려합니다.

즐거움을 추구하는 또 다른 부류는 자신이 추구하는 이상적인 삶을 자연 속에서 찾을 수도 있습니다. 세계 평화를 홍보하거나 음악을 들으며 황홀경에 빠지는 등의 일은 그들을 자극하거나 평범한 일상에서 또 다른 초월적인 차원으로 나아가게 합니다.

조나스는 말합니다. "내게 최상의 상태란 모든 감각 기관이 집중될 만큼 일에 완전히 몰두하여 시간이 언제 지나갔는지도 모르는 상태를 의미합니다. 업무 만족이란 그 자리에서 시간의 일부인 것처럼 작동하는 것을 의미합니다." 해피는 "세계 평화가 있다는 것이 믿어지지 않지만, 만약 있다면 이상적인 일이겠지요. 노래하고 노는 것이 나에게는 이상적으로 여겨집니다."라고 말합니다.

일에서 벗어나 시간을 음미하면서 보내는 것과 균형 잡힌 삶을 사는 것은 즐거움을 추구하는 사람들에게는 이상적인 삶의 방식입니다. 상당수의 인터뷰 대상자들은 묵상으로 차분해지는 시간을 갖습니다. 래리, 일레인, 해피, 낸시 이 모두는 악기를 연주합니다. 낸시는 간호사라는 직업 외에도 리코더 앙상블과 함께 유럽 투어도 다니곤 합니다. 해피는 합창단에서 노래를, 데이먼은 서핑하며 시간을 보냅니다. 이 유형의 사람들은 즐거움을 위해 천문학과 같은 분야를 공부하기도 합니다. 지리학자인 휘트니는 산악용 자전거로 자연을 탐사합니다. "태극권을 연습할 때, 가만히 힘을 뺀 다음 어느 한쪽으로도 쏠리지 않는 그 느낌처럼, 휴식한다는 것은 완전한 통합을 이루는 것입니다. 어떤 마찰도 없이 한 방향으로 움직이죠. 유머와 웃음 또한 다른 이들과 안전하게 감정을 공유하는 방법입니다. 제게 웃음은 우는 것과 같은 맥락입니다. 손주를 안는 것은 천국에 있는 기분이지요."

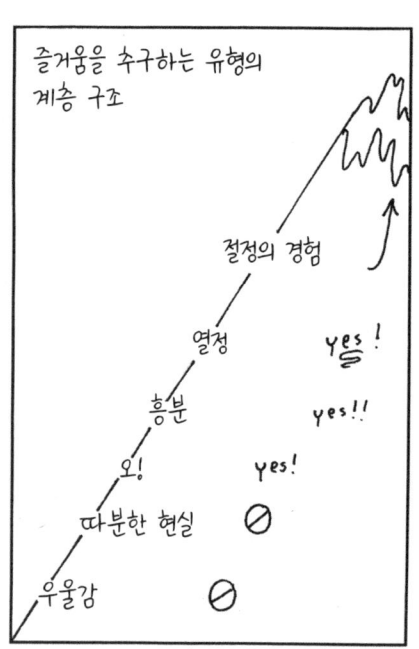

즐거움을 추구하는 유형의 다른 면

해군 장교인 조나스는 자신의 약점에 대해 생각하기보다는 방심했을 때 빠질 수 있는 잠재적인 함정에 대해 귀 기울이는 것이 좋다고 여깁니다.

"부정적인 비판을 듣고 가볍게 무시하려고 하는 순간, 정신을 차리고 자신에게 말하죠. '잠깐, 나중에 더 큰 문제가 될 수도 있어.' 사장의 중요한 연설을 듣는 대신, 다음 여행을 코스타리카로 계획할 때도 '지금 집중해야 해, 비록 지루하지만 중요할 수 있어.'라고 자신에게 말하는 것이 중요하다고 생각합니다. 즐거움을 추구하는 유형들이 내키지 않는 일로부터 도망치지 않고 마주할 수 있도록 돕는 실제적인 조언이 필요합니다."

힘든 일
- 부정적인 것과 갈등을 마주하기
- 지루함을 견디기
- 주변의 수많은 매력적인 옵션들 대신 기존의 직업을 유지하기
- 미래의 가능성을 계획하는 대신 현재 상황에 대해 고민하기

앞으로 노력해야 할 일
- 내가 참여하고 있는 활동의 숫자 줄이기
- 대화 시간을 장악하지 말고 타인의 말에 귀 기울이기
- 의도한 것은 아니나 반감을 불러일으키는 우월함이 드러나는 때를 알아차리기
- '아니, 안돼.'라는 대답을 받아들이기

벼랑 끝으로 가는 것에 대한 매력

즐거움을 추구하는 유형 중 많은 이들이 죽음에 대해 거부감을 느끼고 젊음을 영원히 유지하기를 가장 바라면서도 기회를 잡을 때 느끼는 스릴을 좋아합니다. 롭은 15,000명의 관중 앞에서 아이스 폴리스의 야간 공연을 해야 하는 부담감을 별로 느끼지 않았습니다. 사람들 대부분은 지난 5년간 고난도의 도약이나 점프를 완벽하게 해야 한다는 압박으로 마음속에 두려움을 느꼈을 것입니다. "너무 자주 넘어지면 해고당하겠지만 그것에 곧 익숙해집니다."

뉴욕에 사는 시인이자 배우이며 화가인 바이올렛에게 가장 흥미진진했던 때는 온라인 미디어 회사에서 행사 기획자나 행위 예술가로 일하면서 복잡한 발명품을 즉석에서 만들어 내야 하는 시기였습니다. 그녀의 걸작은 한 달 동안 계속된 밀레니엄 파티였습니다. 큰 예산을 들여 그녀는 어마하게 큰 로프트(건물의 위층)를 빌렸습니다. 그녀는 인라인스케이트를 신고서 끝에서 끝까지 오가며 120개의 작은 수면 공간과 80대의 카메라를 곳곳에 설치하고 그것을 '인체 실험'이라 불렀습니다.

파티는 인터넷으로 생중계했습니다. 카메라에는 속이 비치는 투명한 샤워 부스 속의 벌거벗은 파티 참석자들이 잡혔습니다. 손님들은 커다란 바닷가재, 굴, 구운 오리, 100여 종의 시리얼과 디저트로 저녁 식사를 했습니다. 미 해군 특수부대와 총을 든 매력적인 여성들이 한쪽 끝에 있는 사격장을 관리하였습니다. 일부 공간은 CIA에서 훈련받은 요원이 사람들을 심문하는 공간으로 꾸며졌습니다. 전쟁놀이 공간에서는 손님들이 산타와 사슴으로 분장한 사람들에게 페인트볼(물감이 묻은 가짜 탄환)을 쏘아댔습니다. 그리고 5개의 자치구 대표들이 세계 지배를 노리는 예술가 팀에 맞서 거대한 게임을 즐겼습니다.

바이올렛은 대단한 재미를 느꼈지만, 그것이 그녀 가족을 위한 경제적 뒷받침이 되거나 자기 경력에 도움이 되는 성취는 아니었음을 나중에 깨닫게 되었습니다.

한 직업에 매이는 것에 대한 두려움

다양성과 자유를 선호하기에, 많은 시간과 노력이 드는 한 가지 직업을 지속해야 한다고 생각하면 불안감이 듭니다. 직업을 빈번하게 바꾸는 것을 선호한다면, 반복을 통해 기술을 단련할 기회를 얻지 못하고 전문성을 진지하게 인정받지 못하며 승진의 기회를 놓치고 업무 관계를 계속 이어가기가 어렵다는 불리한 측면을 생각해야 합니다.

파커는 다음에 이어질 흥미진진한 가능성으로 인해 주의를 빼앗깁니다. 이번에는 고객 중의 한 명이 만든 온라인 와인 마케팅 회사입니다. "음식과 와인 산업에 구미가 당겼습니다." 라고 파커는 말했습니다. 고객의 설명을 들었을 때, "'와, 그런 일을 하고 싶었는데'라고 생각했어요. 저는 공석인 고객 확보 팀장 자리에 대해 의논하기 위해 그녀를 만나려고 합니다. 그건 시간제로 일하고 싶은 자리거든요. 그러나 이미 직장이 있는데 제가 왜 이런 생각으로 즐거워하는 걸까요? (웃음) 만약 제가 사업도 하지 않고 아이들도 키우고 있지 않았다면 생각할 여지 없이 당장 했을 겁니다. 이제 저는 한 분야에서 전문가가 되었음에도 모든 걸 뒤로 하고 떠나고 싶다는 유혹을 받습니다. 그렇지만 현재의 직업에 집중하며 머물러 있어야만 하지요."

헌신에 대한 두려움은 자말이 어엿한 영화 제작자가 되는 걸 가로막습니다. 일을 할 수 있는 경험과 능력을 갖추고 있음에도 그는 책임을 지지 않는 법적인 보조 역할에 머뭅니다. "일은 필요하기에 이런 식으로 많은 제작에 참여합니다만 너무 깊이 관여하여 제가 압도되고 싶지는 않거든요."라고 그는 말합니다.

부정적 감정에 대한 두려움

이들은 종종 두려운 감정에 휘둘릴 수도 있는데 알아차리지는 못합니다. 광기 어린 열정으로 뭔가를 하고 있을 때를 주목하십시오. 그것은 피하려고 하는 뭔가가 있음을 뜻할 수도 있습니다. 즐거움을 추구하는 유형에게 두려움과 어두운 부분에 관해 질문하면 "난 슬프지 않아요." "나에게는 어두운 부분이 없어요." "다만 넘어질까 두려울 뿐이지요." 혹은 "모두가 나를 다르게 보거나 내 형제가 죽었을 때 나를 안쓰러워할까 봐 두려워요." 와 같이 대답합니다.

즐거움을 추구하는 성향의 특징을 많이 가진 테드 터너는 찰리 로즈와의 인터뷰에서 아버지가 돌아가셨을 때 그걸 생각하지 않으려고 하루에 18시간씩 일을 했다고 말했습니다. 생명을 앗아갈 수도 있는 실수에 대한 두려움에서 벗어나는 건 낸시에게는 거의 불가능하지만 간호하는 일은 기쁨에서 비탄에 잠기기까지 다양한 감정을 경험할 수 있기에 이 유형에게 적합한 직업입니다.

두려움의 순간들로 인해 바이올렛은 집 근처에 있는 술집을 팔게 되었습니다. "술집을 운영하는 동안 밤마다 수익이 나지 않을 때 가족의 생계로 인해 두려움을 느꼈습니다. 출산을 위한 돈도 마련해야 했지만, 그것도 불가능했기에 펑펑 울었습니다. 생각을 전환한 후에 어떻게 해야 할지를 깨닫고 종업원으로 일하게 되었습니다. 이제는 다 지나가고 고통 속에서 살지는 않지만, 그때의 모습들이 떠오르곤 합니다."

바이올렛과 같은 즐거움을 추구하는 유형은 자신감 있어 보이지만, 두려움이 자신들의 선택에 얼마나 영향을 주는지 알아차리는 것은 그들에게 유익한 일입니다. 바이올렛은 가족을 위한 신중한 선택과 자신의 현재 고용주에게 충실하기 위해 더 침착하고 진지한 면을 발전시키고 있습니다.

새로운 것에 대한 탐닉

때때로 즐거움을 추구하는 유형에게는 거의 완성 단계에 있는 프로젝트가 아주 많이 있습니다. 그들은 더 흥미롭고 새로운 어떤 일에 쉽게 주의를 빼앗겨, 하던 일을 모든 다른 일들 위에 쌓아 놓다가 압도되어 버립니다. 그러나 어떤 이들은 자기 훈련을 통해 탐닉을 피하거나 고도의 집중력으로 탐닉을 벗어납니다. 집중을 유지하는 또 다른 방법은 마감 시간을 지킬 수 있도록 프로젝트 매니저를 고용하는 것입니다. 이들에게 흥미진진한 가능성을 전적으로 무시하라고 요구하는 것은 물고기에게 수영하지 말라고 하는 것과 같습니다.

파커는 새로운 사업을 물색하기 위해 매달 회의를 열었습니다. 피드백 용지를 걷게 되면 보통 10명이 '예. 저는 포트폴리오를 검토하기 위해 당신을 다시 만나고 싶습니다.'라는 항목에 표시한다는 것을 압니다. 그러나 파커는 그들 중 몇 명과는 다시는 다음 작업을 하지 않습니다. 대신 그녀는 다음 회의를 계획하거나 자신이 하고 싶은 일에 대한 흥미 속으로 빠져버립니다.

"이 가지에서 저 가지로 뛰어다니는 원숭이를 저에게 비유할 수 있어요."라고 일레인은 말합니다. "나는 맛만 보는 사람이에요. 글쓰기 수업을 들었지만 어떤 것도 끝마친 것은 없어요. 머릿속으로 줄거리를 구상하지만, 결코 글로 쓰지는 않는답니다." 그러나 일레인은 흥미로운 여행 계획 대부분은 실행에 옮깁니다. 지금은 하와이, 필리핀, 타히티 여행을 생각하는 중입니다.

지나치게 말을 많이 하기

즐거움을 추구하는 어떤 사람들은 강박적일 정도로 말이 많습니다. 누군가는 그가 입을 닫을 용기가 없다고 얘기합니다. 지나치게 말을 많이 하는 것은 불안감을 피하려는 방법일 수도 있지만, 자기 몫 이상으로 주의를 끌고자 하는 문제일 수도 있습니다. 이들은 더 훌륭한 청취자가 되기 위해, 다른 사람들의 몸짓 언어를 지켜보거나 인적 자원 관리부서에서 제공하는 적극적인 경청 교육을 비롯하여 다양한 업무상의 전략들을 시도할 수 있습니다.

롭에 따르면, 즐거움을 추구하는 유형은 즉흥적인 본능이 있다고 합니다. "우리는 먼저 생각하지 않아요. 대신 말하면서 아이디어가 나옵니다. 듣고 있는 사람이 편집해야만 한답니다. 말을 간결하게 하려면 내가 지금 하는 것만큼 많이 생각하지는 않을 겁니다. 나는 머릿속에서 일어나는 모든 것을 대부분 말로 표현하거든요."

래리는 일하면서 지나치게 자기중심적이지 않도록 계속 노력합니다. "해고된 이후 '깨어 있기'라는 말이 제 인생의 가장 중요한 단어 중 하나가 되었습니다. 회장이 떠나라고 요구했을 때 저는 무너져 버렸습니다. 사무실에서 가장 똑똑한 사람이 저라고 믿었거든요. 그런데 걷어차인 일은 저한테는 좋은 일이었습니다. 그게 제 눈을 뜨게 해주었으니까요. 이제는 다른 사람들을 더 많이 주시하게 됩니다. 팀워크가 중요한데도 다른 사람들에게 관심을 찾거나 필요를 보려고 주변을 둘러보지 못했으니까요."

The Career Within You

8
주장하는 사람

명확한 경계 설정하기

나는 환경에 지배당하고 싶지 않다. 내가 환경을 지배하고 싶을 뿐.
영화 '떠나간 이(The Departed)'에서 잭 니콜슨의 극중 인물

주장하는 유형은 강하며 자립적이고자 하는 욕구가 행동의 동기가 됩니다. 이 유형은 진리와 정의를 존중하며 결단력이 있고 단도직입적이며 보호하는 존재로 알려져 있습니다. 자기 자신을 지킬 뿐만 아니라 자신보다 더 연약한 다른 사람들을 기꺼이 돌봅니다. 주장하는 사람 대부분은 강력한 지도력이 있기에 종종 지도자 역할을 해내며 자신이 원하는 대로 이끌어 갈 수 있다는 자신감이 있습니다. 주장하는 사람의 전형적인 직업은 보건 행정관, 협회 지도자, 비서실장, 경찰, 공장 매니저, 부서의 장, 변호사, 컨설턴트입니다. 이들은 부서, 고객, 사업 모두 온전히 자기 능력으로 지켜냅니다.

삶에 대한 욕망이 있고 일, 음식, 좋은 시간, 친구, 운동 등 자신을 기쁘게 하는 여러 가지 것들을 다른 사람이 생각하기에는 과할 정도로 즐깁니다. 이들은 종종 자신의 힘을 알지 못하기에 의도치 않게 사람들을 겁먹게 할 수도 있습니다. 협상할 때 참을성이 너무 없으며, 성급하고 위협적이어서 다른 성향의 사람들은 이들에게 맞서는 것을 두려워합니다. 자신이나 조직의 이익을 위해 얼마나 힘을 써야 할지를 알고 있습니다. 주장하는 어떤 사람은 본능적으로 너무나 반권위적이어서 상사와 문제를 일으킬 수 있으며 이로 인해 직장에서 승진하는 데 방해를 받기도 합니다.

자신을 알아가기

'이 장소나 상황에서 누구에게 힘이 있는가?' 하는 것은 주장하는 사람의 머릿속에 빈번하게 떠오르는 생각입니다. 이들이 일에 굉장한 에너지를 쏟을 때는 지배하고자 하는 욕구에 집중되기에 쉽게 상처받는 목소리를 듣지 못할 수도 있습니다. 이들은 요란한 소리를 내면서 마음속에서 맴도는 노래를 무시하고 싶지 않을 겁니다. 그래서 직업을 생각할 때, 강한 겉모습 안에 있는 더 부드러운 마음이 하려는 행동을 찾는 것이 중요합니다. 예

를 들면 베트남전에서 심각하게 부상당한 미군 해병인 바비 뮬러는 캄보디아 비극에 깊은 영향을 받아 지뢰 희생자들과 전 세계 전쟁 피해자들을 위해 일하기로 결심했습니다. 그는 캄보디아의 수도인 프놈펜 외곽에 보철 클리닉을 세웠고 이제는 매달 140개 이상의 의족과 목발, 그리고 휠체어 30개를 생산해내고 있습니다. 뮬러는 지뢰 금지를 위한 국제 캠페인을 펼쳤고 이것으로 노벨 평화상을 받았습니다.

이들은 가장 풍족한 삶을 살 수 있고 사람들에게 힘을 주는 능력이 있습니다. 직업 진로 중에 선택해야 하는 것 중 하나는 자기 사업체를 세울 것인가, 다른 사람을 위해 일할 것인가 하는 것입니다. 독립적으로 맡아서 하는 일을 선호할 것입니다. 자신을 알기 위해 생각해 볼 또 다른 좋은 방법은 이들이 비전 제시자인지 아니면 실제적이고 손으로 하는 일을 좋아하는지, 혹은 사고 세계를 지향하는지 아니면 정서와 사람들의 세계와 관련되는 직업을 선호하는지를 알아보는 것입니다.

날개라고 불리는 양옆의 두 유형은 8유형의 성격에 영향을 줍니다. 즐거움을 추구하는 유형으로 기울어져 있다면 빨리 에너지를 얻는 경향이 있을 것이고 반면에 평화를 추구하는 유형의 날개가 더 발달되어 있다면 더 부드럽고 소리 없이 강할 수 있습니다.

직장에서 주장하는 사람의 강점

자기 확신과 영향력으로 본보기가 되든, 직접 명령을 하든지 간에, 주장하는 사람은 조직을 이끕니다.

규칙 적용하기

주장하는 유형은 규칙을 정하는 데 뛰어나기에, 직접적이고 단호함이 필요한 어려운 상황에서 상사가 도움을 요청하고 싶은 사람일 것입니다.

중학교 교장의 비서이자 교무실 매니저인 에블린은 직원들을 늘 지켜보고 있습니다. 교사가 규칙을 지키지 않는다면 "됐어요. 당신은 제외됐어요. 당신은 과학부 예산을 받을 수 없어요."라고 말합니다. 만약 어떤 교사가 좀 늦어도 되는지 물으면 교장은 "아 괜찮아요."라고 말하지만, 에블린은 "안 됩니다."라고 말할 것입니다. 그래도 모두 에블린을 좋아합니다. 그녀가 퇴직할 때 교사들은 그녀에게 애정을 듬뿍 담아 '드래곤 여인'이라고 새겨진 금메달 목걸이를 주었습니다.

4살 된 쌍둥이를 기르고 있는 소피아는 지원을 아끼지 않는 엄마 곰처럼 자신이 모범이 되고자 합니다. "아이들을 위해 경계선을 세우는 것이 제 의무예요. 자기들의 생각대로 놀고 아이답게 즐기는 게 더 쉬울 수 있지만, 어느 날 애들이 어른으로 자란다는 것을 명심해야 합니다. 저는 아이들에게 원칙들을 가르치고 그들의 삶을 위한 기초를 마련하느라 매우 바쁘답니다. 부모의 가장 중요한 의무 중 하나는 아이들이 부모 없이도 살 수 있도록 가르치는 겁니다. 내가 아이들에게 규칙을 보여주지 않는다면 나는 부모로서 실패한 겁니다."

지도력

주장하는 사람은 세상에 강한 영향력을 끼치고 싶어 합니다. 어떤 사람은 지지를 얻기 위해 연설대에 서며, 어떤 사람은 위기에 탁월하고 또 어떤 사람은 회사나 군대에서 성공의 사다리를 오르며, 어떤 사람은 좀 더 조용한 방법으로 이끌기도 합니다.

테사는 최악의 상황에서도 잘 대처합니다. 위기 상황일수록 그녀는 명확하고 차분한 태도를 유지하기가 더 쉽습니다. 그녀는 자기 확신이 매우 강하기에 그녀 수하에 있는 간호사들은 의문도 갖지 않고 자동으로 그녀를 따릅니다. 그녀는 약물 중독자였던 25명의 고위험 임산부를 담당하고 있습니다. 위기의 순간에 그녀는 비상사태로 돌입하여 복잡한 상황을 통제하며 직원들 각자 어떤 역할을 해야 하는지 정확하게 알고 있습니다.

미쉘린 리는 워싱턴 D.C.의 학교들을 총괄합니다. "나는 변화의 대리인입니다. 변화는 의미 있는 반발과 저항 없이는 이루어지지 않습니다. 나는 어리석은 짓을 용납하지 않는 행정관이며, 사람들은 자신의 임무에 책임을 져야 합니다. 그들이 활동이나 결과물을 위해 참여하나요? 승패는 교실 안에 있으며, 그 모든 것이 지도력에 관한 것입니다."

협상 기술

주장하는 유형은 고객이나 판매 회사와 계약을 협상한다면 최고의 조건을 얻어내기 위해 냉혹할 수 있습니다. 친구들이 급여 인상을 요구하거나 거래할 때 도움이 필요하다면, 거래하기 전에 조언이나 확신을 얻기 위해 연락하고 싶은 사람이 바로 이 유형입니다. 사람들이 생각하지 못하는 명확한 경계를 세우는 일에 능합니다. 당사자들이 뭔가가 미해결된 상태로 끝내지 않도록 앉은 자리에서 서류에 서명하도록 강요할 것입니다.

협상을 이끌어 가는 것은 노아에게 있어 빛나는 순간입니다. 그중 최고는, 정유회사 업계를 선도하는 회사와 했던 4일간의 협상이었습니다. 그의 전략은 자기 회사가 대안을 가지고 있음을 보여주는 자료를 제시하고 정유회사가 2억 달러로 승인하는 것이 최선임을 확신시키는 것이었습니다. "내가 사람들에게서 파악한 한 가지 특징은 거액의 돈을 거래할 때 긴장한다는 것입니다. 그러나 20억이든 2억이든 액수는 저에게는 전혀 문제가 되지 않죠. 다만 최상의 거래를 성사시킬 뿐…"

사람을 보호하기

주장하는 사람은 다른 사람을 보호하기 위해 겉으로 거친 표현을 할 수 있지만, 그것이 그룹 내의 결속을 높이는 것일 수도 있습니다. 스스로 돌볼 수 없는 더 약한 사람들을 찾아내어 그들이 자신의 권리를 위해 싸우고 직장에서 평등한 처우를 요구하도록 돕거나 학대받는 아동을 돕는 기금을 모금하도록 도와줍니다. 이들은 종종 개인 경계선을 넓혀서 친구나 가족을 포함하기도 합니다.

소피아는 남자 쌍둥이를 너무나 아껴서 만일 그가 기차 앞에서 넘어진다면 그를 선로에서 밀쳐 내고 자기가 대신 치일 것이라고 확신합니다.

주장하는 어떤 사람은 나이 든 여성이 괴롭힘을 당하는 상황을 보고 즉시 행동을 취했습니다. "6명의 세입자 무리가 우리 아파트 단지에서 사람들을 괴롭혔을 때 난 뼛속까지 화가 났어요. 자신들을 세입자 협회라고 하는 그들은 모든 사람을 부당한 규칙으로 위협하고 그렇게 하기를 원치 않는 사람들은 아파트 단지에서 나가라고 강요했어요. 개를 키운다는 이유로 그들이 쫓아내려 했던 나이 든 여성을 보고 특히 마음이 더 좋지 않았습니다. 다른 모든 사람은 그 협회를 두려워했기에 그들을 상대하는 것은 내 몫이라 여겼습니다. 다음 모임에서 나는 일어서서 '이 협회의 정관을 보고 싶군요.'라고 말했지만 그런 건 없었습니다. '무슨 협회가 정관도 없습니까? 당신들은 이 일에 선출된 건가요? 도대체 여기서 뭐 하시는 겁니까?' '우리는 자원봉사자들입니다.' '무슨 자원봉사를 하고 있다는 거지요? 문제를 일으키는 봉사인가요?' 나는 되물었고 그들은 대답하지 못했습니다. 내가 말을 마쳤을 때 무서워서 말 한마디 못 하고 있던 세입자 60명은 환호했습니다. 그 후에 그 일당들은 끝난 거죠. 사람들은 더는 그들을 두려워하지 않았고 모임이 소집되어도 아무도 나가지 않았거든요."

정의를 위해 맞서기

주장하는 유형은 진실과 정의에 관심이 많아서 불의와 거짓과의 정면충돌에 엄청난 에너지를 쏟을 수 있습니다. 직장에서 옳지 않은 일이 있을 때 그들은 가만히 앉아서 보고만 있지 못하고 바로잡기 위해 반드시 뭔가를 해야만 합니다. 유력한 조합원 후보인 필리스는 전기기사 조합에 가입하기 위한 입학시험이 기술 능력을 기반으로 치러지기를 기대했습니다. 그런데 시험에서 신체적 외모나 인종, 성별의 차별이 있음을 의미하는 구술 면접이 80%를 차지한다는 걸 알았을 때 거의 뚜껑이 열릴 뻔했습니다. 그녀는 집단 소송을 제기했고, 그 후에 조합은 시험 문제를 표준화하라는 요구를 받았으며 공평한 운영을 감독하도록 위원회가 설치되었습니다.

주장하는 사람이 직업상 필요로 하는 것

일상의 직장 생활에서 주장하는 사람이 만족감을 느끼려면 다음과 같은 것이 필요합니다.

자치권

종종 아무도 개인적 경계를 넘지 못하도록 확실하게 하는 것이 주장하는 사람의 첫 번째 관심입니다. 그들은 사람들을 지배하고 싶어 하는 것 이상으로 누구도 자신들을 지배하도록 허락하지 않습니다. 그래서 그들은 종종 거친 인물로 보이는 반권위주의자의 모습을 드러내는데 이런 모습은 사람들을 화나게 하거나 직장에서 문제를 일으킬 수 있습니다. 일부 단호한 개인주의자처럼 타인을 위해 일하지 않습니다. 상사가 없다는 것은 쓸 돈을 가지고 있는 것만큼이나 만족스러운 일입니다.

그들은 자신이 사장일 때조차도 스스로 힘들게 한다고 자신에게 불평합니다. 만일 실수하게 되면 용서할 수 없습니다. 부주의로 다른 어떤 사람에게 상처를 주는 것은 자신을 자책하는 원인이 됩니다. 그래서 너무 세세하게 간섭받지 않는다면, 아량 있는 다른 누군가를 위해 일하는 것을 선택하기도 합니다. 홀로 남아 일하는 것을 선호하고 필요하다면 일이 다 끝난 후에 점검받습니다.

자기 사업하기

자신의 사업을 하고자 한다면 미국 노동청 통계 자료에 따라 자영업을 위한 최고의 기회를 가질 수 있는 분야에 어떤 것들이 있는지 알아보고 싶을 것입니다.

주장하는 사람들을 위해 훌륭한 전문직이 될 수 있는 자영업 최고 분야 중 몇 가지를 소개합니다.

직업	자영업 비율	직업	자영업 비율	직업	자영업 비율
예술 감독	53%	치과 의사	40%	마사지 치료사	70%
운동선수	31%	헤드 헌터	32%	개인 재무 설계사	38%
카펫 설치인	54%	농부, 목장주	99%	발관리 전문가	44%
어린이 보육 교사나 돌봄이	43%	헤어 디자이너, 메이크업 아티스트	90%	사설 탐정	34%
척추 지압사	59%	인테리어 디자이너	32%	부동산 중개사	59%
건축 관리사	47%	숙박업 관리인	50%	조경 서비스 관리인	35%

도전하기

주장하는 사람은 더 많은 책임과 더 많은 보수를 찾고, 더 많은 권한을 얻으려고 자신을 몰아붙입니다. 정신적으로 흥미진진한 프로젝트를 하든지 쉬지 않고 신체적으로 바쁘기를 원하든지 간에 그들을 행복하게 하는 핵심 요소는 도전입니다.

> "나를 다루는 방법을 알고 있던 한 상사는 나보다 아래 수준의 사람들과 나를 함께 두는 법이 없었지. 내게 치열한 경쟁이 필요한 걸 알았거든. 그는 때때로 이기다가 지는 상황처럼 보이는 프로젝트를 만들었지만 나는 이겨야만 했지. 내 일에서 누구보다 뛰어나야 한다는 생각이 실제로 효과를 발휘한 거야. 그는 그런 식으로 내게서 존경은 물론이고 아이디어까지 얻어냈지."

에너지 조율하기

주장하는 사람은 때로 배꼽 빠질 정도로 재미있고 열정적인 직장 동료와 함께하기를 원하지만 따분한 일을 하는 것은 몹시 싫어합니다. 비슷한 에너지를 주는 상대와 함께할 때 홀로 일한다고 여기지 않습니다. 그들은 정서적, 지적, 신체적으로 충족되기를 원하고 아주 유순하거나 지나치게 친절한 사람에게는 반감을 갖기도 합니다. 그들의 관점에서는 자신들이 정상이기에 좀 더 조용하고 차분하라고 요구받는 것을 좋아하지 않습니다.

"우리는 너무 거칠고, 너무 시끄러우며, 너무 과하고, 너무 빠르며, 강렬하다고 비난받습니다. 맞죠? 당신 자신을 끌어올리는 게 어때요? 당신들도 더 빨라지고, 더 민첩해지며, 더 크게 소리를 내고 강도를 높이세요."

주장하는 사람들에게 편안한 것은 남들이 자신들의 수준에 도달해 어울리는 것입니다.

클래리사는 싸움을 잘하거나 적어도 논쟁이라도 잘하지 않으면 다른 사람과 가깝다는 감정을 가질 수 없다고 믿고 있습니다. "당신이 나와 싸우려 하지 않는 건 나를 사랑하지 않는 겁니다. 의견이 다를 경우 단도직입적으로 말하지 않고 되도록 좋게 얘기하려고만 한다면 그것은 나를 전적으로 신뢰하지 않는다는 걸 의미합니다. 나는 절대로 당신이 보여주는 것을 신뢰할 수 없을 것이고 당신이 그 주제에 대해 실제로 생각하는 것은 무엇이고 나를 어떻게 생각하는지 항상 궁금하게 여길 겁니다. 싸운 이후 나는 상대방에 대해 항상 더 친근하게 느끼며 안심하고 나 자신을 더 드러내게 됩니다."

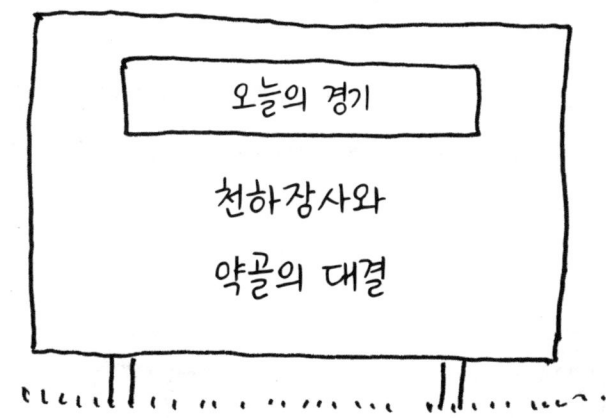

진실

주장하는 사람은 사무실에서 벌어지는 허위를 용납할 수 없습니다. 만약 그들의 상사가 자신들이 하는 말이 뭔지도 모르거나 잘못되었다는 사실을 알지도 못한다면, 끔찍하고도 우스꽝스러운 사태가 벌어지고 있다고 느낍니다. 이 유형의 사람은 남들이 듣고 싶어 하는 말 대신에 자신이 생각하고 있는 것을 말해야 합니다. 이들의 삶은 진실과 정의 둘 다에 의해 지배됩니다.

다음과 같은 경험을 해보지 않은 사람이 있을까요? 언젠가 뉴욕에서 회의에 참석했던 사람들이 관광하러 나갔습니다. 후에 저녁 식사 자리에서 회의 참석자였던 딕은 그들이 뭘 보았는지 물었습니다. 주장하는 사람인 헨리가 질문에 대한 답을 하려고 할 때마다 딕은 다른 사람에게 고개를 돌려버리거나 주제를 바꾸곤 했습니다. 딕이 처음 화제로 돌아와서 그들이 그날 무엇을 보았는지 물었을 때 주장하는 사람인 헨리는 이것에 질려버려서 "당신이 이 얘기를 들을 준비가 되었다고 생각되면 오늘 우리가 보았던 것을 이야기하겠소."라고 퉁명스럽게 말했습니다. 식탁에 앉은 모든 사람 사이에 침묵이 흘렀고 이것은 불편한 순간이었지만, 후에 모두는 그들이 수년간 딕에게 이해시키려고 노력해왔던 것을 헨리가 해주었다고 말했습니다.

이들은 친밀한 사람들이나 가장 친한 친구들을 제외한 사람들에게는 상처받기 쉬운 속사람을 숨기려고 합니다. 자신의 여린 면을 드러내는 것은 깊은 욕구를 충족시키고 진정한 힘을 보여주는 것입니다.

주장하는 유형의 다른 면

주장하는 사람이 전형적으로 힘들어하는 몇 가지 영역이 여기 있습니다. 일하면서 이런 주제들을 명심하십시오.

힘든 일 또는 힘든 모습
- 권력 다툼에서 떨어져 있기
- 짜증을 마음대로 표현하지 않기. 짜증을 내서 직장에서 부정적인 분위기를 만들 수 있음
- 자립할 수 있음에도 남을 의존해야만 하기
- 회피하는 유형과 함께 일하기
- 너무나 쉽게 가해자로 보일 때

앞으로 노력해야 할 일
- 화난 상태에서 행동하기 전에 10까지 세기
- 신체적으로나 열정적인 면에서 항상 충족되지 않더라도 괜찮다고 느끼기
- 연약한 면이 보이는 것에 대해 지나치게 걱정하지 않기

너무 강하게 나가기

주장하는 사람은 단순히 걷고 숨 쉬며 진실을 말한다고 여기지만 누군가는 깜짝 놀라거나 상처를 받을 수 있습니다. 같은 상황에서 어떤 유형은 다른 사람들과 다르게 겉으로는 아무렇지 않은 척했을 수도 있습니다. 이들이 스스로 느끼는 것과 보여지는 것의 차이는 직장에서 그들의 주된 맹점이 될 수 있습니다.

　레오는 자신의 관점을 거칠게 밀어붙이는 것이 효과가 없음을 알고 사람들에게 입 닥치고 자기 일이나 하라고 말하려는 충동을 억누르려고 애씁니다. "저는 함께 일하는 환경에서는 친절합니다. 그러나

경계를 풀어버린 집에서는 그렇지 않습니다. 내가 옳다는 걸 알 때 항상 너무 강하게 나가는 것 같습니다."라고 그는 말합니다.

주장하는 사람은 자신의 경계가 침범당했다고 여기면 그것이 사실인지 다시 확인하지 않고 바로 행동하여 어려움에 빠집니다.

전화를 하는 사람과 받는 사람의 경험이 얼마나 다른가!

과도함

사장 자리를 두고 세 사람이 경쟁하고 있었습니다. 그들은 사장이 1년 후에 은퇴한다는 것을 알고 있었기에 각자 나머지 두 사람이 경쟁에서 떨어져 나가도록 서로에게 이래라저래라 간섭하기 시작했습니다. 어느 날 사장이 그들을 한 사람씩 불렀습니다. "이건 너무 지나치군. 자네는 관리자 감이지만 정상에는 한 명을 위한 자리만 있을 뿐이네. 그리고 그건 나일세. 더 열심히 하거나 아니면 나가게. 누구든 현재 자기의 일을 최선으로 해내는 사람이 내 자리를 차지하게 될 거야." 이후 그들은 본격적으로 자기의 일에 매진하기 시작했습니다.

주장하는 사람은 삶에 대한 욕망과 왕성한 활력을 가진 것으로 알려져 있습니다.

"나는 20번이나 마라톤에 참가하다 보니 녹초가 될 지경에 이르렀습니다." "나는 미국에서 가장 높은 산들을 몇 개 등반했습니다." "나는 이제 50이 되어 가는데 더 달릴 수 없답니다. 무릎이 망가져 버렸기 때문이죠. 그러나 160km

거리의 자전거 타기에 도전하려고 합니다." 이 모든 건 동일 인물의 말입니다. 좀 더 먼 장거리 통화와 방문을 원하고 더 좋은 시간, 더 많은 음식을 원하면서도 이류는 절대 사절하기에 그는 자신을 쾌락주의자라 여깁니다.

순수함

주장하는 사람의 순수함은 그들의 이상주의와 결부되어 있고 모든 사람들이 항상 진실을 말하길 바란다는 소망과 관련되어 있습니다. 치열한 세상에서 살아가기 위해 고군분투하는 상당히 거칠어 보이는 사람임에도 이를 부인하게 만드는 일종의 순진함이 있습니다. 그들은 종종 사람들이 자기들을 두려워한다는 걸 알게 될 때 충격을 받습니다. 주빈은 우리에게 말했습니다. "대부분 경우에 우리는 순수하고 선량하답니다. 우리가 쾌락주의자가 되거나 복수하려고 할 때를 제외하면 말이죠."

주장하는 사람이라는 뜻은 개인 안에 있는 영웅을 끌어낸다는 것입니다. "도움을 주려고 노력합니다. 예를 들어 제방이 무너진 뉴올리언스에 가서 그 문제 전체를 해결할 수 있다고 생각합니다. 다른 누구보다도 더 나은 대답을 알고 있다고 여깁니다. 어린아이처럼 순진하지만 어리석은 거죠."

주장하는 사람에게서 내면에서 느끼는 것과 밖으로 표현되는 것이 얼마나 다른지를 배울 수 있습니다.

"내가 흥분해서 큰소리를 내며 어린아이 같은 태도를 보일 때 사람들은 저를 곰처럼 볼 수도 있을 겁니다. 나는 에너지로 가득 채워져 있어 바로 터져 나오거든요. 나는 관계에서 불편해졌을 때 다른 사람들의 생각을 신뢰하지 않아요. 사람들은 말 한마디 없이 친구에서 나를 제외합니다. 나는 그것 때문에 홀로 지내야 하는 때가 많았지요. 어제는 직원 한 명이 자신을 겁먹게 해서 속상했다고 하더군요. 그걸 전혀 몰랐기에 그 일에 대한 죄책감으로 눈물이 날 지경이었답니다."

공공연한 분노

사무실에 있는 사람들 대부분은 분노를 분산시키려고 하거나 그것을 표현할 간접적인 방법을 찾습니다. 주장하는 사람은 종종 대하기가 힘들다고 생각되지만, 공공연히 분노를 드러내는 것은 명확한 경계와 정직함을 유지하는 데 도움이 됩니다.

앤디가 좀 더 어렸을 때 어떤 판매부서에서 가격을 잘못 매겨 큰 혼란이 있었고 앤디의 부서가 수백만 달러의 손실에 대한 책임을 지게 되었습니다. 앤디가 좋아하지 않았던 그의 팀장은 팀원들을 한 줄로 세운 뒤 모자를 벗어서 뒤집어 놓고 말했습니다. "다음에 이와 같은 큰 실수가 생기면, 이를 만회하기 위해 모금을 하겠소." 앤디는 즉시 응수했습니다. "차라리 변기통에 모금하는 것은 어떨까요? 우리가 꽉 채울게요." 앤디는 팀장에게 면박을 주었고 앤디에게 면박을 당한 팀장은 너무 충격받아서 대꾸도 없이 사무실 밖으로 나가버렸습니다. 앤디는 자기 경력을 망치는 무례를 범한 것이었습니다. "그와 같은 일을 회사에서는 하지 말아야 합니다. 이제 나이 들고 보니 이런 일들에 대해 생각하게 되고 그런 말들을 불쑥 입 밖으로 뱉어내서는 안 된다는 걸 배우게 되었답니다."

필리스는 말합니다. "나는 비판하는 말이나 사소한 짜증들을 말로 표현하면서 인생을 살아왔습니다. 이러한 짜증들은 나에게는 별것 아닙니다. 나는 그저 모든 것을 처리하고 털어낼 뿐이고 누군가가 이러한 불평들을 해결해주리라는 기대는 하지 않습니다. 그러나 다른 사람들은 그런 것들을 크게 느낄 수 있습니다. 다른 이들의 불안과 같이 내가 이해하지 못하는 것에 대해 들을 때는 마음속 깊이 새겨야 함을 알게 되었습니다."

복수하기

프랜신은 거의 모든 방면에서 모범적인 시민입니다. 그녀는 결코 다른 누군가를 속이려는 꿈조차 꾸어본 적이 없습니다. 그렇지만 자신에게 사기 치려고 한 사람에게는 복수하기 위해 온 힘을 다할 것입니다. 물론 주장하는 사람은 대부분의 유형과 마찬가지로 정직할 수도 있고 사회 범죄를 저지를 수도 있습니다. 헨리 8세나 이디 아민, 칭기즈칸을 포함하여 몇몇 주장하는 사람은 과도한 힘을 부렸습니다.

어느 날 제리루는 숙취로 인해 시야가 흐릿한 상태로 잠에서 깨어났습니다. 그 순간 그녀가 생각한 오직 한가지는 자신에게 이렇게 한 사람에게 앙갚음해야겠다는 것이었습니다(아무도 없었음). 그녀가 복수할 뭔가를 찾으려고 둘러보다가 발견한 것은 침대 옆 탁자에서 떨어져 자기를 노려보는 안경 세 개였습니다. 전날 밤 흥청망청한 폭음으로 상당히 민망한 일들이 일어났고 많은 돈을 낭비하는 대가를 치른 것을 알게 되었습니다.

The Career Within You

9 평화를 추구하는 사람

내면의 평온 지키기

> 내면 깊은 곳에는 행복의 바다, 즉 하나 됨이 있습니다.
> 데이비드 린치 – 작가, 감독, 프로듀서

평화를 추구하는 유형은 자신을 편안하게 여기고 문제의 모든 측면을 볼 수 있으며 조화로운 동료 관계에 가치를 둡니다. 가족, 친구, 직장 동료들과 쾌활하고 온화한 관계를 유지하며 쾌적하고 안정적인 환경을 유지하려 노력합니다. 좋은 팀원이며 다양한 성격의 사람과 잘 어울려서 동료들은 편안하게 그들의 걱정거리와 고민을 털어놓게 되고 그러한 정보들로 팀이 결속되도록 부드럽게 유도할 수 있습니다.

평화를 추구하는 유형 중 내향적인 사람은 조용히 지내지만, 외향적인 사람은 사람들과 즐겁게 지냅니다. 이들의 직업은 복지 분야나 정보를 제공하는 분야부터 정치인, 기업의 중요한 역할을 하는 것까지 다양합니다. 일반적으로는 심리학자, 언론인, 사회 과학자, 가정의, 영업 계정관리자, 공무원, 사서, 리조트 관리자 등을 합니다. 평화를 추구하는 사람은 아홉 가지 유형과 동일시할 수 있어서 때로는 자신의 유형을 파악하는 데 어려움을 겪기도 합니다.

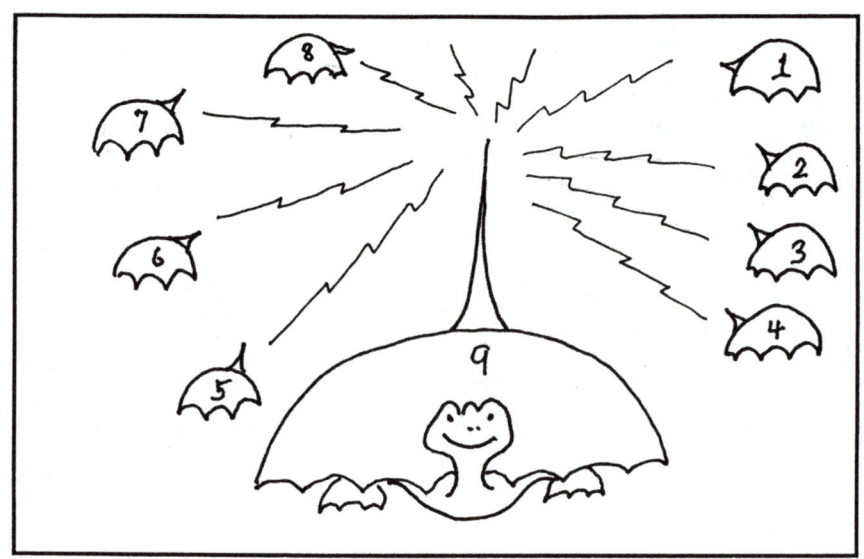

자신을 알아가기

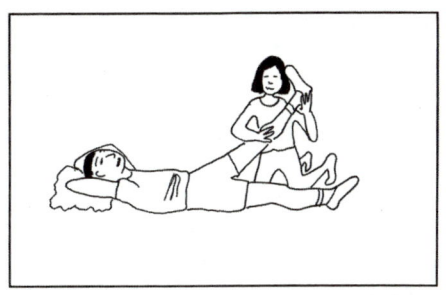

평화를 추구하는 유형은 모든 인류, 모든 존재, 모든 물질과 연결됨을 느끼기에 다방면에 능한 사람이라 할 수 있습니다. 나이젤은 '진리를 찾을 때 가장 근본적인 질문은 다른 존재가 느끼는 경험을 이해하거나 적어도 그 경험에 더 가까이 다가가는 것이다. 그렇지 않으면 망상처럼 보인다.'라고 했습니다. 사람들은 이들의 작은 것을 즐기고 공정하게 하고 차분하게 만드는 능력과 삶에 대한 감사에 끌립니다.

이들은 상대와 연결되려 하고 갈등을 회피하려는 욕구가 압도적이어서 사람들과 있을 때 상대방의 흐름에 쉽게 따라갑니다. 이전에 무엇인가를 원했을지라도 금방 잊을 수 있습니다. 다시 혼자가 되었을 때, 원래의 자기 생각과 의견을 잃어버린 것에 화가 나기도 합니다. '내가 도대체 무엇을 했지? 그때 제대로 원하는 것을 말했어야 했는데 그 당시에는 내가 무엇을 원하는지 잊어버렸어.'라고 생각할 수 있습니다.

평화를 추구하는 유형에게는 잘 발달한 신체적 본능, 즉 신체 지능이 있습니다. 요나는 운동 부상에서 뇌졸중에 이르기까지 질병으로 고통받는 환자와 함께 일할 때 감각적으로 직관을 사용합니다. 뇌졸중 환자를 팔로 감싸고 들어 올리는 등 강하고 밀착이 편안해야 하는 물리 치료로 아픈 사람들을 돌봅니다. 그는 생리학, 해부학 및 신경과학에 대한 지식으로 만성 통증을 완화하거나 근육을 강화하는 운동을 만들어 환자를 돕습니다.

날개라고 불리는 양옆의 두 유형은 9유형의 성격에 영향을 줍니다. 주장하는 유형 쪽의 날개를 많이 쓴다면 평화를 추구하는 성격과 반권위주의 성향이 뒤섞일 수 있습니다. 반면 완벽을 추구하는 유형의 날개를 사용한다면, 자신을 더 통제하거나 까다로울 수 있습니다.

직장에서 평화를 추구하는 사람의 강점

평화를 추구하는 사람은 감수성, 공감, 인간 존엄성을 지지하는 면이 두드러집니다.

적응력

평화를 추구하는 유형은 유연한 생각이나 매끄러운 운영 능력, 침착함을 유지하는 태도 덕분에 동료들에게 감사 인사와 지지를 받기도 합니다.

던컨은 뉴욕의 가장 멋진 식당에서 일합니다. 그의 여유로움이 장점으로 발휘되는 경우는 주방에서 발생한 위기 상황을 해결할 때나, 요리사 한 명이 나오지 않아 두 사람의 역할을 해야 할 때입니다. "모든 사람이 긴장할 수 있지만 나는 차분함을 유지하고 상황에 적응합니다. 화낼 이유가 있나요? 인생은 흘러가는데..."

제임스는 인터넷 산업 초창기에 소프트웨어 엔지니어였습니다. 그는 기술적 문제를 해결하거나 이전에 해보지 않았던 온라인 도구들을 만들 때 창의적으로 생각해야만 했습니다. 아직 관련 책이 없었던 때라서 기존 자료를 참고할 수도 없이 혼란스러운 창업 환경에 적응해야만 했습니다. 나중에 함께 일하게 된 엔지니어들은 제임스가 만들어 놓은 규칙과 방법의 기반 위에 더 쌓아가기만 하면 되었습니다. 회사의 최고 정보 책임자는 군사적 비유를 사용하여 그를 칭찬했습니다. "오늘날의 초보 엔지니어들은 보병과 같습니다. 그들은 큰 시스템 안에 있으므로 유연할 필요가 없습니다. 하지만 제임스는 현지인들과 함께 거리에서 일하는 특공대와 같았습니다. 그는 자신이 알아낸 것으로 작업해야 하는 낯선 상황에서도 잘 해냈습니다."

이들이 지도자인 경우, 일반적으로 겸손하며 필요할 때 쉽게 방향을 바꿀 수 있습니다. 평화를 추구하는 유형 중 가장 유명한 달라이 라마는 자신이 틀렸을 때 빨리 실수를 인정하는데 이는 세계 지도자들에게는 보기 드문 자질입니다.

넓은 관점

평화를 추구하는 유형은 큰 그림을 보고, 사려 깊은 사람으로 이웃, 직장, 세계 곳곳을 다니며 다른 사람의 관점을 이해하기 위해 상대방의 입장에 쉽게 설 수 있습니다.

최근 윌리엄스 칼리지 동문회 책임자로 은퇴한 웬디 홉킨스는 20대 초반에서 90대에 이르는 25,000명의 동문과 함께 일한 오랜 경력으로 존경을 받았습니다. 그들은 전 세계에 거주했으며 아프리카 댄스에서 홈스쿨링에 이르기까지 수천 가지 직업적, 개인적 활동을 합니다. 한 동료는 웬디에 대해 '조직을 하나로 묶는 접착제'라고 묘사했습니다. 웬디는 조직이 모든 구성원을 완전히 대표할 수 있도록 협회의 비전 선언문에 포괄적인 언어를 추가했습니다. 그녀는 사람들을 안심시키는 존재였고 침착하며 흔들리지 않고 모두의 이야기를 환영하는 훌륭한 경청자였습니다.

들어주기

고객과 이야기할 때 많은 사람은 자신이 하고 싶은 말을 더 우선시합니다. 그러나 평화를 추구하는 유형은 모든 사람의 말을 듣고 각 사람에게 참여할 기회를 주려고 합니다. 들어주는 기술은 사람들의 신뢰를 얻고 그들을 편안하게 해주는 직업적인 자산입니다.

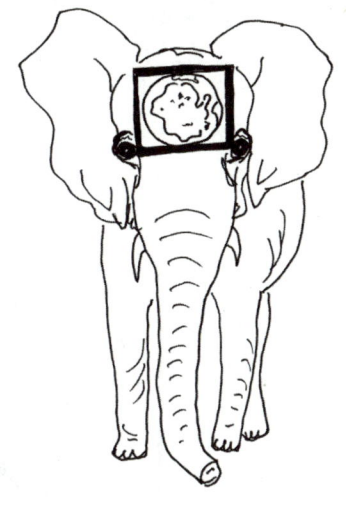

데이브의 친구가 되는 것은 그가 친구의 이야기를 완전히 수용해주기에 기분 좋은 일입니다. "저는 주로 글의 밑바탕에 깔린 글쓴이의 감정을 느끼거나 음악의 미묘한 뉘앙스를 듣는 등 톤의 세밀함에 관심이 있습니다."

제리가 기업 통신회사에서 일할 때, 요구사항이 많거나 변덕스러운 고객들이 그에게 배정되었지만, 그들을 행복한 고객으로 변화시킬 수 있었습니다. 정부에서 일하는 지금도 여전히 잘 해내고 있습니다. "무례하고 까다로운 일부 주민들이 우리를 곤경에 빠뜨리려는 듯 우리 부서에 민원을 제기하고 감독위원회에도 이메일을 보냅니다. 저는 그들을 무시하기보다는 그들의 우려에 주의를 기울이도록 마음을 씁니다. 비록 그들을 무시하고 싶은 마음이 생길지라도…"

개방성

평화를 추구하는 유형은 자연, 인류, 기술, 예술 작품의 경이로움을 잘 느낄 수 있고 그에 관해 감사할 수 있습니다. 이런 태도는 친구와 동료들에게도 전해집니다.

데이비드는 20년 동안 친구의 음악에 마음을 열고, 그것을 자신의 음악으로 받아들이며, 기타에 맞게 변형시켜 개선하고 해석해 왔습니다. 그는 친구가 노래하기 위해 작곡한 곡을 듣고 먼저 소화해냅니다. 그 후 기타 연주가 가능하다면 친구가 할 수 있는 방식으로 그것을 만듭니다. "조지 마틴은 비틀즈의 프로듀서로서 이 일을 했습니다. 그의 수용적인 태도가 좋은 음악을 만드는 데 큰 역할을 했습니다. 평화를 추구하는 유형은 신체적인 차원에서 이해합니다. 우리의 개방성은 무엇이 좋고 나쁜지 판단하기보다 흥미롭고 새로운 색깔을 보는 본능적 감각에서 나옵니다. 우리는 다른 사람의 취향이 어떠하든지 그 사람의 변화무쌍함을 모두 수용하는 사고방식을 가지고 있습니다."

인내

평화를 추구하는 유형은 내면의 비전을 드러내고 평화를 추구하며 현재를 살아가기 위해 얼마든지 시간을 씁니다. 어떤 과정을 서두르기보다는 사람들과 상황이 나아질 때까지 기다립니다. 이들의 회사가 번창하는 이유는 직원을 지지하고, 별난 행동이 용인되며, 아무도 비난받지 않기 때문입니다. 관리자들은 평화를 추구하는 사람의 인내심과 일이 힘들 때도 불평이 없는 태도를 높이 평가합니다. 이들의 참을성 있는 태도는 안정감을 줍니다.

나이젤이 "별일 아니야."라는 말을 간혹 하는 것 같이 케빈은 그가 좋아하는 표현인 "어쩔 수 없지."를 자주 사용하며 프로젝트의 어려움을 받아들입니다.

플로라는 흐름에 순응합니다. "만약 다른 부서에서 결정을 내려야 한다면 최종 결과와 해결 속도는 내 손을 떠난 겁니다. 얼마나 빨리 답을 얻을 수 있을지 모르겠지만 인내하고 결과를 받아들이는 것이 스트레스를 덜 받는 방법입니다." 감사관으로서 플로라는 밀린 세금 때문에 급여가 압류된 직원들에게 누구에게 전화를 해야 하는지, 세금은 어느 기관에서 지원해주는지, 자녀 양육비는 어떻게 더 받을 수 있는지 등을 공지했습니다. 직원들이 이런 것을 물어볼 때, 때때로 두세 번 대답해야 한다는 것을 깨닫고 인내합니다.

평화를 추구하는 유형이 직업상 필요로 하는 것

일상의 직장 생활에서 평화를 추구하는 사람이 만족감을 느끼려면 다음과 같은 것이 필요합니다.

편안함

평화를 추구하는 사람의 정서적, 신체적 행복은 자전거를 타고 머리카락을 바람에 날리면서 앞으로 나아가는 것처럼 평온한 상태를 의미합니다. 이들을 편안하게 하는 것은 사람마다 천차만별입니다. 내향적인 사람이라면 문을 닫을 수 있는 사무실을 선택할 수도 있고, 음식으로 편안함을 느낀다면 충분한 간식과 음료가 있어야 합니다. 익숙한 호텔을 예약하고 여유 있게 일정을 짜거나 개별 좌석에 영화 스크린이 있는 비행기를 선택하는 것으로 출장이 즐거워질 수도 있습니다.

데이브는 조명이나 옷, 의자를 선택하는 문제나 온도 조절 등은 자기가 원하는 대로 한다고 말합니다. "저는 누가 어떤 가게를 운영하는지는 관심 없지만, 상황이 위태로워지면 조치를 취합니다."

소피에게 편안이란 자신에게 만족하고 자기 행동에 대해 걱정할 필요가 없는 것입니다. "본사 영업부에서는 직원들에게 옷차림을 신경 쓰라고 합니다. 저는 손님을 만나지 않을 때는 너무 꽉 끼지 않고 편안한 옷을 즐겨 입습니다. 과하게 옷을 차려입으면 제게 너무 많은 관심이 집중되기에 평상시와 다른 방식으로 행동하는 것을 좋아하지 않습니다."

공정함

평화를 추구하는 유형은 불공정하게 진행되는 일을 바로잡고 싶을 때 자신의 중재 능력을 발휘합니다. 직원들 사이에 의견 충돌이 생기면 상황을 조율하려고 발 벗고 나설 것입니다. 낯선 사람이 회의에서 발언하도록 격려하거나, 조용한 사람에게 재치 있게 다가가 의견을 묻거나, 아무도 부당한 대우를 받지 않도록 회사 정책을 신중하게 적용할 수 있습니다. 어떤 상인이 청탁할 때, 그 결과를 잘 생각해보고 누구에게도 특혜를 주지 않도록 확실하게 일을 처리합니다. 평화를 추구하는 사람은 갈등을 적극적으로 다루지 않기 위해 고집을 피우지만 닉은 갈등을 해결하여 이익을 얻었습니다. 대학이 그에게 미지급한 금액이 있었는데 그는 모든 단계를 거쳐 행정처까지 갔고 마침내 원하는 것을 받았으며 자기 몫을 지켜냈습니다.

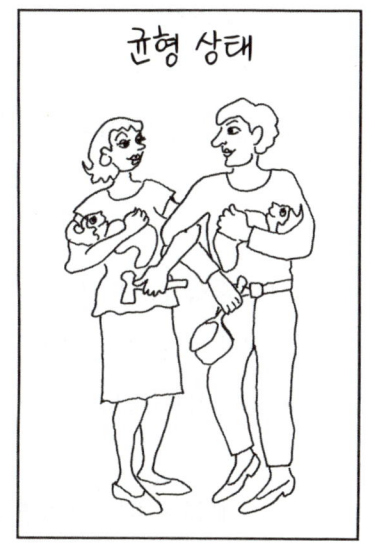

적절한 정도의 산만

평화를 추구하는 유형 중 일부는 떠돌아다니는 작은 정보들이 너무 많은 잡담과 잡음처럼 느껴져서 그것들을 무시하려 하고 또 다른 사람은 이 잡음 중 일부를 받아들이기도 합니다. 어떤 경우에도 집중하는 것은 이들에게 항상 쉬운 것이 아닙니다. 이상적인 작업 상황은 소음의 볼륨을 적정 수준으로 높이거나 낮출 수 있는 유연성을 갖는 것입니다. 이것은 소음 차단 헤드폰을 쓰거나, 개인 사무실을 갖거나, 적정한 수의 사람들, 강아지, 금붕어와 사무실을 공유하는 것을 의미합니다.

  대학원을 다닐 때 제리는 배낭을 메고 공부하기에 알맞은 곳을 찾아다니곤 했는데 이것이 진심으로 편안했습니다. 조용한 도서관에서 논문을 쓰려고 하면 다른 생각을 하게 되거나 졸음이 오기 때문입니다. 자신이 찾는 이상적인 장소가 밝은 카페의 가장 붐비는 곳이라는 것을 알게 되었고, 그곳이 그가 집중할 수 있는 최적의 공간이었습니다.

제이슨은 비록 재택업무가 가능하더라도 집에 사람이 셋이나 있고, 음악을 켜놓은 좁은 공간에서 일하는 것은 너무 정신이 없기에 집에서 일하는 게 어렵습니다. "저는 소리나 시각적인 상황을 무시하기는 어렵지만, 지저분한 책상은 불편하지 않습니다. 많은 것을 동시에 할 수 있다고 여기지만, 그것이 관련 없는 잡동사니라면 저를 산만하게 할 수도 있어서 때때로 주변을 정리하려고 노력합니다."

갈등 기피

다른 유형들은 도전, 동료들로부터 사랑받는 느낌, 부서에서 특별한 사람이 되거나 가장 통제력 있는 사람이 되는 것을 갈망할 수 있지만, 평화를 추구하는 유형은 그들의 근무 상황이 차분하고 평온하기를 바랍니다.

제이슨은 지적 자극을 좋아하면서도 학계에 들어가는 것은 피했는데, 그 이유는 권력 다툼이 심하다는 것을 알게 되었기 때문입니다. 그는 지금 사회적 가치를 공유하는 재단에서 일하는 것에 감사하고 있습니다. 인류학 교수인 토미도 너무 각자의 영역을 주장하지 않는 환경을 선호합니다. 평화를 추구하는 유형은 용기가 부족해서 상냥하기도 하지만, 토미는 갈등을 피하려고 상냥하게 말하지는 않습니다. 반면 특정 연구 인터뷰를 할 때는 "사람들의 열린 반응을 이끌려면 지나칠 정도로 친절하고 부드럽게 말하는 것이 좋습니다."라고 말했습니다. 학생 논문에 점수를 매겨야 할 때는 비판을 가해야 했지만, 학생들의 기분을 상하게 하고 싶지 않아서 품위 있게 개선 방법을 알려주느라 많은 시간이 걸렸습니다.

소피는 계정 관리 업무를 할 때 논란이 되는 사건들을 검토하는 것이 가장 싫습니다. 상사들은 어디서 회원 수를 산출했고, 회원 수 증가를 어떻게 예측하는지 묻습니다. 소피는 지원해주기 위해 함께 있는 것이고 책임이 있는 수석 회계부장이 위태로운 상황이지만 자신이 더 불안해합니다. 그녀가 부장이 되면 그 문제에 직면하게 되니 평화로운 근무 환경을 위해 직업을 바꿔야 할 것 같습니다.

연결되기

평화를 추구하는 사람은 자기 일을 통해 사람들과 연결되기를 원합니다. 그룹 지향적인 제임스는 대기업 문화를 가진 이전 직장보다 지금 일하는 아마존에서 훨씬 더 편안함을 느낍니다. 최고경영자 제프 베이조스는 피자 두 판이면 가능할 정도의 작은 팀으로 회사를 쪼개려는 비전을 위해 '피자 두 판 팀'이라는 용어를 만들었습니다. 이렇게 긴밀하게 협력하는 팀들은 신속하게 움직이고 특정 기능에 집중하며 형식적인 절차에 얽매이지 않고 목표를 추구할 수 있습니다.

화상으로 하는 팀 회의는 소피의 주중 업무 중 가장 흥미 있는 일이며 강한 소속감을 줍니다. 소피는 동료 회계 매니저들과 함께 특정 기업 고객에게 서비스를 제공할 수 있는 가장 좋은 방법을 논의하면서 팀 서기의 역할을 맡아 메모를 남기고 나중에 정리한 내용을 나눠줍니다. "함께 일을 잘하기 위해 시간과 에너지를 쏟는 것보다 더 좋은 것은 없습니다. 팀 검토가 잘 되면 기분이 좋아집니다."

제임스와 소피는 팀 전체와 유대감 형성을 좋아하지만, 에이미는 일대일 관계를 선호합니다. 에이미는 남편과 함께 사업을 운영하고 남편에게 껌딱지처럼 붙어 있습니다. 할 수만 있다면 그녀는 직장에서, 기차를 타고 집에 갈 때, 씻을 때나 그 어느 때든지, 하루의 매 순간, 무엇이든지 그와 이야기 하기 원합니다. 한 권의 책에 있는 두 페이지 같습니다.

평화를 추구하는 유형의 다른 면

평화를 추구하는 유형이 전형적으로 겪는 어려운 부분들을 잘 살펴보십시오.

힘든 일
- 해야 하는 더 중요한 일보다 편안한 활동을 하는 나 자신을 발견하기
- 불화를 피하기 위해 거의 모든 것을 하지 않고 싫다고 말하기
- 내 분노를 보여주거나 심지어 내가 언제 화가 나는지 알아차리기

앞으로 노력해야 할 일
- 불편하더라도 중요한 결정에 직면하기
- 누군가를 화나게 할 위험을 무릅쓰고라도 분명한 입장 취하기
- 모든 것을 동등하게 취급하기보다 내 시간을 우선시하기

관성

관성은 움직일 때 계속 움직이고 쉴 때는 가만히 있는 것을 뜻합니다. 일부 평화를 추구하는 사람은 주말이나 휴가 중에도 컴퓨터와 핸드폰을 꺼 놔야 할 정도로 오랫동안 작업 모드를 벗어날 수 없는 반면, 시작에 어려움을 겪고 게으르다는 비난을 받는 사람도 있습니다.

평화를 추구하는 사람은 종종 그들이 원하는 것보다 더 오랫동안 그들이 좋아하지 않는 직업에 머무릅니다. 소냐는 본능이 말하는 것을 무시하며 장기적인 비전을 달성하지 못하는 직장에 4년 동안 근무해 왔습니다. 쉬는 시간에 탁구 치는 것이 유일한 낙이었습니다. 깨어나 보니 자신의 20년이 사라졌다는 것을 알게 된 립 반 윙클처럼 그녀는 시간을 낭비하고 있다는 것을 알아차렸습니다. 이제 그녀는 더 나은 미래와 더 도전적인 직업을 찾을 것입니다.

내가 원하는 것을 잃어버림

내가 진정으로 원하는 것이 무엇인지 알지 못하기에 동료들의 의견에 동조함으로써 일을 더 쉽게 만들 수도 있지만, "당신 뜻대로 하세요."라고 말하는 것은 동료들의 마음을 불편하게 합니다.

평화를 추구하는 사람의 일부는 자기 능력을 사용하지 않는 직업을 받아들이기도 하는데, 이는 종종 원망으로 이어집니다. 원하는 것을 모르는 이들의 다른 측면은 자기 경력을 성취하는 대신 주변 사람들의 필요에 바빠지는 것입니다. 요나는 약속을 정하고 실험하는 대신 산만한 활동을 할 때 생산적이라고 자신을 속였습니다. 그는 동료들이 고마워하기에 남의 고민을 들어주기도 했습니다. "나는 마침내 내가 성공하는 것, 운동하는 것, 나 자신의 존재에 집중하는 것이 더 낫다는 것을 깨달았습니다."

데비는 대학 생활 첫 2년 동안 자신의 강점에 대한 명확한 인식 없이 표류했습니다. 그러던 중 비즈니스 말하기 수업에서 그녀에게 깊은 인상을 받은 한 교수가 연기를 고려해 보라고 권했습니다. 그녀가 첫 번째 연극인 코미디에 출연했을 때, 관객들은 그녀의 연기에 열광적인 반응을 보였습니다. "저는 자존감이 너무 낮아서 출연진들이 웃으며 절 응원할 때 그들이 놀리는 줄 알았습니다. 나중에야 그들이 제가 잘했다고 생각한다는 것을 깨달았습니다. 돌아보니, 온 우주가 '당신이 중요해요.'라고 외치는 것과 같은 응원을 받았습니다. 그 이후로 연기를 계속했습니다."

제리는 수년간 요가 명상 지도자로 자원봉사를 해왔습니다. "명상을 통해 바깥에 휘둘리는 것보다 내 안에 집중하는 것이 편해졌습니다. 저만의 긍정적인 내면의 목소리를 찾는 데 도움이 되었습니다. 명상할 때, 다른 생각이나 다른 사람이 중요하지 않은, 오직 나만 있는 곳에 존재하게 됩니다."

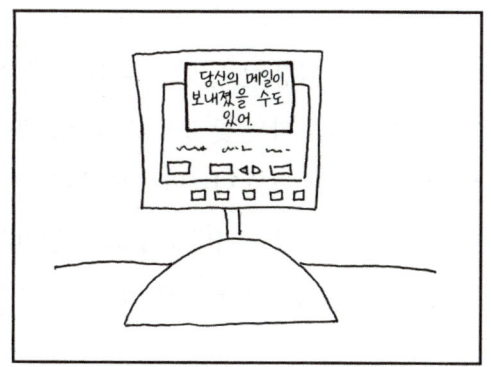

자신을 옹호하지 않는 것

평화를 추구하는 유형 중 화합을 중시하는 사람은 다른 사람에게 너무 맞추려는 유혹에 빠지기 쉽습니다. 비록 논쟁에 참여해야 할지라도, 어떤 상황에서는 물러서지 않는 것이 가치가 있다는 것을 기억하십시오. 평화를 추구하는 사람에게 자신을 옹호하는 것은 어려울 수 있습니다.

> 지난 몇 년 동안 데이비드는 중재자로서의 그의 통상적인 역할에서 벗어나려고 노력했습니다. "편한 것을 고집하는 것이 항상 최선은 아닙니다. 문제를 간과하거나 부인해버리면 마치 스타트랙의 어딘가로 전송되는 것처럼 문제가 사라진다고 여길 때가 있습니다. 학대받는 아이가 현실에서 벗어나기 위해 상상 속의 다른 곳으로 갈 때처럼 말입니다. 기타 가게 사장이 스트레스를 받고 고민을 말할 때, 저는 그를 온화하게 대합니다. 그의 끊임없는 불안이 내 불안감을 건드리기에, 스스로 진정할 수 있도록 그를 달래줍니다. 제가 동의한다고 보이는 만큼 그에게 동의하는 것은 아닙니다. 하지만 뭔가 잘못되었을 때는 숨기지 말고 털어놓아야 합니다."

평화를 추구하는 사람은 삶의 특정 영역에서 자주 그들의 진정한 의견을 말하거나 주장할 수 있습니다. 데이비드는 대항하는 것을 좋아하지 않지만, 음악에 관한 한 놀랍도록 거침없이 말할 수 있습니다. "그것은 저에게 위험하지 않은 주제입니다. 저는 음악에 대해 강한 신념을 가지고 있습니다."

미루기

미루는 습관의 가장 큰 문제는 우선순위를 정하기 어렵다는 것입니다. 세세한 것에 너무 몰두하거나 시간 가는 줄 모르고 물 흐르듯 지나가는 것을 편안하게 느낄 수 있습니다. 문제에 직면하는 것을 미루면서 방아쇠를 당길 만큼 단호해지기를 바랄 수도 있습니다. 어떤 경우에는 그냥 잊어버릴 수도 있습니다. 학위를 마치기 위해 대학에 돌아가려고 했지만, 친구들과 밴드를 하느라 바빠서 온라인으로 복학 요건을 찾아보지도 않는 것처럼 말입니다.

데이비드는 서로 다른 여러 방향으로 생각이 퍼져 있습니다. '우선순위가 문제야. 목록에 있는 것들은 모두 중요해서 하나를 고르기가 어려워. 저마다 내 말에 귀를 기울이라고 말하니, 결국 나는 그 어떤 것도 집중할 수가 없어.'

어떤 사람에게 미룬다는 것은 실험을 다시 하면서 실험이 제대로 되도록 노력하거나, 보고서를 다시 쓰고 그것들을 끝내는 데 몇 시간을 소비하는 것을 말합니다. 휴식을 취하면 새로운 관점이 떠오를 것이라 여기지만, 잠시 쉬는 것이 미루는 것을 더 자극할 수 있습니다. 제이슨의 밴드는 1년 넘게 CD를 녹음해 왔습니다. 그들은 항상 새로운 아이디어를 가지고 있습니다. 더 무서운 것은 쉬는 시간이 길어질수록 더 많은 아이디어를 갖게 된다는 것입니다.

제리는 이미 매사추세츠 공과대학교에서 대학원 졸업식은 참석했지만, 논문을 끝내지 못해서 약혼자가 결혼식을 연기했습니다. "그녀는 제가 학위를 마칠 때까지 저와 결혼하길 원하지 않았습니다. 그 시점까지 저는 마감일을 정하는 것에 낙천적이었고 꾸물거렸습니다. 그냥 잘 마무리될 줄 알았는데 지도교수가 제 논문을 거절했습니다. '이건 학기 말 보고서로는 괜찮겠지만, 논문으로서는 부족해.' 그 후, 인도에서 논문 조사를 마치고 약혼자와 함께 하와이로 가서 낭만적인 여행을 했습니다. 가방을 가볍게 하려고 인터뷰한 모든 자료를 집에 우편으로 보냈는데 웬걸, 여행을 다녀와 보니 그것들은 집에 도착하지 않았습니다. 그래서 약혼자가 내 기억을 되살리는 걸 도와줬는데, 이런 걸 쓸 줄 아는 박사과정의 똑똑한 여자와 약혼을 한 게 얼마나 다행이었는지요. 그녀가 없었더라면, 저는 여전히 그 논문을 연구하고 있었을 것입니다."

상사는 보고서를 빠르고 깔끔하게 마무리할 수 있어야 한다고 생각하지만, 제이슨은 보고서를 더 철저히 이해하기 위해 데이터를 점점 더 깊이 보고자 합니다. "저는 계속해서 글을 쓰고 모든 중복된 부분을 편집해야 합니다. 세부적인 것까지 다 알게 하도록 설명을 첨가하는 동안 수백 페이지 분량의 자료를 만들게 됩니다. 이 외에도 덧붙일 이야기가 많겠지만 300개의 이야기를 다 보고서에 넣을 수는 없어요. 저는 마무리를 할 수 있는 협력자가 필요합니다."

The Career Within You

1

완벽을 추구하는 사람

더 나아지기

완벽을 추구하는 유형은 공정하며 옳은 일을 하는 데 관심이 많고 개선하는 것을 좋아합니다. 이들은 이상을 추구하며 열심히 일하는 사람입니다. 세부적인 사항에 주의를 기울여야 하는 치과 의사, 회계 감사, 요리사, 전투기 조종사 등과 같은 직업에서 두각을 나타냅니다. 규율이 중요한 직업인 정비사, 간호사, 보좌관에서 빛을 발하며, 특히 이상을 추구하는 성향은 자선 단체 대표, 교사, 개혁가, 성직자, 정치 칼럼니스트가 될 수 있고 이들은 직장에서 자신의 도덕이나 원칙을 적용하는 것을 좋아합니다.

일반적으로 완벽을 추구하는 유형은 모든 면에 좋은 사람이 되려고 노력합니다. 학창시절 학업이나 맡은 일을 훌륭하게 마무리하는 모범생 스타일로 선생님들의 사랑을 받았을 확률이 높습니다. 상황 판단을 잘하고 공정, 협동, 자립 등의 가치를 중히 여기며, 배움과 성장에 관심이 많고 이를 좋아합니다.

자신과 다른 사람의 성과를 비교하여 스스로 만족하지 못할 때가 있지만 표면적으로 좋은 태도를 유지하려고 애씁니다. 여기에서 좋은 태도는 자신이 높은 수준의 사람임을 보여주려는 것입니다.

자신을 알아가기

완벽을 추구하는 유형은 박애 정신이 있어 개인의 삶과 사회를 건강하게 바꾸려고 노력합니다. 알코올 중독 퇴치 운동을 이끌고 총기 규제, 낙태에 찬성 혹은 반대하며, 교사, 설교자, 사회개혁 운동을 하는 사람입니다. 사회제도를 개혁하거나 학생들의 잠재된 가능성을 꽃피울 수 있도록 가르치는 것을 왜 좋아하는지 자신에게 묻는다면, 열정을 가지고 무엇인가를 개선하는 데 자신의 모든 역량을 쏟고 싶은 특정한 동기를 발견할 수 있을 것입니다. 자기 내면의 동기를 알게 된 티나는 자신의 윤리관에 맞는 회사에서 일하고 싶다는 것을 깨닫게 되었습니다. "이전에는 기업의 재무부서에서 일했는데, NGO나 사회적 책임을 다하는 기업에서 일하고 싶습니다."

완벽을 추구하는 유형은 '내가 가장 신랄하게 비판하는 사람은 바로 나 자신이다.'라고 할 정도로 자신에게 매우 비판적이므로 자신이 하는 일의 긍정적인 면을 찾고 이에 감사함으로써 스스로 여유를 갖도록 노력하는 것이 가장 중요합니다. 지나치게 스트레스를 주지 않는 직업을 선택하는 것이 필요합니다.

카렌은 자신의 유형의 강박적인 면을 이해하게 되어 큰 도움을 받았습니다. 카렌은 모든 일에 항상 최고이길 원했습니다. 공정하고 좋은 성품을 지닌 그녀는 탁월함을 추구할 때마다 자신이 일 중독자가 될 수 있다는 위험을 깨닫지 못했습니다. 자신이 하는 모든 일이 옳다고 확신했으므로, 개선하려는 노력 자체가 오히려 부정적인 결과를 초래할 수 있음을 인정하기 어려웠습니다. 그러나 이 사실을 받아들이자 모든 일에 과도하게 노력하지 않아도 괜찮다는 것을 알게 되었고, 그로 인해 자유로움을 누리게 되었습니다.

날개라고 불리는 양옆의 두 유형은 1유형의 성격에 영향을 줍니다. 평화를 추구하는 유형 쪽의 날개를 사용한다면 업무에서 더 객관성을 적용하는 경향이 있습니다. 반면 도와주는 유형 쪽의 날개를 많이 쓴다면 다른 사람들을 돌보는 일에 더욱 관심이 있습니다.

직장에서 완벽을 추구하는 사람의 강점

완벽을 추구하는 사람은 신뢰성, 조직화 능력, 세부 사항에 집중하는 능력, 도덕성 같은 면에서 상사나 동료, 고객에게 높은 평가를 받습니다. 또한 업무 표준을 세우는 사람으로 모든 사람의 존경을 받습니다.

조직 능력

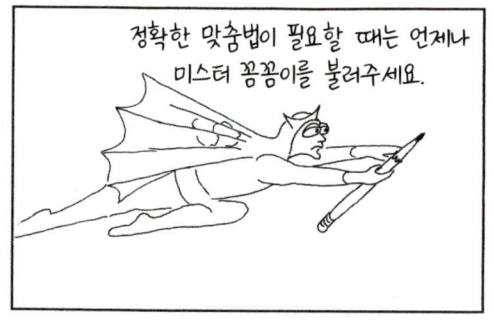

완벽을 추구하는 유형은 프로젝트 구상, 기간별 계획, 일정표, 업무 매트릭스를 활용하여 구조화를 잘하는 역량을 가진 사람입니다. 우선순위와 주요 안건에 따라 회의를 진행하고 처리할 수 있습니다. 업무공간은 깔끔하게 정돈되어 있습니다. 회사는 모든 직원이 이들처럼 정시에 출근하기를 바랍니다.

완벽을 추구하는 유형은 약점에 집중하고 다른 사람들이 개선되도록 가르치므로, 가장 도움이 되는 유형이라고 말하는 사람도 있습니다.

그들은 혼란스러운 상황에서 질서를 구축하는 능력이 있으며, 다른 사람들이 업무를 조직화하도록 돕고 순서가 정리되어 예측 가능해질 때까지 쉬지 않고 일합니다. 조직화 능력이 떨어지는 동료와 함께 일할 때 힘이 듭니다.

세부 사항에 집중

다른 사람들은 업무 중 20%를 대충 넘기는 80-20 법칙을 따를지 모르지만, 이들은 잘못된 부분을 잘 찾고 짚어내는 능력이 있어 다른 사람들이 놓친 것을 바로 알아차립니다. 다른 사람들이 일을 완료하는 수준을 넘어 페이지 숫자 하나까지도 흠잡을 것 없이 완벽하게 끝내야 합니다.

세부 사항을 다루는 일이 재미없기에 많은 사람은 사소한 것을 대충 넘깁니다. 그러나 이들은 누군가는 여기에 주의를 기울여야 한다고 생각하므로 여기에 집중합니다. 세부 사항 없이는 세상이 제대로 돌아가지 않는다고 여깁니다.

조나는 고객으로부터 깔끔하게 정리된 사무실에 대해 칭찬을 많이 들었습니다. 그는 이러한 관심에 당황스럽다고 말하지만 깔끔한 업무 스타일은 커다란 자산이 되었고 승진하는 데 도움이 되었습니다. 조나의 경우처럼 이들은 조직에서 필요한 인력이라고 인정받고 있습니다.

성실함

완벽을 추구하는 유형은 새로운 업무에 앞장서서 책임을 지고 업무나 프로젝트에 관련한 질문에 답변할 수 있습니다. 책임감 있고, 예측 가능성을 고려하며 같은 기준으로 모든 사람을 대하려고 노력합니다. 누군가가 불편하게 해도 객관적인 관점을 유지하고, 자신의 책임을 받아들이며, 무엇인가 잘못했으면 사과합니다.

많은 사람이 무언가를 끝낼 때 쉬운 방법을 찾지만, 완벽을 추구하는 유형은 주어진 일을 체계적으로 끝까지 하는 것에 큰 의미를 부여합니다. 필립은 일을 잘 끝냈을 때 아주 만족합니다. "어렸을 때도 쉬운 일에는 전혀 끌리지 않았습니다. 학교에서도 어려운 과목만 수강하곤 했지요. 할 필요가 있는 일을 하는 것은 그냥 놀면서 대충 일하는 것보다 훨씬 더 가치 있고 즐겁습니다."

오거스터스는 지방 중소 도시의 한 은행에서 창구 직원으로 일을 시작했습니다. 그는 고객에게 친근하고 정중했으며 항상 기대했던 것 이상으로 일을 잘 해냈습니다. 2년이 지나 더 큰 도시 지점으로 가게 되었고 이후 다양한 교육과정을 이수했습니다. 은행 업무에 관해 잘 알게 되면서 복잡한 업무를 수행하는 관리자로서 거듭 승진하게 되었습니다. 나중에는 샌프란시스코로 옮겨 아메리카 은행의 부회장으로 스카우트 제의까지 받았습니다. 물론 오거스터스가 명석하고 적극적으로 업무에 임하기도 했지만, 다른 무엇보다도 그의 성실성이 직장생활에서 사람들의 좋은 평가를 받았습니다. 상사들은 철저하게 일을 처리하는 그를 신뢰할 수 있었고 그는 최선을 다해 정직하게 일했습니다.

예의 바름

완벽을 추구하는 유형 대부분은 예의가 바르고 명확하게 이야기하며 사람들을 정중하게 대하는 모범적인 사람들입니다. 자신의 업무가 아닐지라도 다른 사람들이 일을 수월하게 하도록 아낌없이 지원합니다. 이 유형의 목사들에게 사랑의 원칙이란 사람들에게 도움과 편안함을 제공함과 동시에 성도들의 지식수준을 높이는 것입니다. 그들은 지도자의 위치에서 교회의 모든 영역이 순조롭게 운영되도록 조직화합니다.

높은 이상

완벽을 추구하는 유형의 사람들은 꼿꼿한 자세를 취하는데, 이는 내면의 강직함을 나타냅니다. 진지하게 인생을 바라보고 자신과 자신이 속한 조직과 사회를 높은 이상으로 바라봅니다. 이들은 일하지 않으면서 일하는 척하는 부정행위를 할 수 없습니다. 직장이나 개인의 삶에서 주위 사람들이 자연과 환경을 보호하며 어려운 사람들을 돕고 봉사활동에 참여하는 윤리적인 삶을 선택하도록 격려합니다.

완벽을 추구하는 유형의 가족

해리는 학생들의 다양성을 위해 자신이 가르치고 있는 대학에서 공정과 평등을 실현하고 있습니다. 공정함이란 학생들의 과제에 대해 올바른 평가를 하는 자신의 판단을 신뢰하는 것을 뜻합니다. 특히 바른 평가를 위해 학생들이 자신보다 경험이 없다는 것을 염두에 두며, 오만함이나 독선을 보이지 않으려고 애씁니다. "문학을 통해 삶을 풍성하게 하면서 학생들과 관계를 맺는다는 것은 어떤 것과도 비교할 수 없는 가치 있는 일입니다. '가르친다는 것은 귀한 사명'이기에 '실력 없는 교사들'은 받아들일 수 없습니다."라고 말합니다.

완벽을 추구하는 유형에게 판사나 검사라는 직업은 사회를 보호하고 개선할 수 있는 기회가 될 수 있습니다. 이들에게는 법 전문가로서 경제적 이익을 누리는 것보다 사회에 변화를 준다는 것이 내적으로 의미 있는 동기부여가 됩니다.

인류는 우주를 개선하고 싶어 한다.
– 존 호프 프랭클린, 역사학자이자 시민운동가.

완벽을 추구하는 유형이 직업상 필요로 하는 것

일상의 직장 생활에서 완벽을 추구하는 사람이 만족감을 느끼려면 다음과 같은 것이 필요합니다.

공정

일하는 현장에서 공정성이 지켜지지 않는다면 완벽을 추구하는 유형은 꾸준히 일할 수 없을 것입니다. 앨리스는 마케팅 분야에서 성공했음에도 근무했던 두 회사에서 만족하지 못했습니다. 첫 회사는 사내 정치에 강한 관리자에게만 더 많은 보상을 하고, 최고 성과를 내고 있던 관리자들은 인정받지 못하는 곳이었습니다. 또 다른 회사는 충실하고 높은 성과를 내는 내부 직원을 승진시키기보다 외부에서 새로운 관리자들을 계속해서 채용했습니다. 이러한 관행들은 앨리스의 가치체계와 맞지 않아 일할 수 없었습니다.

션은 낮은 연봉에 만족하지 못했습니다. 회사에서 높은 평가를 받는 직원이었기에 연봉협상을 먼저 요구했다면 바로 적용되어 해결될 수 있는 상황이었습니다. 그러나 그는 연봉협상을 먼저 제안하지 않은 회사의 일 처리 방식이 직원을 불공정하게 대우하는 정책이라고 판단하고 이에 항의하는 수단으로 퇴사했습니다.

존중

완벽을 추구하는 유형은 자주 교사와 친구들로부터 존중받고 싶어 경쟁합니다. 싫어하는 과목이라도 똑똑한 아이들과 견줄 수 있다는 것을 증명하기 위해 믿기지 않을 정도로 열심히 공부할 수 있습니다. 때로는 혹독할 정도의 일도 견뎌냅니다.

제이크는 신용카드 회사에서 보안프로그램을 관리하는 담당자이지만, 보안팀은 회사에서 충분한 인정을 받지 못하고 있습니다. 보안팀이 99.99%의 운영 신뢰도를 유지하고 있음에도 동료들은 어떤 사건이 발생할 때만 팀의 존재를 인식합니다. 반면 영업직원들은 영업 목표를 성취할 때마다 박수갈채를 받습니다. "보안팀의 이사로 승진하면서 우리의 뛰어난 업무 성과를 잘 보여줄 수 있는 측정 방법을 개발하고 있습니다. 나는 팀워크를 강화하고 다른 부서로부터 존중받겠다고 결심했습니다."

일을 올바르게 하기

완벽을 추구하는 유형이 생각하는 이상적인 팀은 더 높은 수준의 결과를 위해 노력하면서 서로 신뢰할 수 있는 같은 유형의 동료들로 구성된 팀일 것입니다.

이들은 학교 신문을 편집할 때 실수하지 않기 위해 여러 번 교정하느라 원고를 마감하는 데 오랜 시간이 걸립니다. 이런 태도로 모든 일을 하게 되면 시간이 지체되어 일을 진행하기 힘듭니다. 이들에게는 일의 완성도 기준을 현실적으로 맞추며 '그 정도면 충분해.' 하고 멈추며 만족하는 것이 필요합니다.

위 그림에서 닭에게 말하고 있는 남자는 완벽을 추구하는 유형이 가진 내면의 비판적인 목소리를 대변하는 것입니다. 머릿속에서는 항상 '올바르게 했나? 실수는 없었나? 좀 더 열심히 할 수 없었을까?' 라고 끊임없이 반복해서 스스로 자기 자신을 다그치는 상황을 표현한 것입니다.

스트레스 해소하기: '비밀통로' 현상

완벽을 추구하는 유형이 스트레스를 해소하는 방법은 여러 가지가 있지만, 가장 좋은 방법은 멀리 휴가를 떠나는 것입니다. 주어진 업무로부터 멀리 떠나면 긴장이 풀리고, 스트레스가 날아가며, 머릿속에 '이것도 해야 하고 저것도 해야 하고…'라고 말하는 내면의 비평가를 잊을 수 있습니다. 이 유형의 어떤 사람들은 일상생활에서 '비밀통로'를 만들어 놓습니다. 평상시 자기 이미지와는 다른 일을 함으로써 긴장을 늦추고 자신에게서 벗어납니다.

켄 러셀이 감독의 영화 '고통의 범죄'(1984년 작)에서 캐슬린 터너가 연기한 주인공은 낮에는 건실한 의상 디자이너로, 밤에는 술집 여성으로 살아가며 이런 현상을 잘 보여줍니다.

완벽을 추구하는 유형은 스트레스를 풀어 줄 필요가 있습니다.

자기처럼 남들도 열심히 일하게 하기

제이크는 회사에서 자신의 실수를 인정하고 약속을 지키기 위해 노력하는 사람들의 진가를 알아봅니다. "조직에서 계속 문제를 일으키면서도 자기의 잘못을 절대 인정하지 않는 사람은 신뢰할 수 없습니다. 문제가 생길 때마다, 이런 사람은 항상 그만둔 다른 사람을 탓하며 '그 사람이 그만두었으니, 더 이상 문제는 안 생기겠죠.'라고 합니다. 차라리 누군가가 개선해야 할 것들을 알려주고, 일어난 일의 원인을 찾아내도록 도와주는 것이 더 좋습니다. 실제로 문제의 원인이 무엇인지, 어떻게 하면 이를 해결할 수 있을지, 다신 이런 일이 발생하지 않도록 하려면 무엇을 해야 할지 알고 싶습니다."

사만다는 "함께 일하는 팀원이 이기적이거나 나태한 근무태도를 보일 경우, 정말 힘듭니다. 특히 나머지 다른 팀원들이 착하고 정직하며 열심히 일하는 사람들일 경우에는 더욱 그렇지요."라며 동의합니다.

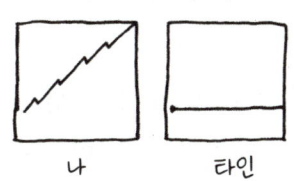

"함께 일하는 사람이 개선되지 않을 때는 미칠 것 같다."

완벽을 추구하는 유형의 다른 면

노력하고 애쓰는 것은 힘든 일입니다. 가능성을 타진하기 위해 열심히 일하거나 좋은 결과를 내도록 추진했을 때 인정받을 자격이 있다고 느낍니다. 완벽을 추구하는 유형이 전형적으로 겪는 어려운 부분들을 잘 살펴보십시오. 경력을 관리할 때, 다음과 같은 주제를 생각해보십시오.

넘어서야 하는 모습
- 자기비판하기
- 일정을 꽉 채우기
- 도달하기 어려운 기준 세우기
- 판단하는 것으로 보이기

앞으로 노력해야 할 일
- 휴식과 여가 활동을 위한 시간 계획하기
- 어떤 실수를 해도 세상이 끝나지 않는다는 것 알아차리기
- 내 방식 말고도 일을 해나가는 다양한 방법이 있다는 것 인정하기

타인에 대한 비판

완벽을 추구하는 유형은 잘된 것을 인정하고 누리는 대신에 잘못된 것을 찾는 데 몰두합니다. 애견 대회 심사위원인 브리이타는 심사할 때 다른 심사위원들보다 합리적으로 감정을 잘 제어할 수 있다고 여겼습니다. 또 이 분야에서 최고가 될 수 있을 정도로 스스로 객관적이라고 생각했습니다. 그러나 대회에서 강아지 주인으로서의 행동에만 국한해서 심사하지 않고 그들의 삶에 대해 비난한 점이 심사위원의 자질로서 문제가 되었습니다. 살면서 자기 자신을 비판하던 습관이 일하면서 그대로 나타난 것입니다. 이제는 다른 사람들 일에 관여하지 않으려고 노력합니다.

앤더슨은 직장생활 초기에 자신의 고칠 점을 확인하고 돌아보는 사람이었는데, 시간이 지날수록 동료들의 잘잘못을 찾아 지적하는 사람이 되었습니다. "사람들이 언제 출근했는지, 언제 사실을 숨기고 일을 미숙하게 처리했는지 기록하곤 했었지요. 그러나 요즘에는 그렇게 하지 않으려고 노력합니다. 어떤 동료도 제가 판단하는 것 자체를 좋게 받아들이지 않는다는 것을 알게 되었습니다."

죄책감

완벽주의는 죄책감을 확대 재생산하는 토양이 됩니다. 완벽을 추구하는 유형의 사람들은 아무리 노력해도 자신의 기대치에는 절대 다다를 수 없습니다.

"자주 죄인이 된 것 같은 느낌이 든다고 말하면 정말 이해할 수 없겠지만 이건 사실입니다. 가르치는 일은 양육하는 일 못지않게 죄책감이 생기기 쉽습니다. 가르칠 때 최선의 노력을 다하지만 결국에는 학생들이 자기 스스로 공부해야 합니다. 교사는 학생들이 열의를 가지게 할 수도, 가르친 모든 지식을 흡수하도록 강요할 수도 없습니다."

과도한 자기비판

제이슨은 뉴욕시 도서관장으로 은퇴했습니다. 50여 년 전 대학 시절 한 친구가 아일랜드 시인이자 극작가인 William Butler Yeats의 이름을 'Yeats' 대신 'Yeets'로 발음한 그의 발음을 교정해 준 적이 있었습니다. 그는 아직도 그 기억을 떠올릴 때마다 그때 느꼈던 수치심이 생생하게 기억납니다.

완벽을 추구하는 유형 중 어떤 사람들은 다른 사람이 정확하게 말하지 않을 때 지적하는 자신처럼 다른 사람들도 자신이 말할 때 틀린 부분을 찾아내 지적하리라고 추측합니다.

아이링은 "예전에는 감정적이고 부정적인 일은 절대 하지 않겠다고 다짐한 사람이었습니다. 얼마나 혹사하며 일을 해왔던지, 지금 내 모습의 반만큼만 했더라도 충분했었을 텐데. 지금에서야 '완벽할 필요가 없다.'는 것을 알게 되었습니다."

과한 자기책임

완벽을 추구하는 유형 대부분은 모범생 같은 착한 소녀, 소년 이미지가 있습니다. 카렌은 나이 드신 어머니를 보살피고, 주위 친구들을 챙기며 회사에서 열심히 일하는 삶을 살았습니다. 카렌이 업무 영역을 구분하지 않고 불평 없이 세 명이 해야 할 분량의 일을 처리하여 회사에서 직원들의 업무 범위에 대한 경계가 무너지게 되었습니다. 카렌은 이런 업무 처리로 인해 오히려 다른 직원들의 입장이 곤란해지는 상황임을 깨닫게 되었습니다.

> 티나는 '병적으로 예의 바르게' 하지 않으려고 애쓰고 있습니다. 야근하지 않고 추가 프로젝트를 거절하며 삶의 균형을 회복하기 위해 노력합니다.

자기 파괴

완벽을 추구하는 유형은 오히려 어떤 때에는 주위 동료에게 일을 맡기지 못합니다. 이런 태도는 자신의 성장에 방해가 되고, 동료들과 신뢰 관계를 쌓지 못하게 하기도 합니다.

이들이 승진한다면, 사소한 일까지 따져서 직원들이 좋아하지 않는 관리자가 될 수 있습니다.

극단적인 자기 파괴

영화 라따뚜이 등장인물인 구스토의 영감이 된 세계적 명성의 요리사인 버나드 르와조는 전통 프랑스 요리를 선보이며 유명해졌습니다. 그러나 1990년대 말, 아시아의 영향을 받은 퓨전요리가 프랑스를 휩쓸며 트랜드에 예민한 미식가들의 관심을 끌었습니다. 2003년 말 르와조가 자살했을 때, 언론은 그의 자살 원인이 새로운 트랜드의 유행과 Gault Millau (프랑스 식당평가 안내서)가 그의 식당 등급을 최근 하향한 데서 온 우울증이라고 분석했습니다. 또 미슐랭가이드에서 그의 레스토랑의 등급을 낮춘다는 소문도 있었지만 이는 사실이 아니었습니다. 레스토랑은 여전히 별 세 개를 유지했으나, 그는 극단적 자기 파괴인 자살로 삶을 마감했습니다.

분개

완벽을 추구하는 유형은 자제력을 잃을 수 있다는 두려움으로 인해 강한 감정이 복받칠 때 대개 감정을 억누르거나 무시합니다. 그러나 성과를 인정받지 못할 때 생기는 억울함이나 열심히 노력하지 않는 사람들을 향한 원망은 쉽게 받아들이고 인정합니다.

신용카드회사에 근무 중인 제이크는 회사에서 제대로 된 보상을 딱 한 번 받았습니다. 그 당시 회계감사와 동시에 다른 회사를 인수하려던 때라 회사 내 상황이 몹시 심각했습니다. 회사 측이 너무 조심스럽게 추진해서 2~3주면 끝날 프로젝트가 무려 8~9개월이나 걸렸습니다. "몇 달 동안 하루에 15시간씩 일했습니다. 프로젝트가 끝난 후에야 회사에서는 저의 업무 성과를 인정하고 '분기 우수직원'으로 선정했습니다. 그렇지만 다시는 그런 좌절감을 경험하고 싶지 않습니다."

걱정

안데르스는 걱정을 줄이려고 할 때, 과거는 자신이 통제할 수 없는 것임을 스스로에게 상기시킵니다. 그런 노력 덕분에 평소에 하고 싶었던 하이킹을 하게 되었습니다. 디아나는 스스로 소리 내어 말하는 것을 통해 걱정을 멈추는 방법을 배웠습니다. 비록 시간이 오래 걸렸고 가끔 재발하기도 하지만 매일 걱정하던 과거에 비하면 훨씬 좋아졌습니다.

주말을 시작하기 전에

세부 사항을 꼼꼼히 챙기며 완벽을 추구하는 유형의 사람이라면, 효율적이고 책임감이 있는 당신의 성향을 아는 사람들과 함께 일하기를 바랄 것입니다. 그러나 당신이 낮은 단계의 세부 사항에서만 성과를 내고 싶은 것이 아니라면, 경력을 발전시켜갈 때 세부적 사항을 조금 보류하고, 당신을 발전시킬 수 있는 다른 강점들을 보여주십시오.

토요일 일정
1. 일어나기
2. 잠자리 정리
3. 청소
4. 아침 식사
5. 양치질
6. 할인점 할인-종이 제품 구매, 영수증 챙기기
7. 화장품 할인-영수증 챙기기
8. 생산자 직거래-유기농 식품
9. 주유소
10. 점심 식사
11. 양치질
12. 건강을 위한 5분 낮잠
13. 건강을 위한 5분 달리기
14. 비타민과 다이어트 관련 책 구매, 영수증 챙기기
15. 자기 계발 도서 구입
16. 자기 계발 서적 5분 읽기
17. 바이올린 연습
18. 저녁 식사
19. 재활용 분리
20. 양치질-치실 사용할 것
21. 일정표 점검
22. 잠자기

The Career Within You

2
도와주는 사람

필요 채워주기

도와 주는 유형은 여러 감정을 이해하고 다른 사람을 기쁘게 하는 방법을 알며, 직장 상사나 사람들을 잘 도와줍니다. 누군가에게 필요한 존재가 되는 것과 조직의 성공에 중요한 역할을 하는 것을 자랑스러워합니다. 이들에게 가장 소중한 것은 관계이며, 사람들의 요구사항을 잘 들어줍니다. 그래서 알맞은 직업은 심리학자, 간병인, 교사, 인사 담당자, 접수원, 의료 종사자, 수석 보좌관 등입니다. 또한 법률, 금융, 회계, 과학, 저널리즘, 예술을 포함한 거의 모든 직업에서 두각을 나타낼 수 있으며, 특히 사람들과 상호 작용해야 하는 역할에 잘 맞습니다. 그렇지만 연애에 관한 최고의 소설을 쓰는 성공적인 작가 다니엘 스틸과 같은 도와주는 사람은 혼자서 오랜 시간을 보내기도 합니다.

개인적인 따뜻함과 필요 이상으로 지나치게 베푸는 모습은 도와주는 유형의 남녀 모두에게서 나타납니다. 대부분 외향적이고 적극적인 대인관계 기술이 있지만, 내향적인 도와주는 사람은 뒤에서 남을 돕는 것을 더 편하게 느낍니다.

자신을 알아가기

도와주는 유형은 상대가 자신의 필요를 스스로 깨닫기 전에 먼저 그의 필요를 알아차릴 정도로 사람을 잘 읽습니다. 그렇기에 사람들에게 이타적이고 친절하며 점잖으면서도 진심으로 환영하는 태도를 보입니다. 이들은 애정을 넘치게 주거나, 때로는 유혹해서라도 자신이 원하는 결과를 얻으려고 합니다.

도와주는 유형의 사람은 따뜻합니다.

날개라고 불리는 양옆의 두 유형은 2유형의 성격에 영향을 줍니다. 완벽을 추구하는 유형 쪽의 날개를 많이 쓴다면 더 객관적일 수 있습니다. 반면 성취를 추구하는 유형 쪽의 날개를 많이 사용한다면 이미지를 매우 중시하며 야망이 있을 수도 있습니다.

직장에서 도와주는 사람의 강점

도와주는 사람은 개인적인 만남과 진심 어린 감정이 특징입니다. 자신의 강점과 도와주는 유형의 전형적인 강점을 비교해 보십시오.

돌봄

직장에서 지성뿐만 아니라 감정으로도 '이해하는' 사람이고 주의 깊게 들으며 친절하게 반응합니다. 심리 치료사 피터는 트라우마를 겪은 고객들을 위해 안전하고 편안하게 이야기할 수 있는 장소를 만들어 그들을 돌봅니다. 그에게 '주는 것'의 의미는 고객의 경험을

인정하며 그들이 타당하고 중요한 존재임을 알게 하는 것입니다. 고객에게 전폭적이고 긍정적인 관심을 주는데, 이를 통해 결과적으로 스스로 돌보는 방법을 배우게 합니다.

중학교에 근무하는 도와주는 유형의 한 선생님은 그녀의 직장 동료가 힘든 하루를 보낼 때면 '잘하고 있어.', '내일은 더 좋은 날이 될 수 있기를', '조금만 더 힘내!'와 같이 따뜻함을 느낄 수 있는 쪽지들을 동료의 책상에 올려놓습니다. 그녀는 점심 식사가 끝나고 돌아왔을 때 직장 동료가 놀라며 기뻐하는 모습을 보는 것을 정말 좋아합니다.

기분 좋은 분위기 만들기

도와주는 유형은 직장의 정서적, 물리적 분위기에 관심을 가집니다. 심지어 퇴근 후의 자유로운 시간에도 모든 사람이 소속감을 느끼는지 확인합니다. 매년 여름마다 부서 전원을 집으로 초대하여 바비큐 파티를 할 수도 있습니다. 심지어 온천에 간 느낌이 들도록 수영장과 온수 욕조까지 설치할 수도 있습니다.

비키는 자신의 미용실 모든 공간에 주로 난초로 된 신선한 꽃장식을 놓습니다. 그녀는 유쾌한 옷차림과 산뜻하고 새로운 머리 스타일로 고객을 맞이하고, 명랑한 목소리로 대화를 이끕니다. "저는 말하는 것을 좋아하고 우리 각자는 하고 싶은 이야기가 있다고 여깁니다." 이렇게 환영하는 태도로 사람들을 자신에게로 끌리게 하고, 만나는 사람들과 좋은 관계를 맺고자 하는 강한 열망이 있습니다.

어떤 도와주는 사람은 직원 복지를 향상하는 작업 환경에 대한 컨설팅을 전담하여 기업 차원에서 도움을 주는 데 전념합니다. 달린은 자신이 가진 비즈니스 분석 기술을 이용하여 고객들의 보험료는 낮추면서도 생산성을 더 높여 회사의 수익이 개선되도록 합니다. 또한 마사지,

달리기 동호회, 대중 연설 모임과 같은 스트레스 해소 프로그램을 제공하고 재택근무의 유연성을 장려함으로써 경영자들을 돕습니다.

관계 중심적 창의성

관계를 잘 맺고 삶의 흐름에 연결된다면 자신 안에 있는 긍휼함이 풍성한 예술로 나타납니다. 자녀에게 노래를 불러주거나 다양한 기술 배우기, 삶을 그리거나 시를 써서 특별한 날 누군가를 위한 의미 있는 표현을 해줄 수도 있습니다. 배우나 바이올린 연주자가 될 수도 있고, 연인에게서 영감을 받은 훌륭한 작곡가가 될 수도 있습니다.

도리는 예술가이자 미술 치료사이며, 그녀 작품의 강점은 독립성과 개성에 있습니다. 그것은 '유행하는' 것이 아니라 그녀의 영혼에서 자연스럽게 흘러나오기에 그녀의 그림은 흥미롭습니다. "저는 칭찬받기 위해서가 아니라 온전히 스스로 동기 부여된 상태에서 창의성을 표현하려는 욕구가 강해요. 그것이야말로 제가 생각하는 진정한 창의성이거든요."라고 말합니다. 도리는 사실주의에서 벗어나기 시작한 지금도 여전히 그림에서 사람이나 동물을 보여주는 매우 관계 지향적인 작가입니다.

지나침

도와주는 사람은 자신의 시간과 에너지를 다른 사람들을 위해 쓰면서 자신이 잘 해낸 일에 대해 특별히 인정받기를 원합니다. 탐은 교장으로서 요구되는 것보다 더 많은 일을 합니다. 보일러를 교체하고 자기 돈으로 색종이를 사며 정원 청소뿐만 아니라 학생생활지도에 어려움을 겪는 교사를 돕고 동시에 1년에 80번이나 학부모-교사 협의회에 참석하기도 합니다. 학교가 도시의 위험 지역에 있기에 교사들이 쉬는 시간까지 감독하는데 그런 부분까지도 확실하게 도와줍니다. 도와주는 사람들은 위험에 처한 동료나 동물들을 위해 일하는 곳에서, 스키 순찰대에서, 실종 비행사를 찾는 민간 항공 순찰대에서, 실종 선원을 찾는 해안 경비대에서 만날 수 있습니다.

이들은 유명인이 되는 것보다 도움이 되는 사람으로 보이는 것에 더 관심이 있습니다.

코디는 대학원에 다닐 때 연구실 실험 마감 시간이 촉박한 경우에도 다른 학생의 사진 인화를 돕기 위해 자신의 작업을 멈추곤 했습니다. 갭의 재무 이사인 로라는 때때로 주당 80시간까지 일하면서 경영대학원 동문 500명을 위한 동창회를 준비했습니다. 퇴근 후 짬을 내어 음식, 꽃꽂이, 사진 및 음향 시스템을 위한 공급업체와의 약속과 위원회 회의까지 해냈습니다. 친구들은 그녀가 너무나 많은 자유 시간을 포기하고 있다고 여겼지만, 그 행사를 잘 해냈고 그로 인해 사람들로부터 감사 인사를 받았으므로 그녀에게는 충분한 가치가 있었습니다.

사람을 끄는 능력

도와주는 유형은 사람을 편안하게 하며 즐겁게 하려고 애씁니다. 자신의 미소, 눈빛, 목소리를 사용하여 사람들을 친구로 만들고, 그들의 진심을 터놓게 하며, 아이디어로 그들을 설득합니다. 다른 사람과 가벼운 이야기를 나누는 게 비교적 쉽습니다. 탐은 학부모-교사 협의회에서 깔끔한 줄무늬 정장을 입고 사람들이 이해하기 쉽게 설명하면서 모인 사람들을 사로잡습니다. 그는 동료들을 관찰하면서 이런 방법 일부를 배웠고 나머지는 타고난 것입니다.

사람의 마음을 얻을 줄 아는 요한은 텍사스에서 번창하는 맞춤형 건설 사업을 통해 많은 실적을 올리며 승승장구하고 있습니다. "저는 언제나 모두에게 좋은 결과를 위해 노력합니다. 제 영업 비밀 중 하나는 고객들이 예상한 것보다 조금 더 베푸는 마음입니다." 공사가 끝난 후 그는 고객들이 새로운 집으로 이사할 때 그들을 행복하게 해주기 위해 계약서에 없는 물건들을 덤으로 주어 그들에게 감동을 줍니다. 그는 자신과 거래한 상대방이 그와 다시 거래할 계획이 있든 없든 간에 그들과 나눈 친근한 의사소통을 자랑스럽게 느낍니다.

사람들의 필요에 맞추기

도와주는 유형 모두가 다 전문적인 심리 치료사가 되는 것은 아니지만, 사람들에게 잘 맞추는 능력으로 상담하는 데 뛰어납니다. 치료사인 도리는 이렇게 말합니다. "저는 말을 잘하지는 않아요. 그저 고객들이 자신의 감정을 느끼고 말할 수 있도록 신뢰를 쌓을 뿐입니다. 가능한 한 말을 하지 않는 방법인 예술, 음악, 글쓰기로 접근하는데 이는 때때로 마음을 여는 더 나은 방법입니다."

도와주는 유형은 사람들을 기쁘게 하는 것에 열중해서 사람들이 원하는 모습대로 자신을 보여주려 합니다. "저는 말이 통하는 상대가 될 수도 있고, 성공을 위해 노력하는 사람이 될 수도 있으며, 편안해질 수도 있습니다. 다른 사람을 행복하게 만들 수 있다면 그 무엇이라도 될 수 있어요. 상사도 저의 이런 특성을 좋아하고, 모두가 기댈 수 있는 사람이 되기 위해서라면 제가 무엇을 하고 싶은지는 생각조차 하지 않고 모든 것을 희생할 수도 있습니다."라고 코디는 말합니다. 어떤 사람들은 도와주는 유형의 이러한 특성을 이용하기도 하지만 사람들의 필요를 알아차리는 것은 회사에 큰 자산이 될 수 있습니다.

아미타브는 은행의 인수합병 업무를 맡고 있으며 많은 시간을 재무 보고서 앞에서 보내거나 인수 대상을 실사합니다. 그는 동료들의 연구 보고서와 데이터가 필요할 때 바로 준비되도록 확인하고, 호감을 얻기 위해 최선을 다하며, 그들에게 딱 맞는 선물을 할 수 있도록 동료들이 제일 좋아하는 책과 취미를 메모해 둡니다.

도와주는 유형이 직업상 필요로 하는 것

일상의 직장 생활에서 도와주는 사람이 만족감을 느끼려면 다음과 같은 것이 필요합니다.

매력적으로 보이기

도와주는 유형은 사람들을 기분 좋게 하려고 자신을 호감 가는 외모로 가꿀 뿐만 아니라 사무실에 사람들이 좋아할 것 같은 밝은 분위기의 그림을 놓는 등 자신의 주변까지도 꾸밉니다.

아미타브는 은행의 개발 부서에서 일하는 누구보다 더 자기 외모에 관심을 둡니다. 그는 턱걸이와 역기를 하고 긴 시간 달리며 헬스장에서 가장 매력적인 사람이었습니다. 최근에 그는 깔끔하게 머리를 자르고 면도를 했으며 눈썹까지 다듬은 후에 출근했습니다. 또한 자신의 체격이 돋보이도록 어깨는 넓고 허리는 좁은 셔츠를 주문했습니다. 실제로 그는 상사보다 나이가 많았지만, 상사는 아미타브가 자신보다 더 젊다고 생각했습니다.

어떤 도와주는 사람은 매혹적이거나 재미가 있으며 외모가 중심이 되는 분야를 선택하려고 합니다.

젊은 셜리는 옷을 잘 차려입고 화장하며 시선을 사로잡는 자세를 취하는 것을 선호했고, 경제적 자유를 꿈꿨습니다. 그녀는 모델이 되기 위해 뉴욕으로 갔지만 일이 잘 풀리지 않아서 사진작가의 스튜디오 조수가 되었고, 사진 인화와 조명 설치뿐 아니라, 기획사, 모델, 헤어 디자이너와 함께 일하는 요령도 배웠습니다.

감사 인사받기

도와주는 사람은 다양한 형태의 감사 표현을 원합니다. 저녁 식사 초대나 꽃다발을 원할 수도 있고 그냥 다른 사람이 더 나은 삶을 살아가는 것을 보는 것만으로도 기쁠 수 있습니다. 인정해달라고 하지는 않아도 감사 인사를 바랍니다. 상대를 위해 일하는 것이 아주 자연스러워서 누군가 자신을 위해서 식탁을 옮기고 다른 사람이 자신을 위해 무언가를 해주는 것을 보면 놀라기도 합니다.

교장인 탐은 감사 인사를 받을 때 즐거웠습니다. 그는 자신이 베푼 호의에 대해 사람들이 작게라도 인사해 주기를 원합니다. 자신의 호의를 당연하게 여기는 것은 불편합니다. 한 교사가 구내식당에서 사용할 수 있는 손잡이 달린 실용적인 잔을 선물한 것과 같은 소소한 행동이나 인사를 좋아합니다. 탐이 수술을 받았을 때 교무실에서 그를 위한 기도 시간이 있었다는 것을 알고는 감격했습니다.

좋은 대접 받기

도와주는 유형은 경비원이나 음식을 나르는 사람처럼 소외당할 수 있는 사람들에게 더 관심이 가고 왕좌 뒤에서 조정하는 비밀의 권력을 좋아합니다. 식당에서 친절한 손님들에게만 제공되는 무료 커피를 받거나 갈 수 없는 장소도 갈 수 있도록 경비원의 호의를 받습니다.

달린은 사람들이 너무 바쁠 때 직원 체육관 회원 양식을 대신 작성하거나 맛있는 빵집에 대한 정보를 주는 것과 같은 작은 일을 도와주면서 고위직에 있는 사람들을 알게 되었습니다. 아나스타샤는 재무 이사와 좋은 관계를 맺어 일자리를 얻었습니다. 그녀는 더 다양한 경험을 할 수 있는 특별한 프로젝트를 맡았으며 상황이 안 좋은 시기였지만 더 안정적인 팀으로 옮겼습니다. 그래서 사람들은 그녀를 부러워하지만, 그녀는 자신이 특별한 노력을 더 했기에 편한 사무실에서 안정된 일을 할 수 있게 된 것이라고 말합니다.

셜리는 자기보다 회사에 늦게 들어온 사람에게 승진 기회가 돌아갔을 때 부당하다고 여겼는데, 알고 보니 그 사람이 승진을 요청했기 때문이었습니다. 그녀는 너무 화가 나서 축하 파티에 갈 수 없었으며, 사람들이 자신을 대하는 태도에 굉장한 영향을 받는다고 말했습니다.

사회적으로 적응하기

도와주는 사람은 무엇보다 관계를 가장 중요하게 여기기에 직장에서 사람들과 잘 지내려고 노력합니다. 만약 사무실 직원이라면 기술적인 측면을 배울 것이고, 유명 패션 잡지사에서 일하면 스타일 변신도 잘 할 것입니다. 바쁜 하루 동안에도 시간을 내어 동료와 커피를 마시며 문제를 해결하고 동료에게 개인적인 어려움이 있을 때도 도움을 주려 합니다.

도리는 '가능한 한 서로 연결되기 위해 공통점을 보여주고 좀 더 긴밀한 관계를 맺기' 원합니다. 코디는 자원하여 지역 사회의 주요 사업을 홍보하고 이메일을 전송하며 정치 캠페인과 기금 조성에 참여합니다. 그는 동지애를 느끼고 싶어서 콘서트 홍보와 같이 많은 에너지가 필요한 역할을 맡습니다. 어느 주말에 많은 직장 동료, 친구들과 캠프를 갔는데 그의 딸은 책 속에만 파묻혀 있었고 그는 그런 부분이 불편했습니다. 딸이 사람들과 잘 어울려서 인정받고 사랑받기를 원했습니다.

차이를 만들기

무기력한 동물과 고아, 노숙자 또는 전쟁으로 삶이 망가진 사람들에 대한 사람들의 관심 여부에 상관없이 도와주는 사람에게는 어려운 사람들이 어떻게 살아가는지가 민감하게 느껴집니다. 업무적으로 다른 사람에게 도움을 줄 수는 없어도 최소한 자기가 하는 일에서는 따뜻한 긍휼함을 놓치지 않습니다.

교장인 탐은 마음에 상처받은 사람들을 부드럽게 잘 돌봐주기에 선생님들은 그가 자신의 아버지인 것처럼 속상한 마음을 털어놓습니다. "저는 그들의 상처를 인정하기에 저에게 이야기해도 된다고 그들에게 알려줍니다. 한번은 어떤 선생님의 아이가 경찰에 잡혀서, 그녀와 함께 경찰서에 갔습니다. 그런 사적인 일에는 그 선생님이 하는 말을 다른 사람에게 절대로 말하지 않습니다. 신중하게 행동하는 것이 중요합니다. 상사는 다른 사람과 공유해서는 안 되는 것이 무엇인지 알아야만 합니다."

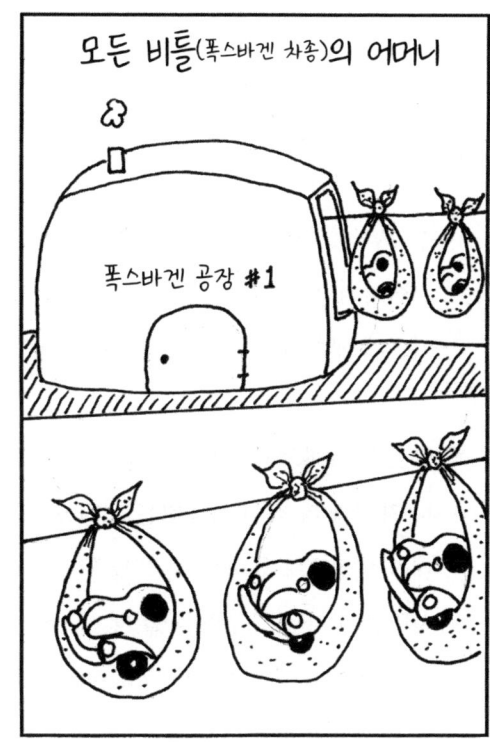

설리는 금융 중개소에서 일하는 것이 매우 행복했습니다. 그 이유는 회사의 표면적 목적은 주주들에게 수익을 배분하는 것이지만, 그보다는 지역 사회에 환원하고 소규모 고객들까지 도우려는 직장의 가치관이 자신과 맞았기 때문입니다. "이 회사는 고객의 복지를 매우 중요하게 생각하기에 절대로 그들을 속이지 않으며 고객이 스스로 자기 돈을 관리하는 방법을 알려줍니다. 설립자의 청렴함이 매우 가치 있다고 생각하기에 충성심이 강해졌습니다. 저는 직장에서 이런 동기부여가 필요합니다."

달린은 직장인 의료비 청구 고용 공단이 공동체를 잘 돌보는 것을 좋게 여겼습니다. 필라델피아에 있는 소수 주주의 이 비영리 단체는 높은 질병 발병률로 보장이 절실히 필요한 가난한 아프리카계 미국인들이 사는 대도시 지역 사회에 의료 서비스를 제공했습니다. 그들이 한 번도 경험해보지 못한 수준의 의료 서비스를 받을 수 있도록 해주었습니다.

도와주는 유형의 다른 면

힘든 일 또는 힘든 모습

- 다른 사람들에게 집중할 때 나 자신을 놓치지 않기
- 주고받는 상호 의존적인 관계에서 벗어나기
- 거절하지 못해 과부하 상태임을 알아차리기
- 기쁘게 해주려는 나의 욕구를 사람들이 이용하도록 내버려 둘 때

앞으로 노력해야 할 일

- 나 자신과 더 깊이 소통하는 데 도움이 되는 창의적인 활동을 하기
- 내가 진정으로 원하는 것을 늘 확인하기
- 사람들이 나에게 부탁을 할 때, 무조건 '예'라고 하지 말고 스스로 생각할 시간을 갖기 위해 나중에 다시 연락하겠다고 말하기
- 다른 사람의 도움을 받기

도와주는 유형은 대부분 자신을 희생시키면서까지 사람들의 필요에 집중함으로 함정에 빠지게 됩니다. 자신의 진정한 감정을 알고 사람들과는 별개로 자신의 의견을 발전시키는 활동에 집중하는 것이 도움이 됩니다. 지난 2년 동안 달린은 자신에게 중요한 것이 무엇인지 알아보기 위해 코치와 함께 작업해 왔습니다. 그녀는 자신의 감정과 필요가 점점 익숙해지면서 자신에게 더 편안해지고 있습니다. 직업을 두고 고민할 때 다음에 나오는 도와주는 유형이 일반적으로 어려움을 겪는 부분을 염두에 두십시오.

거절에 대한 두려움

거절당하는 것이 두려울 때면 주변 사람들과 어울리고 호감을 사기 위해 자신의 감정을 바꾸려고 할 수 있습니다. 어떤 사람이 침울하면 비록 자신이 행복하다고 느끼더라도 상대의 기분에 맞출 것입니다. 다른 사람과 어울리기 위해 자신의 감정을 외면할 때, 자신을 거부하는 형태를 취하게 됩니다. 그러나 자신의 감정을 알아차리게 되면 주변의 사람들이 무엇을 느끼든 상관없이 진정한 자신이 될 수 있는 자유를 얻게 됩니다. 이것은 진정한 자신이 될 수 있는 아주 멋진 기회고, 일하는 것을 더 편하게 만들어 줍니다.

자신의 욕구를 놓침

도와주는 유형은 다른 사람들을 신경 쓰느라 너무 바빠서 자신의 개인적 필요를 깨닫지 못할 수도 있습니다. 터커는 동료에게 사과받고 싶을 때, 직접적으로 요구하지 않고 조용히 사무실로 돌아와 습관적으로 간식을 먹거나 화장실에 가서 10초 동안 기도하곤 했습니다.

달린에게는 자기 자신을 잊고 사람들에게 기쁨을 주려고 애쓰는 것이 자연스러웠고, 결국 그렇게 하다가 병이 났습니다. 그녀는 가난한 예술가 남편이 로스앤젤레스에서 배우가 되겠다는 꿈을 좇고 있는 동안 모든 재정적 부담을 지면서 가족을 부양하고 있었습니다. "저는 온종일 일을 하면서도 가족들 식사를 챙기고 아이들을 제시간에 학교에 보내고 아이들의 모든 특별 활동에도 참석했습니다. 교회 활동뿐만 아니라 비영리 소수 여성단체 활동에도 적극적으로 참여했습니다. 모두가 알아주는 슈퍼

우먼이었습니다. 그러던 어느 날 몸이 좋지 않아서 남편에게 병원에 데려가 달라고 했습니다. 의사는 내 심장이 불안감으로 불안정하게 뛰고 있다며 자신을 돌보지 않으면 곧 당뇨와 고혈압에 걸릴 위험이 있다고 말했습니다."

무리하게 남을 위함

남을 돕는 것은 박수받을 만한 일이지만, 이들은 너무 지나쳐서 말이 안 될 정도로 남을 도울 수 있습니다. 비키는 20대 때 누구도 실망시키지 않으려고 애쓰며 매일 밤 9시까지 어머니 미용실이나 자기 미용실에서 일했습니다. "나는 나 자신을 위한 시간을 남겨둔다는 생각을 전혀 하지 않았어요. 그러다가 마침내 경계를 정하는 법을 배우게 되었죠. 어느 날 문득 이런 깨달음이 왔어요. '맙소사! 나는 나만의 의견이 없구나!' 나는 손님의 삶을 이해하는 것에만 신경을 쓰느라 내 삶에는 소홀했던 거예요." 도와주는 유형은 때때로 과로하여 정신적 또는 신체적 스트레스를 받습니다. 그리하여 아프게 된 뒤에야 강제로 일을 줄이게 됩니다.

탐은 교장으로서 다른 사람들을 위한 행동이 도가 지나치곤 했습니다. 예를 들면 그는 학생들의 이름을 출석 카드에 적어서 나눠주곤 했는데, 이는 원래 교사들이 하던 일이었습니다. 그리고 교사들에게 미리 포장된 종이, 연필, 지우개가 든 상자를 나눠주어 그들이 학습자료 준비실까지 가는 수고를 덜어주었습니다.

요한은 직원들의 사생활에 과도하게 관여하면서 그들과 적절한 경계를 세우지 못했습니다. 어느 날 불우한 한 남매가 그를 찾아왔는데, 그는 측은한 마음이 들어 신원 조회도 하지 않은 채 남자에게는 건축 일을 주었고, 여자는 그의 집 가정부로 고용했습니다. 2주 뒤 그들은 주유소를 털었고 그때 그는 교훈을 얻을 수 있었습니다. 그는 자신이 너무 관대해서 수익성 있는 사업을 운영하지 못한 것은 아닌지 의문이 듭니다.

원하지 않는 조언하기

도와주는 유형은 종종 사람들에게 좋은 것이 무엇인지 안다고 느끼기에 상대에게 조언하려는 타고난 성향이 있습니다. 하지만 조언을 듣는 것은 많은 사람이 예민하게 느끼는 문제입니다. 먼저 상대에게 조언이 필요한지 물어보고 원치 않으면 상대의 거절을 가볍게 받아들임으로써 덜 관여할 수 있습니다.

마빈은 사람들이 원하지도 않는 조언을 일방적으로 해왔기에 비난을 받아왔습니다. "누가 저에게 질문할 때마다, 그것이 치약이나 껌처럼 사소한 것일지라도 그 주제에 대해 아는 모든 것을 말해줍니다. 심지어 그걸 사러 약국에 가기 위해 주차하는 방법까지 그들에게 알려줍니다." 정말이지 과할 정도입니다.

코디는 돕고 싶다는 이유로 너무 많은 충고를 합니다. 사람들은 그게 엄청나게 불편하다고 말합니다. 참으려고 하지만, 여전히 좋은 사람으로 보이고 싶어서 멈추는 게 쉽지는 않습니다. 그래서 직설적으로 말하는 대신 이렇게 말합니다. "~ 이렇게 하면 정말 멋진 프로젝트가 될 거예요." 이것은 사람들이 때때로 경험하는 도와주는 유형의 조종하는 모습입니다.

내 감정이 나를 능가할 때

도와주는 사람은 자신의 감정을 느끼는 힘이 있지만 때로는 감정에 압도되어 힘들 수 있습니다. 신나면 활기가 넘치다가도, 순간적인 느낌만으로 울음을 터뜨릴지도 모릅니다. 우리가 인터뷰했던 어떤 사람은 제대로 대우받지 못하면 '메두사처럼 격노하게' 된다고 말했습니다. 그러나 많은 직장에서는 전문가가 되기 위해 감정을 숨기라고 요구합니다. 이들 중 일부는 문제없이 이렇게 할 수 있지만, 다른 이들은 노력할 필요가 있습니다.

페기는 초등학교에서 보조 교사로 일했습니다. 어느 날 그녀는 담당 선생님에게 메시지를 보내야 해서 교실로 전화를 걸었습니다. 선생님은 수업 중에는 전화를 하지 말고, 방과 후에만 전화하는 것이 원칙이라고 엄격하게 말했습니다. 그날 너무 열심히 일해서 피곤했기에 그만 울고 말았고, 그러다 문득 너무 우스꽝스럽다고 느꼈습니다.

요한은 남자다움을 스스로 편안하게 느끼기에 직장에서 눈물을 흘리는 것을 부끄러워하지 않는 따뜻하고 표현력이 뛰어난 사람입니다. 그는 남자들이 특히 더 거칠게 행동할 것으로 예상되는 텍사스의 한 카우보이 지역에 살고 있습니다. "저는 난폭하고 남자다움을 과시하는 사람들과 같이 일하기에 내가 큰 체격(191cm)이 아니었다면 엉덩이를 훨씬 더 많이 걷어차였을 겁니다. 하지만 우는 것도 두렵지 않고 깊은 감정을 느끼는 것도 좋습니다."

여러 가지 감정들

3 성취를 추구하는 사람

성공적인 이미지 갖기

성취를 추구하는 유형은 높은 효율성으로 대부분의 일을 제대로 해내며 행동 지향적입니다. 다만 완벽함을 위한 마지막 10%는 효율성이라는 명분으로 그냥 지나칠 수도 있습니다. 조직에서 최고의 자리에 오른다면, 그것은 성공에 따르는 명성과 만족을 위해 즐겁게 열심히 일하고 주변의 사람들보다 더 오래 일했기 때문입니다. 이들에게 매력적인 직업은 기업 대표, 예술이나 미디어계의 유명 인사, 법인변호사, 대통령, 투자 은행가, 신경외과 의사, 올림픽 대표선수, 프로 축구 선수, 최고의 실적을 올리는 판매원이 있습니다.

근면함, 일하는 것과 이기는 것을 즐기기 등 이들의 특성은 미국 문화에서 흔히 볼 수 있습니다. 자신과 사람들의 이미지를 관리하는 데 재능이 있어서 홍보를 잘하고, 도전적인 정치판의 방향을 읽을 수 있으며, 조직의 대표가 될 수 있습니다.

자신을 알아가기

성취를 추구하는 유형은 주변 친구들과 비교했을 때 에너지가 많고, 스스로 목표 설정하는 것을 선호합니다. 이들은 성취할 일이 많기에 대부분 낙관적입니다.

미국의 많은 주지사가 성취를 추구하는 유형이라는 것은 놀랄 일이 아닙니다. 이들은 긍정적인 공적 페르소나를 보여주고, 사람들과의 소통, 경쟁, 복잡한 정치 상황을 잘 읽어 내는 것까지 모두 잘합니다. 실리콘 밸리에서 벤처 캐피탈을 정의한 미국 최고의 기업가 중 한 사람인 빌드레퍼는 투자에 성공했고, 전 세계 리더들과 만나면서 공공서비스에서 두 번째 경력을 만들었습니다. 그는 레이건 대통령이 집권할 때 수출입은행의 초대 은행장이 되었고 이후에는 국제연합개발계획 대표가 되었습니다.

날개라고 불리는 양옆의 두 유형은 3유형의 성격에 영향을 줍니다. 도와주는 유형 쪽의 날개를 많이 쓴다면 인간 지향적이며 베푸는 경향이 나타납니다. 반면 독특함을 추구하는 유형의 날개를 사용한다면 문학, 예술이나 아름다움에 특별히 관심이 있을 것입니다.

직장에서 성취를 추구하는 사람의 강점

성취를 추구하는 사람은 시대를 앞서감으로 문화의 유행을 선도합니다. 더 나은 신제품을 만들려면 자신의 재능을 믿고 행동하면 됩니다.

동기 부여 능력

포춘지가 선정한 500대 기업의 부사장으로 많은 사람에게 보고받는 신디는 복잡한 개념을 단순화하고, 사람들의 흥미를 자극하면서 진취성을 발휘합니다. "우리 회사가 적합한 데이터 시스템에 투자하는 방법을 결정하기가 어려웠을 때, 저는 IT 부서와의 협업 방법을 생각해 내서 이 문제를 해결했습니다." 그녀는 각 자리에 적합한 사람들을 선택하고 명확한 질문을 하며 모든 사람이 같은 방향으로 가도록 하는 면에서 효율적이었습니다.

패트릭은 사회생활을 작은 출판사에서 처음 시작했고 복잡한 업무 환경에서 일하는 작가와 예술가 집단의 책임자였습니다. 그들은 보통 프로젝트에서 같이 협력할 사람들을 임의로 구성했습니다. 패트릭은 일을 더 원활하게 하고, 사람들의 직업을 더 가치 있게 만드는 것이 무엇인지 살피다가 각자 일하는 스타일이 다르다는 것을 알게 되었습니다. 그는 호흡이 잘 맞는 작가와 예술가가 협업할 때 프로젝트가 더욱 효율적으로 진행되며 각자의 만족도도 높다는 사실을 알아차렸습니다. 또 유연근무제를 도입하여 직원들의 생산성과 사기도 높였습니다. 패트릭이 이러한 시스템을 도입하자 일부 직원들은 그들의 실력을 마음껏 꽃피웠습니다.

매우 외향적인 진저는 자신의 비전과 직원들에게 영감을 주는 능력 덕분에 25세의 나이에 부서의 최고 운영 책임자로 승진했습니다. 그녀의 소통 능력과 따뜻하고 적절한 동기부여 덕분에 직원들은 최고의 교육 사업을 만들 수 있다는 확신이 생겼습니다. 그녀는 직원들에 대한 믿음과 사업부에 자신감이 있음을 보여주었습니다.

마음을 읽는 능력

변호사 조니 코크란은 배심원들의 마음을 잘 읽습니다. 매일, 매주, 매월 배심원들을 보면서 그들이 재판에 참여할 때 보이는 하품, 찡그린 표정, 씰룩거림과 같은 사소한 움직임을 인지하는 능력이 없다면 뛰어난 변호사가 될 수 없습니다. O.J. 심슨 살인 재판에는 여러 압력이 있었으나 심슨의 변호사로서 코크란의 최종 변론은 탁월했고 대세를 심슨의 무죄 선고에 유리하게 바꾸어 놓았습니다. 배심원들이 논리나 감정에 반응했는지 혹은 범죄 이론이나 상식에 반응했는지 알 수 없지만, 조니는 아마 알았을 것입니다. 그는 "증거로 제시된 장갑이 손에 맞지 않으면, 무죄입니다."라고 말했고, 실제로 배심원들은 무죄판결을 내렸습니다.

리차드는 사람들에게 자신이 어떻게 보이는지 알고 있는 방사선과 전문의입니다. "저는 유방 자가 검진이 여성들의 삶에 긍정적인 영향을 준다는 것을 잘 알고 있는 뛰어난 강사입니다. 사람들이 저에게 집중하도록 강의를 하고, 그들을 보면서 눈을 맞춥니다. 강연 중에 미소 짓는 사람을 발견하면 힘을 얻고 누구라도 따분해 보이면 힘이 빠집니다. 제 강연이 유익하다는 반응을 직접 확인하는 것이 좋고, 웃음이나 박수로 저에 대한 인정과 감사를 표시해주길 원합니다."

신디는 실세가 누구인지 찾아내기 위해 전략적으로 생각합니다. "사람들이 회의에서 보이는 비언어적인 반응을 읽습니다. 사람들은 회사 대표가 유일한 의사 결정자라고 생각하겠지만, 회의 후에 최고 재무책임자와 따로 이야기하는 재정 부사장의 조용한 영향력을 알아차립니다. 최고 재무책임자는 대표의 소식통인 인사부 최고 담당자와 정기적으로 상의를 합니다. 그래서 저는 명백한 의사결정권자뿐만 아니라 이러한 비공식적인 의사결정권자에게도 특별히 관심을 둡니다."

이기려는 욕구

경쟁의식이 있는 직원을 선호하는 기업들이나 법률 회사는 성취를 추구하는 유형을 잘 알아봅니다.

그들은 보통 최선을 다하거나 이기는 것에 집착합니다. 의사인 리차드는 다발성 경화증 환자를 위한 자선 자전거 경주를 완주하기 위해 자신이 하루 50마일을 달릴 수 없다는 것을 알게 되자 행사의 최상위 기금 모금자 중 한 사람이 되어 빛났습니다.

프리실라는 특히 금융 서비스 업계의 계약을 따내려고 노력할 때 경쟁을 예상합니다. 그녀 외에도 거래를 가로챌 준비가 되어 있는 은행은 많습니다. 그녀는 "금융계는 너무 치열한 곳이고 여유를 부릴 시간은 없습니다."라고 말하며 일을 잘 해냅니다.

타미 리는 이기는 것과 경쟁에서 오는 쾌감을 좋아합니다. 오클라하마에 있는 그의 건설회사와 일부 경쟁사가 학교 체육관 건설에 대한 정부와의 거래를 두고 입찰 경쟁을 했었습니다. "경쟁자 더마스 윌리는 자존심이 무척 강한 사람이었고, 협상을 마지막으로 하게 되면 가장 많은 정보를 확보할 시간이 있기에 유리한 점이 있었습니다. 더마스는 '친절하게도' 저에게 먼저 협상하라고 하더군요. 저는 불리한 위치에 있었지만, 최적화된 건설에 대해 검토 팀에게 여러 차례 말했습니다. 제가 협상 현장에 나가기 전, 검토 팀은 이후에 있을 모든 미팅을 접고 저의 일을 해주었습니다. 그날 더마스 윌리의 자존심은 반토막이 났습니다."

효율성

성취를 추구하는 유형은 종종 질보다 양, 그리고 이루고자 하는 일을 최대한 빨리해내는 것을 중요하게 여깁니다. 다음 일을 시작하려고 지금 하는 일을 빨리 마무리합니다. 프리실라는 "사람들이 첫 번째 계약의 세부 사항에 매달려 있는 동안 성취하는 유형인 우리는 이미 서른 번째를 계약하고 있을 것입니다. 학업성취도로 본다면, 우리에게는 주요 과목이 한 개가 아니라 세 개 또는 다섯 개가 있을 것입니다."라고 말합니다.

매니는 자신의 의류 제조업에서 갑작스러운 가격 변화로 인한 손해를 최소화하기 위해 효율성을 높여야 했습니다. "광고와 접대도 일의 일부였습니다. 사업을 진행하려면 적합한 사람과 와인을 겸한 멋진 식사를 하는 것은 중요합니다. 그래서 일 년에 두 번 15~20명 정도와 함께 스타일 패션쇼에 참석함으로 효율적 방법을 찾을 수 있었습니다."

신디의 동료들은 그녀를 '멋진 불독'이라고 말하는 데 성격이 안 좋아서라기보다 지시를 내리고 계속해서 회의와 프로젝트를 진행하기 때문입니다. "저는 관료주의는 헤쳐 나아갈 수 있지만 불필요한 장애물에 맞닥뜨리는 건 참기가 어렵습니다. 팀원들이 장애물을 넘어서서 성취해 내도록 힘을 실어주는 것은 즐겁습니다."

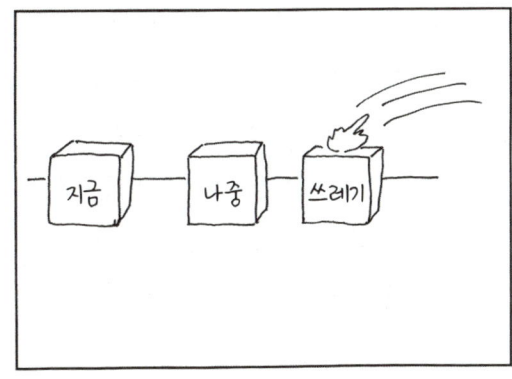

근면

> 마벨, 나에게 다른 여자는 없어. 만약 있어도 만날 시간을 어떻게 낼 수 있겠어?
> 일정이 너무 빡빡해. (그녀에게 키스하며) 자기도 알잖아.
> —고어 비달의 정치극, 최고의 남자에서 발췌

어떤 유형이라도 열심히 일하지만, 성취를 추구하는 유형의 상당수는 먼저 한 가지 일에 온 힘을 다해 끝내고 다른 일로 넘어가는 것이 자신의 업무 스타일이라고 말합니다.

방사선과 과장인 리차드는 그의 병원 방사선과 전문의들이 하루 동안 본 환자의 파일이 얼마나 많은지 컴퓨터 기록으로 확인한다고 말합니다. "저는 퇴근 전에 환자들의 기록을 출력해서 확인하곤 했습니다. 제가 열심히 일했다고 해서 보수가 늘어난다거나 사람들에게 인정받는 것은 아니지만 매일 120여명 환자들의 엑스레이 결과를 보는 자체가 보상으로 여겨집니다. 다른 의사들이 30~40명 환자의 결과를 보는 데 비해 저는 100~120명 정도를 감당했다는 사실이 좋았습니다. 저는 과장으로서 열심히 일하는 모범적인 행동을 보여주는 것을 좋아합니다. 모델이 되는 것은 저에게 큰 보상입니다. 저는 '위기 상황에 끝까지 살아남는 사람이 되도록 열심히 일해라.'라는 아버지의 말씀을 내면화했습니다. 하지만 그때도 그리 힘들지는 않았습니다."

프리실라는 열심히 일하는 자신의 성향이 타고났거나 훈련된 것이라고 말합니다. "지금까지 450억 달러의 계약을 달성했는데, 업무를 할 때는 사정을 봐주지 않습니다. 제 이미지와 평판을 지키기 위해서는 어떤 대가도 불사합니다. 중요한 발표를 앞두고 연습을 위해 밤새워야 한다면 그렇게 합니다. 계약을 따내기 위해서는 팀원들에게 너그럽게 대하지 않습니다. 준비를 위해서는 주말 내내 일을 할 수도 있다는 의미입니다. 저는 '해내든지, 집에 가든지'라고 말합니다."

위험 감수하기

성취를 추구하는 유형은 기꺼이 위험을 감수하며, 모든 일이 잘 풀릴 거라고 기대하는 타고난 낙관론자입니다. 혹시 실패해도 같은 일이나 다른 일을 다시 시작할 수 있고 괜찮아질 것이라 확신합니다.

아프리카 가나의 고객관리 책임자이고 부인과 자녀가 있는 이삭 단키코란뎅은 그 좋은 예가 됩니다. 그는 아프리카 수습생이라는 리얼리티 쇼에서 출연자를 모집한다는 것을 들었습니다. 이삭은 안정적인 직장을 뒤로하고 잘나가는 광고회사의 수습생이 되기 위해 아프리카를 가로질러 케냐로 건너갔습니다. 17명의 뛰어난 도전자들의 이야기를 경청하기만 해도 우승을 할 수 있다고 여겼습니다. 그는 도전자들의 장점은 활용했고, 약점은 이용했습니다. 이삭은 우승하여 국제적인 명성과 고소득 임원직을 획득할 수 있었습니다. 그의 무모한 도전이 좋은 결과를 맺었습니다.

매니는 의류업계에서 위험을 감수하고 도전을 했는데, 누군가에게는 하와이산 직물 수천 야드를 사들이는 것이 무모할 수 있지만, 그는 자신이 있었습니다. "보수적인 사람들을 염두에 두고 소비자 취향에 대한 뛰어난 감각이 있다면 수천 야드의 하와이산 원단을 살 수 있습니다. 저는 새로운 제품을 소개하고 그것이 유행하기를 기대하면서 소비자층을 개척할 수 있다고 생각하지 않습니다. 이미 시장에서 검증된 것이기에 그것은 계산된 위험이었습니다. 제 고객의 대부분은 고가의 제품을 모방하고 그것을 다시 디자인하는 중저가 가게입니다."

성취를 추구하는 유형이 직업상 필요로 하는 것

일상의 직장 생활에서 성취를 추구하는 사람이 만족감을 느끼려면 다음과 같은 것이 필요합니다.

세련된 이미지

성취를 추구하는 유형은 자신이 사람들에게 어떻게 보이는지 예리하게 인식하기에 자기 외모나 사업 및 제품의 스타일을 가능한 최상으로 보여주기 위해 신경을 씁니다.

매니는 포춘지 선정 500대 기업의 개인 코치로 활동을 하며, 제트기를 타고 다닐 정도로 부유층인 고객들 수준에 맞추려고 노력합니다. "제가 평범한 집에 살면 제 사업이 성공적으로 보이지 않을 텐데 어떤 임원이 제가 도울 수 있다고 신뢰하겠습니까? 저는 차종이나 차의 청결 상태에 신경 쓸 필요가 있고, 공항에 고객을 태우러 갈 때 제 차가 '그녀는 호화로운 삶을 사는 능력자입니다.'라고 말해 줄 수 있어야 합니다."

프리실라는 옷을 화려하게 입지는 않지만, 옷감의 질은 중요시합니다. "저는 고급 아르마니 정장이나 손목시계와 같은 패션 아이템을 좋아합니다. 저렴한 핸드백은 절대 들지 않으며 집도 같다고 생각합니다. 저의 집에서는 미시간 호수를 한눈에 볼 수 있는데 자동차로 치면 벤틀리와 동급입니다. 이렇게 보기 드문 전망을 소유하고 있지만, 아직 제트기는 없습니다."

패트릭은 성취를 추구하는 유형 중 비교적 드문 내성적 성향이며 옷에는 별로 관심이 없습니다. 그러나 자기 출판사의 본사 외관에는 신경을 씁니다. "우리 건물이 처음에는 멋지게 보였는데 지금은 쥐가 다니는 미로 같습니다. 원래의 스타일을 많이 잃었고, 저는 회사에 자주 나가지 않으니 사람이 붐비는 상황은 겪지 않습니다. 이제는 많은 직원들도 자신의 사무실을 가지는 것이 중요하기에 최근에 길 건너편에 있는 건물을 매입했습니다."

꿈

우리 각자는 무엇을 이루고자 합니까? 돈으로 성취할 수 있는 것이 아마도 많은 사람의 시작이 될 것입니다. 또는 의미 있는 가정생활이나 사람들을 위해 자신의 시간을 사용하는 것이 꿈일 수도 있고, 아니면 존경, 위대함, 명성이 꿈이 될 수도 있습니다. 어떤 경우든지 성취를 추구하는 사람의 꿈은 크고 거대한 일을 이루는 것입니다.

행크는 버클리, 마이애미, 파리에서 시간을 쪼개어 일합니다. 그는 자전거를 타야만 하는 이유를 알리는 데 에너지를 씁니다. "저는 마이애미에서 정치 활동을 하며 대중교통, 자전거, 걷기 등 자동차에 대한 대안을 홍보하는 새로운 비영리 단체의 이사입니다." 그에게는 자전거 친화적인 파리를 모델로 삼아 마이애미에 자전거 종합계획을 도입하는 원대한 꿈이 있습니다. "저는 버클리의 고속철도 프로젝트도 진행 중인데, 이곳에서는 이미 15년 전에 제가 구상했던 자전거 도로의 결과를 보고 있습니다. 도시 전역에 자전거 전용 도로가 표시되어 있고 큰 고속도로를 가로지르는 자전거를 위한 아치형 다리가 있는 것입니다."

병원의 방사선 학과를 변화시킨 리차드는 큰 비전으로 일을 시작했습니다. 대학 시절에 봉사활동 단체를 만들었고, 현재는 연간 천 명의 학생이 사랑과 친절로 함께 활동하고 있습니다. 그는 근무하는 병원에 X-ray 부서를 만든 이후에, 유방 촬영 검사의 중요성을 알게 되었습니다. 동료 의사들은 모든 여성이 1년에 한 번씩 유방 X-ray 검사를 한다면 사회가 도산할 것이라며 반대했습니다. 그러나 그는 이것이 만약 남성의 생명을 살리는 일이었다면 그들도 이런 방법을 선택했을 것이라고 확신했습니다. "방사선과 과장 13명 중 12명이 반대했기에 그것을 이루기 위해 무슨 일이든 해야 했습니다. 마침내 지역사회보다 2년 먼저 우리 병원에서 유방 X-ray 검사를 시작하게 되었습니다. 유방 자가 검진법을 가르치기 위해서라면 어디든지 갔고, 이제 사람들은 저에게 '제 목숨을 살려주셨습니다.'라고 말합니다."

인정

신디에게 성공의 의미는 인정입니다. "저는 열심히 일하는 것을 선호하지 않습니다. 선택의 여지가 없어서 할 뿐이지요." 유대교 장례식장을 운영하는 로빈은 말합니다. "인정받는 것이 좋았기에 슬픔에 빠진 가족들을 잘 대했습니다. 젊었을 때는 직책과 승진이 중요했지만 지금 필요한 것은 유족들을 잘 예우했는지에 대한 것뿐입니다."

맨디는 선수의 대단한 활약에 관중들이 환호할 때 눈물을 글썽입니다. "저는 미식축구 역사상 가장 뛰어난 리시버 중 한 명인 제리 라이스가 스티브 영의 패스를 받아서 관중들이 열광할 때 울었습니다. 누군가 말하기를 때때로 사람들은 자기 삶에서 놓친 것에 대해 눈물을 보인다고 합니다. 저는 경기장의 모든 사람에게 환호받는 것이 가장 좋습니다. 그것이 성취를 추구하는 제가 인정받는다는 것을 알 수 있게 해 줍니다."

스트레스 줄이기

성취를 추구하는 유형은 보통 매우 긴 시간을 일한다고 생각하지만, 우리가 인터뷰한 사람들 대부분은 틀에 박힌 일 중독자보다는 더 균형 잡힌 생활을 유지하고 있었습니다. 많은 사람은 일 외에 프로젝트나 재미있게 지내기, 가족과 무엇인가 함께 하는 것에도 관심을 가졌습니다.

프리실라는 긴 출장으로 많은 에너지를 소비하기에 스트레스를 최소화하기 위해서 규칙적으로 운동할 필요가 있습니다. 아시아에서 길거리 쇼를 진행할 때 운동복과 운동화만 있으면 할 수 있는 달리기가 그녀에게 최적의 운동이라는 것을 알았습니다. 그녀는 최근에 100마일까지 뛰어야 하는 울트라마라톤으로 수준을 높였습니다.

신디는 외부 환경이 그녀를 변화시키기 전까지 오랜 기간 치열한 경쟁 속에 살았던 성취를 추구하는 유형의 전형적인 사례를 보여줍니다. "저는 속도를 줄이고 일 외에 다른 것에 집중해야 했지만 어려웠습니다. 그러던 중에 경기침체 상황이 되면서 사장이 임원들을 해고했습니다. 그 덕분에 저는 18개월 동안 쉬면서 자녀들과 시간을 보내고, 집도 개조하며, 필라테스를 시작하고 내면을 볼 수 있는 작업도 했습니다. 솔직히 말하면 집에서 자녀들을 돌보는 일이 가장 선호하는 일은 아니었지만, 삶이 유연하게 되었다는 자체가 제일 좋았습니다. 저는 이제야 모든 일을 마치기 위해 항상 서두를 필요가 없음을 깨달았습니다."

멘토링

성취를 추구하는 유형은 종종 멘토를 찾고 그들의 피드백을 최대한 유리하게 활용하는 역량을 계발합니다.

맨디는 직장생활을 하는 동안 늘 훌륭한 멘토를 찾았고 그들의 지지를 받았습니다. 그녀가 학습 방법론을 연구하는 전문가를 만난 것은 경력의 전환점이 되었습니다. 그녀는 모든 휴가 기간을 포함하여 5년 동안 전문가들에게 배우며 교육기관에서 시간을 보냈습니다. 이후에 그녀는 체험학습 방법의 우수사례를 활용하여 기업의 임원들을 교육했습니다.

프리실라는 적극적으로 재무 분야나 정부와 관련된 유명한 멘토를 찾았습니다. 그녀는 전 연방통신위원회 위원장이 방송법 및 방송사업에 관한 강의를 할 때 기회를 얻었습니다. 그녀는 수업을 들으면서 알게 된 그에게 "연락을 계속 드려도 될까요?"라고 질문했습니다. 그 후 그는 수년간 멘토가 되어 주었습니다. "저는 전직 미 육군 대장이자 현재 존경받는 정치인 외에 뉴욕의 유명 투자 은행의 상무이사에게서도 장기간 멘토링을 받고 있습니다."

자동차의 대체 방안을 홍보하는 행크는 학생과 교사 간의 관계가 공동체와의 연결을 유지하는 데 좋은 영향을 끼친다고 말합니다. 그는 지난 수년간 젊은이들의 멘토가 되어 주었습니다.

성취를 추구하는 유형의 다른 면

힘든 일
- 비효율적인 것과 무능력한 사람들을 참아내기
- 나의 성취와 나 자신을 구분하기(이것 때문에 친밀해지기 어려움)
- 적합하지 않을 때를 포함한 삶의 모든 영역에서 과도한 경쟁심 갖지 않기
- 탈진하지 않도록 쉬어가며 일하기

앞으로 노력해야 할 일
- 여유를 갖고, 일하는 시간 제한하기
- 일의 목록에 주의를 두는 대신에 현재의 감정에 머무르기
- 창의적인 활동, 휴식, 독서 등으로 내 관심사를 넓히기

성취를 추구하는 유형은 다음과 같은 것들로 어려움을 겪게 됩니다.

감정 단절하기
목표를 달성하고 출세하며 이미지관리에 집중하면 감정을 못 느낄 수 있습니다.

패드릭은 자신의 감정을 누르는 것이 어렵지 않다고 말합니다. "가끔 감정을 느끼지만, 감정에 따라 행동하지 않으려고 노력합니다. 어떤 경우에는 저의 감정을 전혀 의식하지 못할 때도 있습니다. 시를 쓰고 악기를 연주하거나 일주일에 3일 이상 일을 하지 않는 것은 감정에 머무르게 도와줍니다. 저희 출판사에서 발행하는 책들의 주제가 감정과 함께 작업하기라는 것도 저에게는 큰 도움이 됩니다."

진저는 감정이 자신을 압도할 수 있으며 그것이 안전하지 않음을 일찌감치 배웠습니다. 그러나 최근에는 자신의 감정을 느끼려고 노력하며 그것을 다루기 위해 기록을 한다고 합니다. "교육회사에 다닐 때는 잠자면서 이갈이와 수면 무호흡증이 있었습니다. 무의식적인 수준에서 화와 슬픔을 표출했던

것인데, 숨을 쉬지 않았기에 심장마비를 일으킬 수 있어서 위험했어요. 수면 클리닉에 가서 자는 모습을 관찰해보았습니다. 재미있는 것은 다음날 클리닉에서 저의 수면 방식에 이상이 없다고 판단했다는 것입니다. 제 약혼자는 '거봐, 네가 수면 시험에 통과하기로 마음먹어서 평소의 나쁜 습관이 나오지 않은 거야.'라고 말했습니다. 사실이었습니다. 성취를 추구하는 유형이었기에 수면 시험에 통과하는 것을 목표로 하여 통과해 버렸습니다."

실패 다루기

성취를 추구하는 유형 중 어떤 사람은 건강 문제나 큰 실패로 일하지 못하게 되었을 때 존재감을 못 느낍니다. 한 교사는 만성질환으로 몇 개월 동안 쉬게 되었을 때 자존감을 잃었습니다. 그러나 쉬는 동안 꼭 무엇인가를 하지 않아도 되는 자신의 정체성을 찾으면서 삶을 성찰했고 더 행복해졌습니다. 유명한 의류회사를 경영하는 매니는 회사가 폐업했을 때 우울증을 경험했지만 마음을 다잡고 영문학을 통해 새로운 열정을 찾았습니다. 성취를 추구하는 유형은 실패하더라도 달성할만한 다른 무언가를 찾습니다.

　로빈은 실패 다루기를 피합니다. "선택의 여지가 없어요. 저는 실패하지 않기 위해 영리해지거나 효율성을 높이는 등 무엇이든지 합니다. 목표에 대한 충분한 열정만 있다면 어떤 일이든 해낼 수 있습니다. 저는 원대한 아이디어와 비전이 있는 비영리기관에서 1년간 일했으나 원장이 마음에 들지 않았어요. 그 기관이 반드시 해야 할 변화를 기피했기에 제가 해야 할 일을 명확하게 하고 난 후에 저의 열정은 사그라졌어요. 나중에 실패할 게 분명했기에 저는 그곳을 떠났습니다."

저에 대해 말하자면...

성취를 추구하는 유형의 재미있는 점은, 그들이 새로운 자리에 소개받은 후 몇 분 안에 자신의 업적이나 소유물에 대해 말한다는 것입니다. "안녕하세요? 저는 수잔이에요. 저는 방금 대표님과 이야기했어요. 지난달에는 주지사님을 만났고요. 제 차는 BMW이고 저기 보이는 멋진 집에 살아요. 저는 글도 잘 써요."

패트릭은 그의 분야에서 인정받기를 좋아했는데, 몇 년 전에 시골로 이사하자 그것이 그리워졌습니다. 그는 사람들이 알았으면 하는 일들을 대화 중에 은근히 자랑하곤 했습니다. 이것이 성취를 추구하는 유형이 은퇴했을 때 발생 되는 문제입니다. '옆집 사는 아저씨는 어떤 일을 하는 사람이지?'

진저는 성취를 추구하는 유형 중 많은 이들이 왜 자신의 성취를 과장하는 것처럼 보이는지 진지하게 생각해 보았습니다. "흥미로운 점은 그들이 자신의 이미지를 조작한다는 것이에요. 그들에게는 최고의 자신감 기저에 엄청난 자신감 부족과 깊은 불확실성이라는 이중적인 면이 있습니다. 어떤 면에서는 성취를 추구하는 유형은 스스로가 배우처럼 느껴질 거에요. 살아있는 사람 중에 그렇게 자신만만한 사람은 없기 때문이죠."

일 중독

야곱은 텍사스에서 제조업을 성공적으로 운영하고 있습니다. 어느 날부터 몸에 이상 증세를 느껴 일이 두 배로 힘들어졌습니다. 보통의 사람들은 이런 경우에 일을 쉬어가며 하는데 그는 계속 견뎠습니다. "그 해에 대량 생산이 있었는데 고통을 견디다가 스트레스를 엄청 많이 받았어요. 일은 잘 완료했으나 심장은 매우 나빠졌어요."

전직 방사선과 과장인 리차드는 언제 과로하는지조차 모릅니다. "과로로 인해 관상동맥이 생겼어요. 확연하게 아팠으면 무엇인가를 했을 것이고, 병원에서 열이 있다고 말해줬으면 퇴근을 했겠죠. 예상치 않게 15분의 시간이 생기면 저는 그 시간에 다른 일을 합니다. 아내는 저를 좀 쉽게 하려고 '오늘 다 끝마쳐야 하나요?'라고 말하곤 했어요. 저의 후임은 '리차드, 지칠 때까지 일해야 하나요?'라고 물었습니다. 병원에서 바로 프랑크푸르트나 베를린, 또는 유럽 다른 곳으로 비행기를 타고 갔다가 이튿날 다시 돌아왔어요. 제가 시간을 얼마나 잘 활용했는지 아시겠죠. 그러나 이제 저는 의사들과 점심시간에 잡담하거나 산책도 하고, 집무실에서 낮잠도 자면서 쉬엄쉬엄하려고 노력합니다. 심장에 스텐트 다섯 개를 삽입한 후에야 대낮에도 잠을 잘 수 있다는 것을 알았습니다. 저는 해야 할 일이 많아서 생산성을 높여야 한다고 생각했었습니다. 저 자신을 속였던 거죠."

4

독특함을 추구하는 사람

나만의 감정 표현하기

독특함

을 추구하는 유형은 내면에 있는 의미를 찾고자 하는 강한 동기가 있습니다. 직장에서 독창성과 연민 등의 가치를 보여주며 개성 있게 표현하는 능력도 있습니다. 특별함을 인정받는 전형적인 직업으로는 목회자, 치료사, 화가, 작가, 음악가, 배우, 프로듀서, 그래픽 디자이너, 상점 인테리어 전문가, 요리사 등이 있습니다. 의료 종사자, 비서, 정원사 또는 공예가가 되는 것도 즐거워할 수 있습니다. 기업 내에서 회사의 브랜드 기준에 색다른 관점을 제시하는 창의적인 관리자나 합병, 인수, 해고 등 인사 문제에 관해 통찰력을 제공하는 변화 관리 자문가로 인정받을 수 있습니다. 가능성에 대한 열린 생각은 조직에 중요한 자원이 됩니다. 홍보물, 세미나 프로그램, 매력적인 업무 환경, 브랜드를 만드는 역할에 뛰어납니다. 아직 자신을 표현할 적합한 수단을 찾지 못했다면, 자신의 목소리를 낼 수 있는 가장 좋은 직업을 찾아야 합니다.

독특함을 추구하는 유형은 생각과 감정으로 풍부한 내면의 삶을 살아가며, 이것은 다른 사람들의 인생에 의미와 지혜를 줍니다. 우울감을 느끼기도 하지만, 삶을 더 의미 있고 우아하게 만들 수 있는 시각도 가지고 있습니다. 진실성에 가치를 두기에 상대가 슬프거나 화나거나 기분을 알 수 없거나 격하게 기분 나빠짐에도 상관없이, 어떤 상황에서도 자신의 감정을 솔직하게 표현합니다. 사람들이 행복하게 보이려고 감정 표현을 제한하는 것을 보면 어리둥절하고 당황스럽습니다. 사람들은 독특함을 추구하는 유형이 상황의 어

독특함을 추구하는 유형은 자주 수심에 잠기기도 하지만 극적인 모습을 보입니다.

두운 면과 밝은 면을 모두 탐색하는 것을 높이 여기고, 아이러니한 반전으로 삶을 바라보는 이들의 능력을 흥미롭게 봅니다.

이들은 아마도 재미없고 반복되는 일상, 즉 '따분한 현실'을 하찮게 여길 것입니다. 강렬하고 극적인 것을 갈망하며 아슬아슬하고 위험한 것에 잘 끌립니다. 독특함을 추구하는 이들과 가까이 지내면, 사람들은 자신에게 진정 중요한 것을 보게 되고 더 깊은 진실을 찾으며 그들 자신의 감정을 살펴보게 됩니다.

독특함을 추구하는 사람은 사색적이고 깊이가 있으며 인도적 차원에서 다른 이를 보살피고 공감하며 세심하게 상대의 말을 들어줍니다. 어떤 일을 성취하든 못하든, 자기에게 중요한 예술적인 일이나 영혼을 풍요롭게 하는 외부활동을 하기 위해 에너지를 아낄 수 있는 직업을 선호합니다. 이사야는 낮에는 돈을 벌기 위해 기술자로 일하고 밤에는 연기를 합니다. "배우야말로 저의 진정한 직업입니다. 무대에 서는 것은 아름답고 환상적인 세계로 들어가는 것입니다."

자신을 알아가기

독특함을 추구하는 사람에게 '자기 내면 표현'은 특별한 재능일 뿐만 아니라 공기처럼 꼭 필요합니다. 자신의 고유한 소리를 충분히 표현하지 못하고 있더라도 포기하지 마십시오. 자기의 열정이 자신을 어떻게 끌고 갈지 계속 시도하고 따라가십시오. 예술적인 자질이 있다면 줄리아 카메론의 '예술가의 길'을 읽어보십시오. '창의적인 자신을 발견하고 회복하는 과정'이라는 장에서 그녀는 자신의 재능 계발을 억제하는 '예술가의 그림자'에 대해 말했습니다. 예술 분야에서 보조적이고 부차적인 역할을 하면서 진짜 예술가로 여겨지는 누군가의 그림자에 숨어 있을 수 있습니다. 만약 창의적인 면을 탐색해보도록 격려받은 적이 없거나 자신이 충분히 뛰어나지 않다고 느낀다면 지금이 바로 혼자 힘으로 해내기 위해 스스로 격려해야 할 때입니다.

독특함을 추구하는 유형에게 중요한 것은 자기 특성에 적합한 직업을 갖는 것입니다. 예를 들면 감정적인 상태를 다루는 데 특별한 재능이 있는 의사일 수도 있고, 또는 응급실이나 진료소에서 일하는 것이 더 잘 맞을 수도 있습니다.

서로 머리를 부딪쳐 가며 뛰는 거친 프로 풋볼 선수가 될 수도 있습니다. 그러나 독특함을 추구하는 사람은 자신에게 있는 섬세한 영혼을 팀 동료 대부분이 이해하지 못한다고 느낄 것입니다. 시적 감성을 지닌 운동선수는 사람들과 마음으로 연결될 필요가 있습니다. 작업한 시를 전문 저널에 제출해보거나 시 낭독회에 가거나 직업을 바꾸는 것도 진지하게 생각해보십시오.

자신이 하는 일에 독창성을 발휘하는 것은 대단한 강점 중 하나입니다. 독창성을 표출할 자신만의 창의적 통로가 없다면 일하는 상황 속에서 독창성을 발휘해 보십시오.

날개라고 하는 바로 옆에 있는 두 유형은 4유형의 성격에 영향을 줍니다. 성취를 추구하는 유형 쪽의 날개를 많이 쓴다면 외향적이고 명랑하며 긍정적일 수 있습니다. 반면 관찰하는 유형 쪽의 날개를 많이 사용한다면, 수줍음이 많고 내성적인 편이며 지적이거나 과학적인 직업에 흥미가 있을 것입니다.

직장에서 독특함을 추구하는 사람의 강점

영화제작가 잉마르 베르그만, 작곡가 클로드 드뷔시, 작가 구스타브 플로베르와 같은 위대한 예술가와 음악가들의 활동에는 독특함을 추구하는 유형과 관련된 두 가지 강점인 창의성과 아름다움이 있습니다. 그러나 모든 예술가가 독특함을 추구하는 유형이라는 것은 아닙니다. 이 유형의 전형적인 강점과 자신의 강점을 비교해 보십시오.

진실성

독특함을 추구하는 유형은 직장에서 일할 때 감정적 깊이를 발휘하며 싸구려 대체품은 수용할 수 없다고 표현합니다. 통찰력 있는 발언은 이들이 얼마나 일에 대해 깊이 생각하고 있는지를 보여줍니다. 가벼운 농담을 지나치게 피상적인 것으로 여기고 피하며, 의미 있는 문제에 관여하기를 선호하고 새로운 표현방식을 찾아내려고 애씁니다. 그렇기에 친목 모임이나 직장에서 진지함을 더해줍니다.

독특함을 추구하는 유형의 많은 이들은 진실에 닿기 위해서 사물을 논리적으로 생각하기보다는 보이지 않는 무의식에 가치를 둡니다. 이 유형의 심리학자나 목회자들은 직감적인 수준에서 정보와 감정을 알아차릴 수 있습니다. 목회 상담가인 케이트는 불면증으로 고통받는 한 여성에게 한 밤중에 드는 생각을 무엇이든지 일기장에 써보라고 권했습니다. 그녀는 며칠 밤 동안 그렇게 했고 자신의 마음속에 있는지도 몰랐던 많은 가치를 발견했습니다. 그녀는 마음을 열어서 스트레스가 완화되었으며 더 잘 자고 편히 지내게 되었습니다.

연민

직업상 필요한 일이든 아니든, 직장 동료들은 배려가 필요할 때 독특함을 추구하는 사람이 보여주는 연민을 높이 평가할 것입니다. 이들은 위기 상황에 있는 사람들의 어려움을 이해하거나 대처가 힘들 때 찾아가고 싶은 사람이기에, 경영진은 해고나 다른 어려운 상황을 이들이 전하게 합니다.

이들은 강한 정서적 연결을 유지하면서 자신의 풍부한 내적 삶으로 사람들과 잠정적 경험을 공유합니다. 의료 전문가 리사는 환자들에 대한 연민과 고통으로 때로는 눈물을 참기 어려웠습니다. 베티는  독특함을 추구하는 유형인 친구의 심미적 경험에 깊이 빠져들었고 그 친구가 에이즈로 인해 죽음을 맞이할 때 그의 감정을 직감할 수 있었습니다. 친구는 죽어가지만 살기 바랐고, 자신과 감정적으로 소통하기를 원했습니다. 죽음에 가까워진 그는 보살핌이 필요했고 안아주기를 원했으며 진실로 소통하기를 바랐기에 그녀는 그 부분을 수용했습니다. 심지어 다른 친구들이 대부분 말하기 어려워하던 죽음에 대해서도 그녀는 이야기할 수 있었습니다.

힐데는 직장에서 돌아오는 길에 길을 잃은 동물들을 집으로 데려왔고, 시각 장애인이 길을 건널 수 있게 도왔습니다. 깊은 감성을 지닌 그녀는 슬픈 뉴스를 보면 금세 우울해졌으며 그린피스 광고를 보면서 울곤 했습니다.

창의력

독특함을 추구하는 사람은 상상력이 풍부한 과제든 현실적인 과제든 모두 창의성을 나타낼 것입니다.

매튜는 현실적인 방식으로 창의적입니다. 어느 날 아침 그는 화장실을 새롭게 꾸밀 생각에 에너지와 열정이 가득 차서 일어났습니다. 화장실을 집에서 가장 아름답고 실용적인 곳으로 만들고 싶었습니다. 갑자기 떠오른 번쩍이는 영감에 심취하여 매우 빠르게 작업을 마쳤습니다. 상품 개발자인 제시는 최고로 창의적인 작업을 위해 그룹 전체의 상상력을 동원합니다. 그녀가 가장 좋아하는 시간은 빈 종이로 회의를 시작하여 서로 아이디어를 주고받을 때입니다.

의미 해석하기

독특함을 추구하는 사람은 의미 해석에 특별한 재능이 있기에 연극 평론가, 오케스트라 지휘자, 중재자 등의 분야에서 활약합니다. 이들은 매력적인 시각 효과를 추가하고 주제를 더 접근하기 쉽게 설정하여 복잡한 기술 시스템을 이해하기 쉽게 만듭니다.

캐서린은 독자들이 공감하고 이해하기 쉽게 글을 쓰는 능력이 뛰어나서 안내서를 잘 썼습니다. 그녀는 사람들에게 자기만족보다 더 의미 있는 삶을 살 수 있는 방식을 보여주려고 소설로 눈을 돌렸습니다. 그녀의  작품 속 인물들은 처음에는 자기중심적이었지만 결국에는 자선 활동을 통해 사람들을 도울 뿐만 아니라 관대한 마음으로 도움이 필요한 사람들에게 영향을 끼치게 됩니다. 그리고 그녀는 작품 그 자체를 통해서도 의미를 만들어냅니다.

케이트는 상조회사에서 일할 때, 사람들이 그들의 선택을 잘 이해하도록 도왔습니다. 그녀는 매장과 화장의 차이점을 설명해 주었습니다. 할아버지를 땅에 묻는 것이 좋을지 아니면 화장을 해도 될지 고민할 때, 그녀는 그 방식이 의미하는 바를 해석해 주었습니다. 그들이 잃는 것과 얻는 것이 무엇인지를 이해할 수 있도록 도와주었습니다.

강인함

독특함을 추구하는 사람 중 일부는 과감합니다. 이들의 용기는 사람들에게 영감을 주고 상황을 자극하며 아무도 가본 적이 없는 곳으로 사람들을 이끌 수 있습니다. 만약 어떤 것이 이들의 가치관과 맞지 않다면 그 일을 바꾸거나 그만둘 것이고, 자신에게 충분히 의미가 있는 주제에 관해서는 목소리를 높이는 데 주저함이 없을 것입니다. 기꺼이 위험을 감수하는 이들의 행동은 중요한 돌파구로 작용하면서 경력에서 주요 전환점을 만들기도 합니다. 자신의 정체성을 주장하거나 진실을 표현하거나, 온정적인 행동을 하게 하는 데에는 과감한 움직임이 필요할 수 있습니다.

티파니는 삶과 죽음, 기쁨과 슬픔, 극적인 사건, 섬뜩함, 독특하고 기발한 것에 끌려 영안실에서 일하는 것이나 범죄 현장을 청소하는 것이 문제가 되지 않습니다. 그녀는 삶의 현실을 숨기고 싶어 하지 않습니다. 엘가 역시 색다른 것에 관심이 많습니다. 그의 작품은 독특한 잉크 색상으로 인해, 커피 테이블 아트북을 위한 출품작 중에서 선정되었습니다. 그는 다양한 부패 단계에 있는 수백 장의 실제 자살 및 살인 사건 희생자들의 사진에서 자신이 사용할 색깔들을 신중하게 골라냈습니다. 그는 부패한 피부의 색을 따서 유쾌한 포스터로 엮었습니다.

독특함을 추구하는 사람은 인생을 무의미하게 살지 않고 강렬한 체험을 회피하지도 않습니다. 만약 그것이 세상을 더 나은 곳으로 만드는 일이라면 이들은 죽음에 직면하는 위험도 무릅쓰고 기꺼이 혁명의 중심에 뛰어들 것입니다.

앨런은 전 세계를 다니며 구제 활동을 하다가 위험한 상황에 놓였습니다. "내가 일하던 곳은 많은 사람이 죽어가는 나라였어요. 빨리 생각해야 했고 잘못하면 내가 목숨을 잃을 수도 있는 상황이었습니다. 에이즈에 걸린 부족의 사람들과 함께 일한 적도 있습니다."

독특함을 추구하는 사람이 직업상 필요로 하는 것

일상의 직장 생활에서 독특함을 추구하는 사람이 만족감을 느끼려면 다음과 같은 것이 필요합니다.

진정성

독특함을 추구하는 사람은 정책에 동의할 수 있는 회사에서 일하거나 자신이 인정하는 제품을 판매하려 합니다. 이 원칙은 합성 소재보다 비단, 면, 양모와 같은 천연 소재를 선호하는 경향으로까지 확장됩니다. 실제로 인위적이고 피상적이며, 진부한 것을 싫어하며 더 자연적인 것을 선택합니다.

앤은 유적지에 등재된 집에 살고 있는데 원래의 스텐실 벽을 찾기 위해 벽지를 제거하는 등의 일을 하며 진정한 옛 모습으로 집을 복원하고 있습니다. 그녀는 진정성을 선호하기에 대학 시절 한 친구가 아르바이트를 구하지 못해 지인들에게 터무니없는 가격으로 주방용품 세트를 강매시키던 것이 가식적이고 거짓된 일이라고 느꼈습니다. 대학을 갓 졸업한 로키는 꽤 유명한 직장에 취직했지만, 소비자를 위한 상품에 관심이 있는 것처럼 거짓 연기를 해야 하는 게 고통스러웠습니다. 그는 일이 자신을 대변하지 않는다면 정말 끔찍한 것이라고 말했습니다.

아름다움

독특함을 추구하는 사람은 지루한 일상보다는 아름다움을 선호하며 그것으로 인한 즐거움에 더욱 끌릴 것입니다. 아름다움을 중시하는 미적 감각으로 음성 및 영상 제작, 예술, 시각 디스플레이 분야에서 경력을 쌓을 수 있습니다. 작가이자 교수인 해롤드 블룸은 그 자신이 예술 작품입니다. 그는 자신의 낭만적인 성격을 멋있고 과장된 방식으로 표현합니다.

불행한 것이 나쁘다고 생각하는 것은 실수입니다. 해롤드 블룸은 그의 서정적인 슬픔, 과도한 피로, 세상의 모든 고단함을 짊어지는 외로움 속에서 살았던 위대한 영혼입니다. 예전에 그가 가르쳤던 한 학생은 말합니다. "그는 행복해 보이지는 않았습니다. 하지만 행복보다 해롤드 자신이 어떤 사람인지가 더 중요해 보였습니다." 블룸은 잘난 사람보다 못하지 않으며, 비참함 속에서도 위대합니다.

글로리아에게는 어떤 환경에서 어떻게 일을 하느냐가 중요합니다. 그녀 주변에 아름다움이 있으면 삶의 모든 것이 쉬워집니다. 개리는 문법 학교에서 운율을 맞추어 보고서를 작성하곤 했는데, 아주 어릴 때부터 반짝거리는 물건, 크리스털 향수병, 작은 돌, 보석, 음악에 매료되었습니다. 그렇기에 그가 전문적인 유화 화가가 된 것은 전혀 놀랄 일이 아닙니다. 아레사에게 아름다움은 매우 중요해서 누군가 엉망인 환경에서 산다면 그러한 환경이 그 사람의 영혼에 끼칠 영향을 상상하여 눈물을 흘릴 것입니다.

독특함을 추구하는 사람은 스타일로 자신을 드러내기에 아홉 가지 유형 중에서 가장 쉽게 구별할 수 있습니다. 특정 이미지를 투영하는 것이 조지아가 자신을 표현하는 방식입니다. "젊었을 때는, 고딕 스타일을 잘 입었고, 25세가 된 지금은 스타일이 바뀌었습니다." 지금은 옷을 파는 상점에서 일하고 있지만, 그녀에게 가장 잘 맞는 패션 분야에서 일자리를 찾을 것 같습니다.

창의적인 출구

독특함을 추구하는 사람은 창의적인 과정을 통해 내면의 세계를 가장 솔직하게 드러내는 연기, 음악, 예술로 자신을 표현하고자 하는 끝없는 욕구가 있습니다. 창의적인 방식으로 삶의 결정을 내릴 수도 있고 거의 모든 일에 상상력을 동원하는 등 창의력을 발휘할 수 있는 방식은 많이 있습니다. 독특함을 추구하는 어떤 사람은 퇴근 후 창의적인 일을 하는 데 몇 시간을 보내지 않으면 하루를 낭비했다고 느낍니다. 딜런은 직장과 집의 경계를 확실하게 유지하여 집에 서류나 문젯거리를 가져오지 않기에 자유롭게 그림을 그리거나 주변에서 모은 나무 조각으로 조각품을 만들 수 있습니다.

이상 실천

독특함을 추구하는 사람은 자기 경험에 대해 어떻게 느끼는지 평가합니다. 직업을 포함해서 삶의 의미에 대해 진지하게 생각합니다. '내 직업을 통해 공헌할 수 있고 배울 수 있을까? 세상에 보탬이 되는 명예로운 회사에서 일할 수 있을까?'

아드리아는 생계를 위해서 아이스크림을 만들기로 하고 행정직을 떠났습니다. 그녀는 방부제, 충전제, 혼합제를 사용하지 않고 현지에서 재배한 재료만을 선택합니다. 이동식 아이스크림 가게를 만들어서 온 동네가 그 분위기를 즐길 수 있도록 초대합니다. 그녀의 독특한 맛과 독창적인 파르페 트럭은 시애틀에서의 하루를 더욱 의미 있고 즐겁게 만들어 줍니다.

단편 소설가 앤드류는 문화적 격식에 따라 느끼는 것이 아니라 자신이 느끼는 대로 삶의 열정을 표현하기로 마음

먹었습니다. 그는 자신을 정확히 관찰해야만 얻을 수 있는 진정한 사랑과 강렬함을 보여주고 싶었습니다. 그는 크고 폭발적인 감정뿐만 아니라 아주 어렴풋한 감각도 느꼈습니다. 데이브의 목표는 유명인이나 부자가 되는 것이 아니라 얼마나 유능한지 보여주는 것입니다. 그는 영적으로 발전하고 배우며 성장하는 것이 가장 중요합니다.

혼자만의 시간

독특함을 추구하는 유형은 내성적일 수 있고 하루 중 일부는 개인적으로 일해야 합니다. 계속되는 회의나 마음에 들지 않는 사항에 관해 창의성을 요구하는 회사는 이들에게 매력적이지 않습니다. 매일 혼자만의 시간이 충분히 있을 때 생각을 가다듬고 감정을 풀어내며 나중에 사용할 아이디어를 저장할 수 있습니다. 그룹에 속해 있으면 개성을 상실한 채 집단의 일부가 된 것 같아 불쾌합니다. 때로는 직장에서 여러 사람이 안건이나 요구사항을 케이트에게 가져오기에 잠시 자리를 비울 필요가 있습니다. 그녀는 일을 시작하기 전이나 후에 공원에 가서 나뭇잎의 바스락거리는 소리만 들으며 3km를 왔다 갔다 하거나 일과에 필요한 균형을 위해 차에서 행복하게 앉아 있습니다.

케이트는 직장에서 지칠 때 공원으로 운전하고 가서 음악을 들으면서 휴식을 취했습니다.

독특함을 추구하는 유형의 다른 면

독특함을 추구하는 유형이 전형적으로 겪는 어려운 부분들을 잘 살펴보십시오.

힘든 일 또는 힘든 모습
- 마음에서 자주 길을 잃지 않고 외부 세계에 주의를 두기
- 혼자 있고 싶을 때 익명을 피난처 삼아 아무것도 아닌 사람처럼 느끼기
- 약간의 우울함은 나쁘지 않지만, 우울감에 갇혀있을 때
- 삶에 너무 극적으로 반응하는 것처럼 여겨질 때

앞으로 노력해야 할 일
- 일을 잘 마무리하도록 훈련하기
- 가진 것에 고마움을 느끼기
- 내가 잘못 이해했다고 느낄 때, 잠시 멈추고 상황에 대해 더 많은 정보 얻기
- 평범한 것도 감사하는 법을 배우기

디바라는 의식

독특함을 추구하는 유형은 때로는 자격이 있다고 느끼기도 하면서 자신에 대한 대조적인 감정과 태도의 롤러코스터를 경험할 수 있습니다.

"부끄럽지만, 내가 주변 어떤 사람들보다 더 뛰어나다는 느낌으로 인해 내가 하는 일을 잘할 수 있었습니다."라고 로키가 말했습니다.

이사야는 자신이 창의적인 일을 할 때 디바가 될 수 있음을 인정합니다. "나는 항상 내가 맡은 연극에서 가장 재능 있는 최고의 배우라는 생각이 듭니다. 나는 모든 것을 할 수 있는 가장 좋은 방법을 알고 있는데, 감독이 극과 아무 상관 없는 바보 같은 상황을 요구하면 짜증이 납니다. 뛰어난 감독이 있

거나 훌륭한 사람들에게 둘러싸여 있을 때 나는 최고라는 의식이 덜합니다. 마법 같은 일이 일어나고 모두가 잘하고 있을 때, 가장 재능 있는 사람이 되기보다 충족되고 있는 창의적인 면에 더 집중합니다."

시기

독특함을 추구하는 유형은 다른 사람이 가진 무엇인가를 원하고, 그에 대해 분개하는 소모적인 경험에 익숙합니다. 헤이소프는 명석하고 잘생겼으며 키가 크고 과학에 대한 일류 연설가입니다. 그가 방에 들어오면 여자들은 모두 마음이 설렙니다. 에번이 원하는 것을 그가 가지고 있기에 에번은 그를 싫어합니다.

로키는 가끔 연주에서 자신을 능가했던 예전의 좋은 친구를 부러워했습니다. 불행히도 서로 비교하면서 우정은 상처 입었지만, 로키는 자존심을 넘어서 협력하여 서로 돕기를 바랍니다.

헬가는 이제까지 본 것 중 가장 어려운 문제를 해결하기 위해 수학자를 만났습니다. 그녀는 자신이 준비만 더 하면 이 문제를 풀 수 있다고 여겼지만, 수학자는 그녀보다 훨씬 더 타고난 재능이 있어서 바로 풀었고, 자신은 어떤 훈련을 해도 풀 수 없다는 것을 알았습니다. 친구들은 그의 능력에 경외감을 느꼈지만, 그녀는 부정적인 감정으로 부글부글 끓어오르는 자신을 발견했습니다.

갈망

독특함을 추구하는 유형은 과거에 가졌던 것이 삶에서 없어졌다고 한탄합니다. 이런 갈망은 현재에서 멀어지게 할 수 있고 일을 계속하는 것을 방해합니다.

이사야는 자신이 무엇을 하고 있는지 모르는 무대 감독과 일하고 있다고 느껴질 때 다른 연극에 출연했다면 더 좋지 않았을까, 아니면 몇 달 전에 다른 역할을 해야 했나 등 여러 다른 상황을 갈망합니다.

우울

독특함을 추구하는 유형에게 어두운 분위기는 드문 일이 아닙니다. 종종 '달콤한 우울'이라고 하는 슬픈 감정에 애착을 느낄 수 있고, 어떤 사람은 심각한 우울증에 걸리기 쉽습니다.

다음은 독특함을 추구하는 사람들의 몇 가지 직업 선호 사항입니다. 이런 관점이 친숙하게 느껴집니까?

- 일할 때 옆에 누가 있는 것을 선호하며, 그런 상황이 아니면 우울해집니다.
- 분위기를 잘 타기에 주변 사람들로 인해 쉽게 힘들어질 수 있음을 알았을 때, 다른 사람들과 교류할 수 있는 새로운 방법을 찾았습니다.
- 일이 잘 풀리지 않을 때 우울해져서, 나 자신을 위해 내가 조절할 수 있는 일을 선택했습니다.

독특함을 추구하는 사람으로 살아가면서 가장 힘든 것은 마치 다른 세상에 있는 것처럼 '진정한' 삶을 살고 있지 않다고 느껴지는 것입니다. 하지만 자기 일에 몰두하는 사람은 삶에 의미가 있다고 느낍니다.

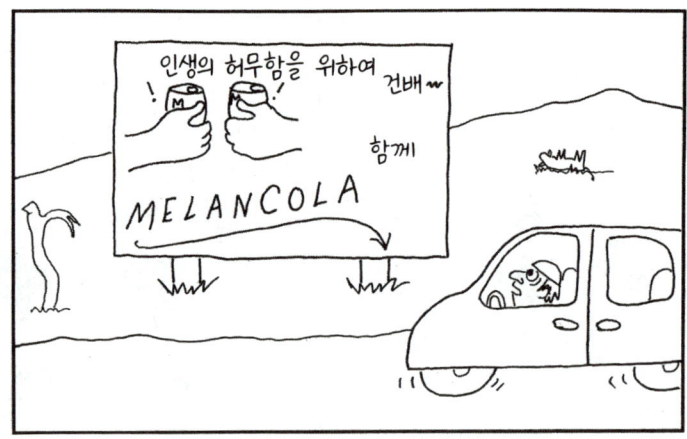

독특함을 추구하는 사람은 약간의 우울감에 젖어있는 것을 나쁘다고 여기지 않습니다. 이 감정을 즐기거나 창의적인 무언가를 만들 수 있다고 느낍니다. 그러나 같이 일하는 사람들은 우울감을 부정적으로 여기거나 우울감에 젖어 들 수 있습니다. 미국 기업에서는 우울을 '드라마의 여왕'이나 '물을 흐린다'고 오해해 그들을 회사에서 쫓아내는 사례가 있습니다. 직장에서 부정적인 점을 이야기하는 것은 상사에게 종종 문제해결에 전념하지 않는다는 잘못된 인상을 심어줍니다.

자기 의심과 수치심

독특함을 추구하는 사람은 때로 자존감이 너무 낮아져 일이 뜻대로 되지 않을 것 같다고 느낍니다. 예를 들어, 애나벨은 회의 중에 담당자가 아닌 엉뚱한 사람과 이야기를 나누었습니다. 그녀는 이런 실수가 누구에게나 일어날 수 있지만, 순간적으로 부끄러웠습니다. 마찬가지로 요셉은 직장에서 누군가 화를 내거나 일이 잘못되면 실제로는 그렇지 않더라도 그것이 자기 잘못이라고 생각했습니다. 누군가를 실망하게 만들거나 일을 제대로 하지 못했다고 느끼는 경향이 있습니다.

쥬리는 삶이 잘 굴러가는 동료 이야기를 들으면 우울해지곤 했습니다. 자신이 디자인, 춤, 음악, 연기 분야에서 재능을 계발하는 데 소홀히 하지 않았는지 의문이 듭니다. 그러던 어느 날 그녀는 자신에게 이렇게 말했습니다.

'다른 사람들은 기회를 잡는데, 나는 왜 그렇게 하지 못할까?' 그래서 그녀는 수업을 듣고 심리 코칭을 받으며 새로운 직업을 탐색하는 프로그램을 시작했습니다.

The Career Within You

10장

와겔리와 스테브의 진로 파인더

1. 완벽을 추구하는 유형을 위한 와겔리와 스테브의 진로 파인더

자신의 재능인 개선 능력을 활용한 여러 방안 중 몇 가지를 소개합니다. 간단히 3단계를 거쳐 진로를 정할 수 있습니다. 먼저 자신의 강점을 평가하고, 다음 표에서 자신이 꿈꿔온 직업을 선택한 뒤 몇 가지 현실적인 문제를 생각하십시오. 충분히 가치 있는 결과를 얻을 것입니다. 아래 안내에 따라 자신의 주요 강점을 파악하십시오. 그런 다음 찾아낸 강점을 진로에 연결하고, 그 중 어느 것이 가장 큰 열정을 불러일으키는지 지켜보면서 자신을 관찰하십시오.

표의 질문들은 자신의 성향에 알맞은 직업 선호도를 만족시키기 위해 설계되었습니다. 만약 확실히 답하기 어렵다면 처음의 선택을 유지하는 것이 좋습니다. 조금 혼란스럽더라도 걱정하지 마십시오. 어느 정도의 혼란은 더 자유로운 선택을 하도록 도와줍니다. 깊이 생각하지 말고 1단계와 2단계를 빠른 속도로 진행해보십시오.

직업 분류표 사용 안내

1단계: 강점 찾기

먼저 다섯 가지의 강점을 읽고 자신과 관련 있다고 생각하는 정도에 따라 평가한 다음, 마지막에 있는 표에 선호하는 순서대로 배열하십시오.

참고: 모든 성격 유형은 모든 직업을 가질 수 있습니다. 이 직업 분류표에 제시된 내용이 절대적인 것은 아니므로, 다섯 가지 강점을 얼마나 잘 사용하는지에 따라 진로를 더 자세히 조사해 보기 바랍니다.

예의 바름
타인과 관계를 맺거나 의사소통할 때 친절하고 공손하게 잘 듣기 위해 얼마나 노력합니까?   낮음 1 2 3 4 5 높음

논리적 사고
체계적인 방식으로 사실을 파악하고 밝혀내는 능력은 어느 정도입니까?   낮음 1 2 3 4 5 높음

개선 능력
개인 업무 성과를 높이고, 그룹 프로젝트를 이끌며, 세상을 개선하기 위한 능력은 어느 정도입니까?   낮음 1 2 3 4 5 높음

꼼꼼함
업무 처리 시 아주 세부적인 사항까지 얼마나 철저하고 정확하게 처리합니까?   낮음 1 2 3 4 5 높음

책임감
일을 맡을 때 책임지는 범위는 어디까지입니까?   낮음 1 2 3 4 5 높음

이제 자신의 강점을 A에서 E까지 중요도에 따라 순위를 매기십시오. A가 가장 강력한 특성입니다. 그 후 예시와 같이 각 강점 아래 ☐에 중요도 순위를 써보십시오.

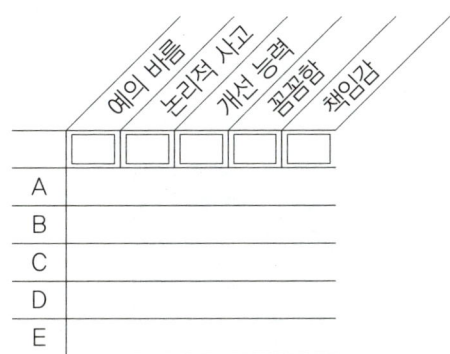 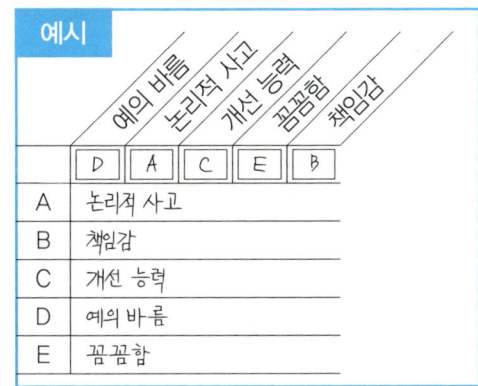

2단계: 가장 선호하는 직업 찾기

다음에 나올 직업 분류표에서 자신의 주요 강점에 대해 가장 높은 등급으로 표시된 항목부터 확인하십시오. 표에 있는 직업 중 특별히 끌리는 직업이 있다면 그것을 적으십시오. 가장 흥미롭게 느껴지는 직업을 4개까지 아래에 적으십시오.

직업 _____

직업 _____

직업 _____

직업 _____

핵심: 이 표는 다섯 가지 강점이 각 분야에서 활용되는 수준을(이 직업을 가진 적이 있는 사람들의 관점에서) 보여줍니다.

활용도 매우 높음
활용도 높음
활용도 약간 높음
활용도 낮음
경우에 따라 다름

비즈니스

직업	예의 바름	논리적 사고	개선 능력	꼼꼼함	책임감
회계사(개인고객 상담 공인회계사)	○	●		●	●
회계업무 담당(기업 회계, 예산 분석 등) # ®		●		●	●
공증인 ↑		●		●	●
업무 비서 # ®	○	○	○	●	○
중역 비서 # ®	○	○	○	●	●
광고 전문가	○	○	●		
회계감사(기업감사 업무를 수행하는 대형 회계법인 소속 공인회계사) #		●		●	●
경리서무 #	○			●	○
브랜드 매니저		●	●		●
사업 분석가(소프트웨어 실행) $ # ®		○	●	○	○
물품구매 업무(도소매)		○	○	●	○
CEO	●	●	●	◌	●
준법 감시인(중개업, 의료서비스) $	○	○		●	●
고객지원 담당 # ®	●	○	○	○	●
창업가	○	●	●	◌	●
재무/회계 임원 $ ®	○	●	○	●	●
재무 담당(기업) # ®		●	○	●	○
재정 고문 ↑	○	●	○	●	●
재무 분석가(증권 분석) ↑	●	●	○	●	●
인적 자원 관리	●	○	●	○	●
투자 은행가/벤처자본가 $		●	●	○	●
경영 분석가 ↑ $ # ®		●	●	○	○
경영 컨설턴트 $	●	●	●	○	○
마케팅 매니저 $	○	○	●	○	●
제품담당 매니저 $ ®	○	○	○	○	●
프로젝트 매니저 $	○	○	○	○	●
은행원(창구직원, 판매대리인 등) #	●	○	●	●	●
영업직/사업개발 매니저 # ®	●	○	○		○
영업담당 임원 $ ®	●	○	○	○	●
중소기업주	○	◌	○	◌	●
세무사	○	○	○	●	●

건설 및 제조

직업	예의 바름	논리적 사고	개선 능력	꼼꼼함	책임감
목수(마무리 목재작업)	□	░	▒	▓	□
목수(건설) #	□	⋯	░	▒	□
엘리베이터 설치 및 보수업자	□	░	▒	▒	▓
현장소장 #	░	░	▒	▓	▒
종합 건설업자	░	░	▒	▒	▓
공장장	░	▒	▒	▒	▓

교육

직업	예의 바름	논리적 사고	개선 능력	꼼꼼함	책임감
교육 연구가	░	▓	▒	░	▒
영어 교사	▓	░	░	░	▒
교장	▓	▒	▒	░	▒
교수	▒	▓	▒	⋯	▒
언어 병리학자 ®	▓	▒	▒	░	░
교사(초중등) ® ; (중등과정 이후) ↑	▓	⋯	▓	⋯	░

정부 및 비영리 기관

직업	예의 바름	논리적 사고	개선 능력	꼼꼼함	책임감
행정 서비스 매니저	░	░	░	░	▒
건축물 감독관 ↑	░	░	░	▒	▒
도시 계획가	░	░	▓	░	░
지방 공무원	░	░	░	░	▒
소비자 보호가	□	▒	▓	░	░
기업 책임 컨설턴트	░	▒	▓	░	▒
법원 속기사 ↑	░	░	░	▒	░
환경감시 생태학자	□	▒	▒	▒	░
사무국장(비영리 기관)	░	▒	▒	□	▓
법의학 전문가 ↑	□	▒	▒	▓	▓
정부 계약 행정관 ®	□	░	▒	▒	▒
정치가(시의회 의원, 도지사, 구청장, 시장, 국회의원 등)	▓	▒	▒	░	▒
프로그램 매니저(비영리 기관과 정부)	▒	▒	▓	░	░
사회 정의 실천가(비영리 기관)	░	░	▓	░	▒
재무 담당자/감사관 $	░	▓	░	▓	▒
재무부/감사원 담당 직원	░	░	▒	▓	▒

의료 서비스

직업	예의 바름	논리적 사고	개선 능력	꼼꼼함	책임감
임상 실험실 기술자	○	○		●	●
상담사/사회복지사 ↑ # ®	●	◐	◐		●
치위생사 ↑ ®	●		◐	◐	○
치과의사 $	●	◐	◐	●	◐
의사(특히 마취, 심장학, 응급, 내분비학, 혈액학, 의료단, 성형외과, 공중보건의, 방사선, 외과) $	●	◐	◐	●	◐
간호사 ↑ # ®	●	◐	◐	●	◐
약사 $ ®	◐	●	○	◐	○
약 조제사 ↑	◐	○		○	○
물리 치료사 ↑ ®	◐	○	○	◐	○
정신과 의사/심리학자 ↑ $	●	●	◐		◐
보건복지부 담당직원	○	○	◐		○

정보통신 기술

직업	예의 바름	논리적 사고	개선 능력	꼼꼼함	책임감
컴퓨터 시스템 분석가 ↑ $ ®		●	○	○	○
데이터베이스 관리자 ↑ $ ®		◐	○	○	○
컴퓨터 지원/업무지원 센터 담당	●	○	○	○	○
정보 시스템 매니저 ↑ $	○	○	○	◐	◐
정보통신 기술지원 엔지니어	○	◐	○	◐	◐
네트워크/시스템 관리자 ↑ $ ®	○	○	○	●	◐
소프트웨어 개발자 ↑ $ ®	○	◐	◐	◐	○
기술경영 임원 $ ®	○	◐	◐	◐	◐
테스트 전문가/품질 보증 전문가 ®		◐	○	●	●

문학, 예술 및 연예

직업	예의 바름	논리적 사고	개선 능력	꼼꼼함	책임감
배우		○	●	◐	○
예술가(화가, 사진작가, 조각가 등)		○	●	●	○
상업 미술가(그래픽 디자이너, 제품 디자이너 등)		○	○	●	○
카피라이터(광고, 브로셔, 웹사이트)	○	○	○	○	○
평론가(서적, 영화, 음악)		●	◐	○	○
편집자(원고, 서적, 신문)	○	◐	●	○	○
기자(상담 칼럼)	●	◐	○	○	○
기자(중대 뉴스)	●	●	○	◐	◐

문학, 예술 및 연예(계속)

직업	예의 바름	논리적 사고	개선 능력	꼼꼼함	책임감
기자(인간적인 관심)	■	▨	▨	▨	▨
편집장	▨	■	▨	▨	■
미디어 제작 전문가	▨	▨	■	▨	■
음악가(작곡가, 지휘자, 성악가, 연주자)	□	▨	■	■	⋯
사진작가(광고, 이벤트, 보도사진, 인물사진, 웨딩)	▨	▨	▨	▨	▨
녹음, 조명, 음향 기술자	□	▨	▨	■	▨
전문기술 저술가 ↑	□	▨	■	■	▨
작가(서정시, 논픽션, 소설, 시, 대본)	□	⋯	■	⋯	▨

수학, 공학 및 산업과학

직업	예의 바름	논리적 사고	개선 능력	꼼꼼함	책임감
수학자	□	■	▨	■	▨
엔지니어					
우주항공 기술자 $	▨	■	▨	■	▨
생체의학 기술자 ↑ $	▨	■	■	■	▨
토목 기사 ↑	▨	■	▨	■	▨
컴퓨터 하드웨어 기술자 $	▨	■	▨	■	▨
전기 기사 $ ®	▨	■	▨	■	▨
환경 기사 ↑	▨	■	■	■	▨
산업 기사 ↑ ®	▨	■	■	■	▨
기계 기사 ®	▨	■	▨	■	▨
핵 기술자 $	▨	■	▨	■	■
석유과학 기술자 $	▨	■	▨	■	▨
제품안전 기술자	▨	■	▨	■	■
과학자					
생물학자	▨	■	▨	■	▨
화학자	▨	■	▨	■	▨
생태학자	▨	■	■	■	▨
환경 과학자 ↑ ®	▨	■	■	■	▨
전염병 학자(공중위생)	▨	■	▨	■	▨
연구부 매니저(후배 과학자 멘토 혹은 기금 조성을 위한 홍보 활동) $	■	■	■	■	■
재료 과학자 및 기술자(나노 기술)	▨	■	▨	■	▨
물리학자 $	□	■	▨	■	▨
사회 과학자	⋯	■	▨	▨	■

서비스 산업

직업	예의 바름	논리적 사고	개선 능력	꼼꼼함	책임감
집사	■		▨	▨	▨
요리사		▨	□	▨	▨
보육교사/보모 #	■	□	□	□	■
개인관리 도우미	■	□	■	□	□
식당/연회장/제과점 직원 #	■		□	□	
피부관리 전문가 ↑	■		□	□	
가게/식당 매니저 #	■	□	■	□	■
트레이너(스포츠, 헬스, 개인) ↑	■		▨	□	□

영성 분야

직업	예의 바름	논리적 사고	개선 능력	꼼꼼함	책임감
장례지도사	■	□	□	□	▨
명상/요가 지도자		□	□		
수도승, 수녀, 요가 수행자	□		⋯		⋯
종교 지도자(사제, 이맘, 목사, 승려, 랍비 등) ®	■	□	■		□

제복입는 직업

직업	예의 바름	논리적 사고	개선 능력	꼼꼼함	책임감
행정 부사관(비밀 출판물 관리)		□		□	■
우주 비행사	□	■	□	□	□
지휘관(특히 해군)		□	□	□	■
대사관 의전 담당	□	□	□	□	□
승무원	■	□			
감사원 직원	□	□	■	□	
잠수함 승선 장교	□	□	□	□	□
원자로 운영자		□	□	□	■
조종사(비행기, 부조종사, 항공 기관사) $	⋯	■		□	□
조종사(고속도로 순찰대) ↑		□	□	□	□
경찰관	□	□	■	□	□
정밀 용접공(군대)			□	■	■
지원업무 담당(예. 지급 담당)	□			■	□
운송 조사관	□	□	□		□

그 밖의 분야들

	예의 바름	논리적 사고	개선 능력	꼼꼼함	책임감
항공 교통 관제사 $	□	■	■	■	■
운동선수	▨	▦	■	■	▦
선수 코치	■	■	■	■	■
코치(커리어, 경영자, 라이프)	■	■	■	□	▨
환경과학 및 환경보호 기술자 ↑ ®	▨	▨	■	■	■
발명가	□	▦	■	▦	▦
판사 $	□	■	■	■	■
법률가(특히 검사) $	▨	■	■	▨	▨
사서	▨	▨	▨	▨	▨
유지 및 보수 관리자 # ®	▨	□	■	■	▨
정비공(항공기, 자동차, 모터보트, 원양어선)	▨	▨	■	■	▨
준법률가 ↑	□	▨	□	■	▨
전업 부모	■	▨	▨	□	■
측량사 ↑	□	■	▨	■	▨

와겔리와 스테브의 진로 파인더

3단계: 현실적 고려 사항

표를 살펴본 후 직업 분류표에서 다음 기호를 확인하여 자신이 선호하는 직업이 급여와 안정성 면에서 자신의 필요에 일치하는지 확인하십시오.

> ↑ = 장래가 유망한 직업
> $ = 고연봉 직업
> # = 구직 기회가 많은 직업
> ® = 불경기에 영향을 받지 않는 직업

완벽을 추구하는 유형에 대한 더 많은 직업적 아이디어는
평화를 추구하는 유형과 도와주는 유형의
추천 목록을 참고하십시오.

2. 도와주는 유형을 위한 와겔리와 스테브의 진로 파인더

사람들의 필요를 채우는 자신의 재능을 활용할 수 있는 다양한 방안 중 몇 가지를 소개합니다. 간단히 3단계를 거쳐 진로를 정할 수 있습니다. 먼저 자신의 강점을 평가하고, 다음 표에서 자신이 꿈꿔온 직업을 선택한 뒤 몇 가지 현실적인 문제를 생각하십시오. 충분히 가치 있는 결과를 얻을 것입니다. 아래 안내에 따라 자신의 주요 강점을 파악하십시오. 그런 다음 찾아낸 강점을 진로에 연결하고, 그 중 어느 것이 가장 큰 열정을 불러일으키는지 지켜보면서 자신을 관찰하십시오.

표의 질문들은 자신의 성향에 알맞은 직업 선호도를 만족시키기 위해 설계되었습니다. 만약 확실히 답하기 어렵다면 처음의 선택을 유지하는 것이 좋습니다. 조금 혼란스럽더라도 걱정하지 마십시오. 어느 정도의 혼란은 더 자유로운 선택을 하도록 도와줍니다. 깊이 생각하지 말고 1단계와 2단계를 빠른 속도로 진행해보십시오.

직업 분류표 사용 안내

1단계: 강점 찾기

먼저 다섯 가지의 강점을 읽고 자신과 관련 있다고 생각하는 정도에 따라 평가한 다음, 마지막에 있는 표에 선호하는 순서대로 배열하십시오.

> 참고: 모든 성격 유형은 모든 직업을 가질 수 있습니다. 이 직업 분류표에 제시된 내용이 절대적인 것은 아니므로, 다섯 가지 강점을 얼마나 잘 사용하는지에 따라 진로를 더 자세히 조사해 보기 바랍니다.

표현력
한 사람 또는 그룹의 사람들에게 자연스럽게 감정을 전달하는 것에 얼마나 능숙합니까?

낮음 1 2 3 4 5 **높음**

대인관계 기술
편안한 분위기를 만들고, 사교적인 대화를 나누며, 자신의 관점에 따르도록 사람들을 설득하는 능력은 어느 정도입니까?

낮음 1 2 3 4 5 **높음**

지각력
사람들과 다른 복잡한 주제에 대해 얼마나 자세히 인식하고 있습니까?

낮음 1 2 3 4 5 **높음**

문제 해결력
문제를 해결하기 위해 자신이 가진 지식과 지능을 사용하는 능력은 어느 정도입니까?

낮음 1 2 3 4 5 **높음**

신뢰성
하기로 약속한 일을 책임감 있게 해내는 것에 대해 사람들은 얼마나 많이 나를 신뢰합니까?

낮음 1 2 3 4 5 **높음**

이제 자신의 강점을 A에서 E까지 중요도에 따라 순위를 매기십시오. A가 가장 강력한 특성입니다. 그 후 예시와 같이 각 강점 아래 ☐ 에 중요도 순위를 써보십시오.

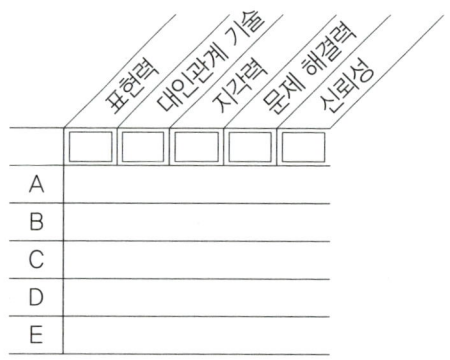

2단계: 가장 선호하는 직업 찾기

다음에 나올 직업 분류표에서 자신의 주요 강점에 대해 가장 높은 등급으로 표시된 항목부터 확인하십시오. 표에 있는 직업 중 특별히 끌리는 직업이 있다면 그것을 적으십시오. 가장 흥미롭게 느껴지는 직업을 4개까지 아래에 적으십시오.

직업 _____

직업 _____

직업 _____

직업 _____

핵심: 이 표는 다섯 가지 강점이 각 분야에서 활용되는 수준을(이 직업을 가진 적이 있는 사람들의 관점에서) 보여줍니다.

활용도 매우 높음	■
활용도 높음	■
활용도 약간 높음	■
활용도 낮음	□
경우에 따라 다름	▦

비즈니스

직업	표현력	대인관계 기술	지각력	문제 해결력	신뢰성
회계사(개인고객 상담 공인회계사)	□	■	■	■	■
회계업무 담당(기업 회계, 예산 분석 등) # ®	□	□	■	■	■
업무 비서 # ®	■	■	■	■	■
중역 비서 # ®	■	■	■	■	■
광고 전문가	■	■	■	■	■
사업 분석가(소프트웨어 실행) $ # ®	□	□	■	■	■
기업 간부(부사장이나 CEO)	■	■	■	■	■
고객지원 담당 # ®	■	■	■	■	■
재무/회계 임원 $ ®	□	□	■	■	■
재무 담당(기업) # ®	□	□	■	■	■
재정 고문 ↑	■	■	■	■	■
인적 자원 관리	■	■	■	■	■
투자 은행가/벤처자본가 $	□	■	■	■	■
대출 직원	□	■	■	■	■
경영 분석가 ↑ $ # ®	□	□	■	■	■
경영 컨설턴트 $	■	■	■	■	■
마케팅 매니저 $	■	■	■	■	■
조직 심리 컨설턴트(인적자원부서 소속) $	■	■	■	■	■
제품담당 매니저 $ ®	■	■	■	■	■
프로젝트 매니저 $ ®	■	■	■	■	■
채용 전문가 ®	■	■	■	■	■
은행원(창구직원, 판매대리인 등) #	□	■	□	■	■
영업직/사업개발 매니저 # ®	■	■	■	■	■
영업담당 임원 $ ®	■	■	■	■	■
중소기업주	▦	■	▦	▦	■
세무사	□	■	■	■	■
교육 및 개발 매니저 $	■	■	■	■	■

건설 및 제조

직업	표현력	대인관계 기술	지각력	문제 해결력	신뢰성
목수(건설) #	□	■	■	■	■
현장소장	■	■	■	■	■
종합 건설업자	□	■	■	■	■
물류 관리사(운영 및 자재 코디네이터) ↑	□	■	■	■	■

교육

직업	표현력	대인관계 기술	지각력	문제 해결력	신뢰성
성인 문자 교육 및 교육 인정학교 교사	░	▓	▒	░	░
영어 교사	░	▒	▒	░	░
교장 또는 교감	▒	▒	░	▒	▓
교수	▒	▒	▓	▓	░
학생 상담사	░	▒	▒	░	░
언어 병리학자 ®	░	▒	▒	░	░
교사(초중등) ® ; (중등과정 이후) ↑	░	▒	░	░	░
교사(유치원) ↑ ®	▒	▓	░	░	░
교사 보조 # ®	▒	▓	░		░

정부 및 비영리 기관

직업	표현력	대인관계 기술	지각력	문제 해결력	신뢰성
활동가(소비자 보호가, 인권 활동가, 동물 권리 보호 활동가 등)	▒	░	▒	▒	░
행정 서비스 매니저	░	░	▒	▒	▒
기관장	░	▒	▒	▒	▓
지방 공무원		░		▒	▓
사무국장(비영리 기관)	░	░	▒	▒	▓
정부 계약 행정관 ®		░	▒	▒	▒
국제 구호단체 직원	▒	▓	▒	░	▒
행정 감찰관	░	▓	▒	░	▒
정치가(시의회 의원, 도지사, 구청장, 시장, 국회의원)	▒	▓	▒	▒	▒
프로그램 매니저(비영리 기관과 정부)	░	░	▒	░	▒
사회 및 복지 담당 ↑ ®	░	░	▒	▒	░
사회 정의 실천가(정부)	▒	▒	░	▒	░

의료 서비스

직업	표현력	대인관계 기술	지각력	문제 해결력	신뢰성
상담사/사회복지사 ↑ # ®	░	▒	▓	▒	░
치위생사 ↑ ®		▒	░	░	░
의사(특히 지역보건, 내과전문, 산부인과, 소아과, 물리요법, 재활치료) $		▒	▓	▒	▓
의료 보조원(치과의, 작업 요법사, 내과의) ↑ ®		▒	▒	░	▒
간호사 ↑ # ®	░	▒	▓	░	▓
영양사		░	▒	▒	░

의료 서비스(계속)

직업	표현력	대인관계 기술	지각력	문제 해결력	신뢰성
개인/자택 요양 보조원 ↑ #	◐	◐	●		●
약사 $ ®		◐		●	●
약 조제사 ↑		◐	◐	●	●
물리 치료사 ↑ ®		◐	◐	●	◐
정신과 의사/심리학자 ↑ $	◐	◐	●	●	◐
보건복지부 담당직원		◐	◐	◐	◐
수의사 ↑ ®	◐	◐	●	●	●

정보통신 기술

직업	표현력	대인관계 기술	지각력	문제 해결력	신뢰성
데이터베이스 관리자 ↑ $ ®		◐	◐	◐	●
컴퓨터 지원/업무지원 센터 담당		◐	◐	◐	◐
정보 시스템 매니저 ↑ $		◐	◐	◐	◐
정보통신 기술지원 엔지니어		◐	◐	◐	◐
보안 전문가 ↑		◐	◐	◐	●
소프트웨어 개발자 ↑ $ ®		◐	●	●	●
기술경영 임원 $ ®		◐	●	●	◐
테스트 전문가/품질 보증 전문가 ®		◐	◐	◐	●

문학, 예술 및 연예

직업	표현력	대인관계 기술	지각력	문제 해결력	신뢰성
배우	●	◐	●	◐	◐
에이전트(예술가, 공연자를 위한)	◐	●	◐	◐	●
예술가(화가, 사진작가, 조각가 등)	●		◐	●	⋮
상업 예술가(디자이너, 행사전문 사진가 등)	●	◐	◐	●	●
기자(상담 칼럼)	◐	◐	◐	●	◐
기자(중대 뉴스)	◐	◐	◐	●	◐
기자(인간적인 관심)	◐	◐	◐	●	◐
메이크업 아티스트(연극, 공연) ↑	◐	●	◐		◐
연기자(무용수, 연주자, 가수 등)	●	⋮	●	◐	
사진작가(광고, 이벤트, 보도사진, 인물사진, 웨딩)	●	◐	●	●	◐
연설문 작성가	●		◐	●	◐
방송인(앵커, 라디오 진행자)	●	●	◐	◐	◐
작가(가사, 소설, 시, 대본)	●		●	●	

수학, 공학 및 산업과학

직업	표현력	대인관계 기술	지각력	문제 해결력	신뢰성
수학자	□	□	■	■	□
엔지니어					
전기 기사 $ ®	□	□	■	■	□
환경 기사 ↑ ®	□	□	■	■	□
기계 기사 ®	□	□	□	■	□
과학자					
생물학자	□	□	□	■	□
화학자, 물리학자	□	□	□	■	□
환경 과학자 ↑ ®	□	□	□	■	□
전염병 학자	□	□	□	■	□
연구부 매니저(후배 과학자 멘토 혹은 기금 조성을 위한 홍보 활동) $	□	■	□	■	■
재료 과학자 및 기술자	□	□	□	■	□
사회 과학자	□	■	■	■	□

서비스 산업

직업	표현력	대인관계 기술	지각력	문제 해결력	신뢰성
바텐더	□	■	□	□	□
보육교사/보모 #	■	■	□	□	■
관리인	□	□	□	□	□
헤어 스타일리스트, 이발사	□	■	■	□	□
원예사(정원사)	□	□	□	□	□
호텔/숙박 매니저	□	■	□	□	□
인테리어 디자이너	□	■	■	□	□
마사지 치료사 ®	□	■	□	□	□
개인관리 도우미	□	■	■	□	□
구매 대행인	□	■	■	□	□
식당/연회장/제과점 직원 #	□	▦	■	□	□
피부관리 전문가 ↑	□	■	□	□	□
가게/식당 매니저 #	□	■	■	□	□
여행 가이드	□	■	□	□	□
트레이너(운동 선수, 체력 단련, 개인 지도) ↑	□	■	■	□	□

와겔리와 스테브의 진로 파인더

영성 분야

직업	표현력	대인관계 기술	지구력	문제 해결력	신뢰성
장례지도사	▨	■	▣	□	▨
명상/요가 지도자	▨	▣	■	□	□
수도승, 수녀, 요가 수행자	░	░	■	░	░
종교 지도자(사제, 이맘, 목사, 승려, 랍비 등) ®	■	■	▣	▨	▨
종교 지도자 보조원(대형 집회 직원) ®	▣	▣	▨	▨	▨

제복입는 직업

직업	표현력	대인관계 기술	지구력	문제 해결력	신뢰성
보좌관(해군 제독, 장군 등의)	□	▨	▣	□	▣
지휘관	□	▣	■	▣	■
승무원	□	▣	▨	□	■
조종사(비행기, 부조종사, 항공 기관사, 전투기) $	□	▨	▣	■	▣
조종사(고속도로 순찰대) ↑	□	▨	▨	▣	▣
경찰통신 지령원	□	▨	■	▣	▣
경찰관	□	▣	■	▣	▣
서비스 지원 하사관(보급, 수송 등)	□	▣	▣	▨	▣

그 밖의 분야들

직업	표현력	대인관계 기술	지구력	문제 해결력	신뢰성
운동선수	░	░	■	░	▨
선수 코치	□	▣	■	▣	▣
코치(커리어, 경영자, 라이프)	▣	▣	■	▨	▣
통역사/번역가 ↑	▣	▨	■	▣	▨
발명가	□	□	░	■	░
변호사(특히 국선 변호인) $	■	▣	▣	■	■
사서	□	▨	▣	▨	▣
유지 및 보수 관리자 # ®	□	▨	▣	□	▣
전업 부모	▨	■	▣	▣	▨

3단계: 현실적 고려 사항

표를 살펴본 후 직업 분류표에서 다음 기호를 확인하여 자신이 선호하는 직업이 급여와 안정성 면에서 자신의 필요에 일치하는지 확인하십시오.

> ↑ = 장래가 유망한 직업
> $ = 고연봉 직업
> # = 구직 기회가 많은 직업
> ® = 불경기에 영향을 받지 않는 직업

도와주는 유형에 대한 더 많은 직업적 아이디어는
완벽을 추구하는 유형과 성취를 추구하는 유형의
추천 목록을 참고하십시오.

3. 성취하는 유형을 위한 와겔리와 스테브의 진로 파인더

성취를 위해서 진취력을 발휘할 수 있는 다양한 방안 중 몇 가지를 소개합니다. 간단히 3단계를 거쳐 진로를 정할 수 있습니다. 먼저 자신의 강점을 평가하고, 다음 표에서 당신이 꿈꿔온 직업을 선택한 뒤 몇 가지 현실적인 문제를 생각하십시오. 충분히 가치 있는 결과를 얻을 것입니다. 아래 안내에 따라 자신의 주요 강점을 파악하십시오. 그런 다음 찾아낸 강점을 진로에 연결하고, 그 중 어느 것이 가장 큰 열정을 불러일으키는지 지켜보면서 자신을 관찰하십시오.

표의 질문들은 자신의 성향에 알맞은 직업 선호도를 만족시키기 위해 설계되었습니다. 만약 확실히 답하기 어렵다면 처음의 선택을 유지하는 것이 좋습니다. 조금 혼란스럽더라도 걱정하지 마십시오. 어느 정도의 혼란은 더 자유로운 선택을 하도록 도와줍니다. 깊이 생각하지 말고 1단계와 2단계를 빠른 속도로 진행해보십시오.

직업 분류표 사용 안내

1단계: 강점 찾기

먼저 다섯 가지 강점을 읽고 자신과 관련 있다고 생각하는 정도에 따라 평가한 다음, 마지막에 있는 표에 선호하는 순서대로 배열하십시오.

> 참고: 모든 성격 유형은 모든 직업을 가질 수 있습니다. 이 직업 분류표에 제시된 내용이 절대적인 것은 아니므로, 다섯 가지 강점을 얼마나 잘 사용하는지에 따라 진로를 더 자세히 조사해 보기 바랍니다.

동기유발 능력
사람들의 일상적인 노력을 극대화하도록 하는 것에 자신의 격려가 얼마나 효과적입니까?   낮음 1 2 3 4 5 높음

이기려는 욕구
경쟁적인 환경에서 얼마나 잘 해낼 수 있습니까?   낮음 1 2 3 4 5 높음

효율성
얼마나 빠르고 쉽게 업무를 완수할 수 있습니까?   낮음 1 2 3 4 5 높음

문제해결
결론을 내리기 위해서 자신의 지식과 지능을 사용하는 능력은 어느 수준입니까?   낮음 1 2 3 4 5 높음

홍보능력
자신과 자신에 관련된 것들을 홍보할 수 있는 능력은 어느 수준입니까?   낮음 1 2 3 4 5 높음

이제 자신의 강점을 A에서 E까지 중요도에 따라 순위를 매기십시오. A가 가장 강력한 특성입니다. 그 후 예시와 같이 각 강점 아래 ☐ 에 중요도 순위를 써보십시오.

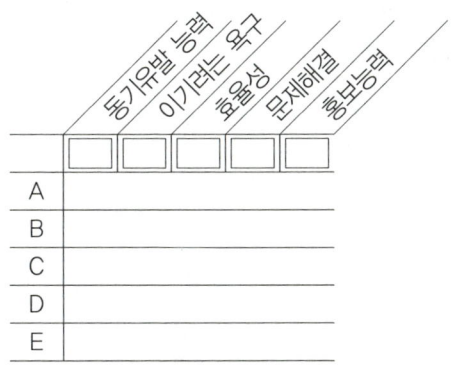

2단계: 가장 선호하는 직업 찾기

다음에 나올 직업 분류표에서 자신의 주요 강점에 대해 가장 높은 등급으로 표시된 항목부터 확인하십시오. 표에 있는 직업 중 특별히 끌리는 직업이 있다면 그것을 적으십시오. 가장 흥미롭게 느껴지는 직업을 4개까지 아래에 적으십시오.

직업 _____

직업 _____

직업 _____

직업 _____

핵심: 이 표는 다섯 가지 강점이 각 분야에서 활용되는 수준을(이 직업을 가진 적이 있는 사람들의 관점에서) 보여줍니다.

활용도 매우 높음	■
활용도 높음	■
활용도 약간 높음	■
활용도 낮음	□
경우에 따라 다름	▦

비즈니스

직업	동기유발 능력	이끄는 욕구	효율성	문제해결	홍보능력
회계사(개인고객 상담 공인회계사)	░	□	▓	▓	░
회계업무 담당(기업 회계, 예산 분석 등) # ®	□	□	▓	▓	□
중역 비서 # ®	□	░	▓	░	□
광고 에이전시 컨설턴트 ↑ $	▓	▓	░	░	▓
광고 전문가	▓	░	░	□	▓
회계감사(기업감사 업무를 수행하는 대형 회계법인 소속 공인회계사) #	□	□	▓	▓	□
브랜드 매니저	░	▓	░	░	░
사업 분석가(소프트웨어 실행) $ # ®	□	░	░	░	□
물품구매 업무(도소매)	□	▓	░	░	□
CEO	▓	▓	▓	▓	▓
보상 및 복리후생 매니저	░	░	░	░	□
고객지원 담당 # ®	□	░	░	░	□
창업가	▒	▓	▓	▒	▓
재무/회계 임원 $ ®	□	▓	▓	▓	░
재무 담당(기업) # ®	□	▓	▓	▓	□
재정 고문 ↑	░	░	░	░	░
재무 분석가(증권 분석) ↑	▓	░	▓	▓	░
인적 자원 관리	▓	░	░	░	░
투자 은행가/벤처자본가 $	░	▓	▓	▓	░
경영 분석가 ↑ $ # ®	□	░	▓	░	□
경영 컨설턴트 $	░	░	▓	▓	░
마케팅 매니저 $	░	▓	░	░	▓
조직 심리 컨설턴트(인적자원부서 소속) $	▓	▓	░	▓	▓
제품담당 매니저 $ ®	□	░	░	░	□
프로젝트 매니저 $ ®	░	□	▓	░	□
홍보 전문가	▓	░	░	░	▓
채용 전문가(특히 경영진) ®	▓	░	░	░	▓
은행원(창구직원, 판매대리인 등) #	□	░	░	□	▓
영업담당 임원 $ ®	▓	▓	░	░	▓
영업직/사업개발 매니저 # ®	▓	▓	░	□	▓
중소기업주	▒	▓	░	▒	░
교육 및 개발 매니저 $	▓	░	░	░	░
웹 디자이너(사용자 인터페이스) $	░	░	░	▓	░

건설 및 제조

	동기유발 능력	이기려는 욕구	효율성	문제해결	홍보능력
건설 매니저	■	■	■	■	□
현장소장 #	■	■	□	■	□
종합 건설업자	■	■	■	■	■
제조업 오너	■	■	■	■	■
공장장	■	■	■	■	□

교육

교장	■	□	■	■	■
교수	■	■	■	■	□
교사(초중등) ® ; (중등과정 이후) ↑	■	□	□	■	□

정부 및 비영리 기관

행정 서비스 매니저	■	□	■	■	□
사무국장(비영리 기관)	■	□	□	■	■
정부 계약 행정관 ®	□	□	■	□	□
고위 공무원 $	■	■	■	■	■
정치가(시의회 의원, 도지사, 구청장, 시장, 국회의원 등)	■	■	■	■	■
재무 담당자/감사관 $	■	■	■	■	■

의료 서비스

척추 지압사 ↑	□	□	■	■	■
상담사/사회복지사 ↑ # ®	■	□	□	■	■
치과의사 $	□	■	■	■	□
의사 $	■	■	■	■	■
보건복지 매니저	□	■	■	■	■
간호사 ↑ # ®	■	■	■	■	□
약사 $ ®	□	□	■	■	□
정신과 의사/심리학자 ↑ $	■	□	□	■	□
수의사 ↑ ®	■	■	■	■	□

정보통신 기술

직업	동기유발 능력	이기려는 욕구	효율성	문제해결	홍보능력
컴퓨터 시스템 분석가 ↑ $ ®		중	진	진	연
데이터베이스 관리자 ↑ $ ®		중	진	중	
정보 시스템 관리자 ↑ $	연	중	진	중	
보안 전문가 ↑		중	진	중	
소프트웨어 개발자 ↑ $ ®		진	진	진	
기술경영 임원 $ ®	연	진	진	중	

문학, 예술 및 연예

직업	동기유발 능력	이기려는 욕구	효율성	문제해결	홍보능력
연기자	중	중	중	진	연
에이전트(예술가, 공연자를 위한)	중	진	중	중	진
미술관/박물관 큐레이터 ↑	중	연	연	중	진
예술가(화가, 사진작가, 조각가 등)		점	연	중	점
카피라이터(광고, 브로셔, 웹사이트)		중	중	진	중
평론가(서적, 영화, 음악)	중	중	진	진	중
편집자(광고, 책, 신문)	진	중	중	중	점
패션 디자이너		진	중	중	중
기자(중대 뉴스)	중	중	진	중	진
기자(인간적인 관심)	중	중	진	중	진
기자(여론)	중	중	진	중	중
편집장 $	진	진	진	중	중
음악가(지휘자)	진	진	진	중	중
음악가(성악가, 연주자)		점	중	중	중
사진작가(광고, 이벤트, 보도사진, 인물사진, 웨딩)	중	중	중	중	
방송인(앵커, 라디오 진행자)	진	중	중	중	연
작가(서정시, 산문문학, 소설, 시, 방송 대본)	점	중	중	진	점

수학, 공학 및 산업과학

직업	동기유발 능력	이기려는 욕구	효율성	문제해결	홍보능력
수학자		연	진	진	
엔지니어					
우주항공 기술자 $	연	중	진	중	
생체의학 기술자 ↑ $	연	중	진	중	
컴퓨터 하드웨어 기술자 $	연	중	진	중	

수학, 공학 및 산업과학(계속)

직업	동기유발 능력	이기려는 욕구	효율성	문제해결	홍보능력
전기 기사 $ ®	▨	▨	■	■	□
환경 기사 ↑	▨	□	■	■	□
재료 과학자 및 기술자	▨	▨	■	■	□
기계 기사 ®	▨	▨	■	■	□
핵 기술자 $	▨	▨	■	■	□
석유과학 기술자 $	▨	▨	■	■	□
과학자					
생물학자	□	▨	■	■	□
화학자	□	▨	■	■	□
연구부 매니저(후배 과학자 멘토 혹은 기금 조성을 위한 홍보 활동) $	▨	▨	■	■	▨
물리학자 $	⋯	▨	■	■	□
사회 과학자	▨	□	□	■	■

서비스 산업

직업	동기유발 능력	이기려는 욕구	효율성	문제해결	홍보능력
요리사	▨	▨	■	□	▨
호텔/숙박 매니저	▨	▨	▨	□	▨
인테리어 디자이너	■	▨	▨	□	■
가게/식당 매니저 #	▨	▨	■	□	▨

영성 분야

직업	동기유발 능력	이기려는 욕구	효율성	문제해결	홍보능력
자기계발 세미나 리더	■	■	▨	■	■
명상/요가 지도자	▨	□	□	□	⋯
수도승, 수녀, 요가 수행자	▨	□	⋯	⋯	□
종교 지도자(사제, 이맘, 목사, 신부, 랍비 등) ®	▨	□	▨	□	■

제복입는 직업

직업	동기유발 능력	이기려는 욕구	효율성	문제해결	홍보능력
보좌관(해군제독, 장군 등의)	□	▨	■	■	□
우주 비행사	▨	▨	■	■	□
부대 지휘관	■	■	▨	▨	▨
훈련 교관	■	■	▨	□	□

제복입는 직업(계속)

	동기유발 능력	이기려는 욕구	효율성	문제해결	홍보능력
승무원					
장군/제독					
정보요원					
국가의 영해와 공해 행정부(NOAA) 탐험 리더					
조종사(비행기, 부조종사, 전투기, 전투기 기술자) ↑					
조종사(고속도로 순찰대)					
경찰관					
국가 공무원					

그 밖의 분야들

	동기유발 능력	이기려는 욕구	효율성	문제해결	홍보능력
대리인(예술가, 행위자, 운동가)					
운동선수					
선수 코치					
코치(커리어, 경영자, 라이프)					
도시 설계자					
발명가					
판사 $					
변호사(국선, 법인, 일반) $					
전업 부모					
운송 매니저					

3단계: 현실적 고려 사항

표를 살펴본 후 직업 분류표에서 다음 기호를 확인하여 자신이 선호하는 직업이 급여와 안정성 면에서 자신의 필요에 일치하는지 확인하십시오.

> ↑ = 장래가 유망한 직업
> $ = 고연봉 직업
> \# = 구직 기회가 많은 직업
> ® = 불경기에 영향을 받지 않는 직업

성취하는 유형에 대한 더 많은 직업적 아이디어는
도와주는 유형과 독특함을 추구하는 유형의
추천 목록을 참고하십시오.

4. 독특함을 추구하는 유형을 위한 와겔리와 스테브의 진로 파인더

자신의 개성을 표현하면서 자신의 능력을 활용할 수 있는 다양한 방안 중 몇 가지를 소개합니다. 간단히 3단계를 거쳐 진로를 정할 수 있습니다. 먼저 자신의 강점을 평가하고, 다음 표에서 당신이 꿈꿔온 직업을 선택한 뒤 몇 가지 현실적인 문제를 생각하십시오. 충분히 가치 있는 결과를 얻을 것입니다. 아래 안내에 따라 자신의 주요 강점을 파악하십시오. 그런 다음 찾아낸 강점을 진로에 연결하고, 그 중 어느 것이 가장 큰 열정을 불러일으키는지 지켜보면서 자신을 관찰하십시오.

표의 질문들은 자신의 성향에 알맞은 직업 선호도를 만족시키기 위해 설계되었습니다. 만약 확실히 답하기 어렵다면 처음의 선택을 유지하는 것이 좋습니다. 조금 혼란스럽더라도 걱정하지 마십시오. 어느 정도의 혼란은 더 자유로운 선택을 하도록 도와줍니다. 깊이 생각하지 말고 1단계와 2단계를 빠른 속도로 진행해보십시오.

직업 분류표 사용 안내

1단계: 강점 찾기

먼저 다섯 가지의 강점을 읽고 자신과 관련 있다고 생각하는 정도에 따라 평가한 다음, 마지막에 있는 표에 선호하는 순서대로 배열하십시오.

> 참고: 모든 성격 유형은 모든 직업을 가질 수 있습니다. 이 직업 분류표에 제시된 내용이 절대적인 것은 아니므로, 다섯 가지 강점을 얼마나 잘 사용하는지에 따라 진로를 더 자세히 조사해 보기 바랍니다.

분별력
통찰력, 지각 및 명확한 구별 능력이 얼마나 됩니까?   낮음 1 2 3 4 5 높음

미적 감각
스타일, 아름다움, 취향에 대한 감수성은 얼마나 발달했습니까?   낮음 1 2 3 4 5 높음

긍휼
사람들의 민감한 감정에 어느 정도 공감합니까?   낮음 1 2 3 4 5 높음

상상력
자신의 비전에 대해 창의적이거나 새로운 아이디어로 일하는 방식을 얼마나 실험할 수 있습니까?   낮음 1 2 3 4 5 높음

의미
목적의식과 이상을 업무에 적용하는 것은 얼마나 중요합니까?   낮음 1 2 3 4 5 높음

이제 자신의 강점을 A에서 E까지 중요도에 따라 순위를 매기십시오. A가 가장 강력한 특성입니다. 그 후 예시와 같이 각 강점 아래 ☐에 중요도 순위를 써보십시오.

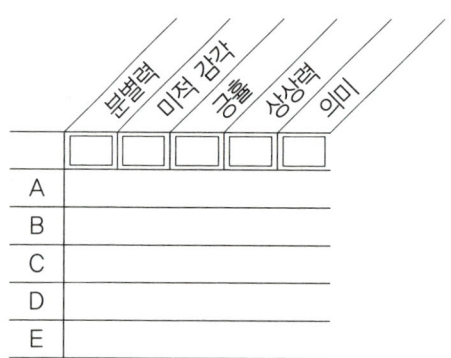

2단계: 가장 선호하는 직업 찾기

다음에 나올 직업 분류표에서 자신의 주요 강점에 대해 가장 높은 등급으로 표시된 항목부터 확인하십시오. 표에 있는 직업 중 특별히 끌리는 직업이 있다면 그것을 적으십시오. 가장 흥미롭게 느껴지는 직업을 4개까지 아래에 적으십시오.

직업 _____

직업 _____

직업 _____

직업 _____

핵심: 이 표는 다섯 가지 강점이 각 분야에서 활용되는 수준을(이 직업을 가진 적이 있는 사람들의 관점에서) 보여줍니다.

활용도 매우 높음	■
활용도 높음	■
활용도 약간 높음	■
활용도 낮음	□
경우에 따라 다름	▦

비즈니스

직업	분별력	미적 감각	공뮬	상상력	의미
업무 비서 # ®	■				
중역 비서 # ®	■				
광고 에이전시 컨설턴트 ↑ $	■	■	▨	■	■
광고 전문가	■	■	▨	■	
브랜드 매니저	■	▨		■	
CEO	■	▨			
고객지원 담당 # ®					
창업가	■	▨	▨	■	▨
재정 고문 ↑	■		▨		■
인적 자원 관리					■
경영 컨설턴트 $	■				■
마케팅 매니저 $			▨		▨
조직 심리 컨설턴트(인적자원부서 소속) $	■				■
제품담당 매니저 $ ®	■	▨		■	▨
프로젝트 매니저 $ ®	■				
채용 전문가 ®	■				■
영업담당 임원 $ ®	■			■	
중소기업주	■	▨		■	▨
교육 및 개발 매니저 $	■	■	■		■
웹 디자이너(사용자 인터페이스) $	■	■	▨	■	

건설 및 제조

직업	분별력	미적 감각	공뮬	상상력	의미
목수(마무리 목재작업)	■	■		■	
종합 건설업자	■	▨		▨	
타일/대리석 시공업자	■	■		■	

교육

직업	분별력	미적 감각	공뮬	상상력	의미
영어 교사	■	■		■	■
교수	■	▨	■	■	■
학생 상담사	■		■		■
교사(초중등) ® ; (중등과정 이후) ↑	■	▨	■	■	■

정부 및 비영리 기관

- 사무국장(비영리 기관)
- 국제 구호단체 직원
- 정치가(시의회 의원, 도지사, 구청장, 시장, 국회의원 등)
- 프로그램 매니저(비영리 기관과 정부)
- 사회 및 복지 담당 ↑ ®

의료 서비스

- 상담사/사회복지사 ↑ # ®
- 의사(특히 응급실, 인턴, 소아과, 물리요법 의학, 성형외과, 재활치료)
- 호스피스 직원
- 간호사 ↑ # ®
- 정신과 의사/심리학자 ↑ $
- 수의사 ↑ ®

정보통신 기술

- 컴퓨터 시스템 분석가 ↑ $ ®
- 데이터베이스 관리자 ↑ $ ®
- 정보 시스템 관리자 ↑ $
- 소프트웨어 개발자 ↑ $ ®
- 기술경영 임원 $ ®

문학, 예술 및 연예

- 배우
- 건축가
- 미술 감독(마케팅 부서, 독립 스튜디오)
- 장인/공예가
- 예술가(화가, 사진작가, 조각가 등)
- 캐스팅 에이전트
- 상업 예술가(그래픽 디자이너, 제품 디자이너 등)
- 카피라이터(광고, 브로셔, 웹사이트)
- 평론가(서적, 영화, 음악)

문학, 예술 및 연예(계속)

직업	판별력	미적 감각	공통	상상력	의미
무용수	▣	■	■	■	■
감독(연극, 영화, 라디오, TV)	■	■	■	■	■
편집자(광고, 책, 신문)	■	■	⋯	■	■
예능인(피겨 스케이터, 마술사, 마임 예술가 등)	▣	■	⋯	■	⋯
수필가	■	▣	⋯	■	■
패션 디자이너	■	■	■	■	⋯
영화 편집자	■	■	■	■	■
삽화가, 만화가	■	■	⋯	■	■
기자(중대 뉴스)	■	▣	☐	■	■
기자(인간적인 관심)	■	■	■	■	■
기자(여론)	■	■	⋯	■	■
조경사	■	■	☐	■	■
메이크업 아티스트(연극, 공연) ↑	☐	▣	■	▣	■
편집장 $	■	■	⋯	■	■
멀티미디어 예술가, 만화영화 제작자 ↑	▣	■	⋯	■	▣
음악가(작곡가, 지휘자, 성악가, 연주자)	■	■	■	■	■
사진작가(광고, 이벤트, 보도사진, 인물사진, 웨딩)	■	■	⋯	■	■
세트 디자이너	▣	■	■	■	■
연설문 작성자	▣	▣	☐	■	■
전문기술 저술가 ↑	■	▣	☐	▣	▣
작가(가사, 논픽션, 소설, 시, 대본)	■	■	■	■	■

수학, 공학 및 산업과학

직업	판별력	미적 감각	공통	상상력	의미
수학자	■	▣	☐	▣	▣
엔지니어					
우주항공 기술자 $	■	▣	☐	▣	▣
생체의학 기술자 ↑ $	■	▣	☐	▣	▣
전기 기사 $ ®	■	▣	☐	▣	▣
환경 기사 ↑	■	▣	☐	▣	▣
기계 기사 ®	■	▣	☐	▣	▣
과학자					
대기 과학자 $	■	▣	☐	▣	▣
생물학자	■	▣	☐	▣	▣
화학자	■	▣	☐	▣	▣

수학, 공학 및 산업과학(계속)

직업	분별력	미적 감각	공감	상상력	의미
환경 과학자 ↑ ®	●	○	·	○	○
전염병 학자	●	○	·	○	○
연구부 매니저(후배 과학자 멘토 혹은 기금 조성을 위한 홍보 활동) $	●	○	○	○	○
재료 과학자 및 기술자(나노 기술) $	●	○	·	○	○
물리학자 $	●	○	·	○	○
사회 과학자	●	○	○	○	●

서비스 산업

직업	분별력	미적 감각	공감	상상력	의미
관리인	○	▦	▦	○	○
헤어 스타일리스트, 이발사	○	●	◐	○	○
호텔/숙박 매니저	○	○	▦	○	·
인테리어 디자이너	○	●	○	○	○
창업가(빈티지 의상, 고급 요리 등)	○	○	▦	●	○
식당/제과점 직원 #	○	▦	○	○	·
가게/식당 매니저 #	○	▦	▦	▦	○

영성 분야

직업	분별력	미적 감각	공감	상상력	의미
장례지도사	○	○	●	○	●
자기계발 세미나 리더	○	○	●	○	●
명상/요가 지도자	○	○	●	○	·
수도승, 수녀, 요가 수행자	○	○	●	○	▦
종교 지도자(사제, 이맘, 목사, 승려, 랍비 등) ®	○	○	●	○	●

제복입는 직업

직업	분별력	미적 감각	공감	상상력	의미
장교	▦	·	●	○	●
기회 균등 전문가	○	·	○	·	○
육해공군 법무감	○	○	○	○	○
승무원	●	·	▦	○	●
재외 공관 무관	◐	○	○	·	○
군악대원(특히 해병대)	●	●	▦	●	●
군사 정보 분석가	●	·	○	○	◐

그 밖의 분야들

	분별력	미적 감각	경쟁	상상력	의미
운동선수					
선수 코치					
코치(커리어, 경영자, 라이프)					
환경과학 및 환경보호 기술자 ↑ ®					
발명가					
변호사(특히 피고측 변호사) $					
사서					
음향 및 조명 전문가					
전업 부모					

3단계: 현실적 고려 사항

표를 살펴본 후 직업 분류표에서 다음 기호를 확인하여 자신이 선호하는 직업이 급여와 안정성 면에서 자신의 필요에 일치하는지 확인하십시오.

> ↑ = 장래가 유망한 직업
> $ = 고연봉 직업
> \# = 구직 기회가 많은 직업
> ® = 불경기에 영향을 받지 않는 직업

독특함을 추구하는 유형에 대한 더 많은 직업적 아이디어는 성취를 추구하는 유형과 관찰하는 유형의 추천 목록을 참고하십시오.

5. 관찰하는 유형을 위한 와겔리와 스테브의 진로 파인더

자신이 정보를 취하고 이해할 수 있는 다양한 방안 중 몇 가지를 소개합니다. 간단히 3단계를 거쳐 진로를 정할 수 있습니다. 먼저 자신의 강점을 평가하고, 다음 표에서 자신이 꿈꿔온 직업을 선택한 뒤 몇 가지 현실적인 문제를 생각하십시오. 충분히 가치 있는 결과를 얻을 것입니다. 아래 안내에 따라 자신의 주요 강점을 파악하십시오. 그런 다음 찾아낸 강점을 진로에 연결하고, 그 중 어느 것이 가장 큰 열정을 불러일으키는지 지켜보면서 자신을 관찰하십시오.

표의 질문들은 자신의 성향에 알맞은 직업 선호도를 만족시키기 위해 설계되었습니다. 만약 확실히 답하기 어렵다면 처음의 선택을 유지하는 것이 좋습니다. 조금 혼란스럽더라도 걱정하지 마십시오. 어느 정도의 혼란은 더 자유로운 선택을 하도록 도와줍니다. 깊이 생각하지 말고 1단계와 2단계를 빠른 속도로 진행해보십시오.

직업 분류표 사용 안내

1단계: 강점 찾기

먼저 다섯 가지의 강점을 읽고 자신과 관련 있다고 생각하는 정도에 따라 평가한 다음, 마지막에 있는 표에 선호하는 순서대로 배열하십시오.

> 참고: 모든 성격 유형은 모든 직업을 가질 수 있습니다. 이 직업 분류표에 제시된 내용이 절대적인 것은 아니므로, 다섯 가지 강점을 얼마나 잘 사용하는지에 따라 진로를 더 자세히 조사해 보기 바랍니다.

집중력
한 가지 활동에 얼마나 오래 집중할 수 있습니까?   낮음 1 2 3 4 5 높음

복합 사고능력
복잡한 정보를 이해하고 처리할 수 있는 능력은 어느 수준입니까?   낮음 1 2 3 4 5 높음

객관성
얼마나 공평하고 공정하며 객관적일 수 있습니까?   낮음 1 2 3 4 5 높음

민감성
다른 사람들의 세련된 감정 표현에 대한 반응이나 호의적인 수준은 어느 정도입니까?   낮음 1 2 3 4 5 높음

독립적인 작업
자기 주도적으로 일하는 장기간의 프로젝트를 얼마나 선호합니까?   낮음 1 2 3 4 5 높음

이제 자신의 강점을 A에서 E까지 중요도에 따라 순위를 매기십시오. A가 가장 강력한 특성입니다. 그 후 예시와 같이 각 강점 아래 ☐에 중요도 순위를 써보십시오.

2단계: 가장 선호하는 직업 찾기

다음에 나올 직업 분류표에서 자신의 주요 강점에 대해 가장 높은 등급으로 표시된 항목부터 확인하십시오. 표에 있는 직업 중 특별히 끌리는 직업이 있다면 그것을 적으십시오. 가장 흥미롭게 느껴지는 직업을 4개까지 아래에 적으십시오.

직업 _____

직업 _____

직업 _____

직업 _____

핵심: 이 표는 다섯 가지 강점이 각 분야에서 활용되는 수준을(이 직업을 가진 적이 있는 사람들의 관점에서) 보여줍니다.

활용도 매우 높음	■
활용도 높음	■
활용도 약간 높음	▫
활용도 낮음	□
경우에 따라 다름	▦

비즈니스

직업	집중력	복합 사고능력	객관성	민감성	독립적인 작업
회계사(개인고객 상담 공인회계사)	▣	▣	▣	□	▣
회계업무 담당(기업 회계, 예산 분석 등) # ®	■	▣	■	□	▣
공증인 ↑	■	■	■	□	▣
광고 전문가	▣	▣	▣	▣	▣
회계감사(기업감사 업무를 수행하는 대형 회계법인 소속 공인회계사) #	■	▣	■	□	■
브랜드 매니저	▣	▣	▣	▣	▣
사업 분석가(소프트웨어 실행) $ # ®	■	▣	▣	▣	▣
CEO	▣	▣	■	▣	▣
보상 및 복리후생 매니저	▣	▣	▣	▣	▣
창업가	▣	▥	▣	▥	▣
재무/회계 임원 $ ®	▣	■	▣	▣	▣
재무 담당(기업) # ®	■	■	■	□	▣
재정 고문 ↑	▣	▣	▣	▣	▣
재무 분석가(증권 분석) ↑	▣	■	▣	□	▥
투자 은행가/벤처자본가 $	▣	■	▣	▥	▣
경영 분석가 ↑ $ # ®	■	▣	▣	▣	▣
경영 컨설턴트 $	▣	▣	▣	▣	▣
조직 심리 컨설턴트(인적자원부서 소속) $	▣	▣	▣	■	▣
제품담당 매니저 $ ®	▣	▣	▣	▣	▣
프로젝트 매니저 $ ®	▣	▣	■	▣	▣
부동산 중개인	▣	▣	▣	□	▣
은행원(창구직원, 판매대리인 등) #	▣	▣	▣	▣	▣
중소기업주	▥	▥	□	▥	▣
세무사	■	▣	■	□	▣
웹 디자이너(사용자 인터페이스) $	■	▣	▣	▣	▣

건설 및 제조

직업	집중력	복합 사고능력	객관성	민감성	독립적인 작업
목수	▣	□	▣	□	▣
물류 관리사(운영 및 자재 코디네이터) ↑	▣	▣	▣	□	▣
생산 관리 분석가	■	■	■	□	▣

교육

직업	집중력	복합 사고능력	객관성	민감성	독립적인 작업
교육 연구가	■	■	■	▨	▒
영어 교사	□	▨	▨	■	▨
교장	□	▨	▨	■	▨
교수	■	■	▨	■	▨
교사(초중등) ® ; (중등과정 이후) ↑	□	▒	■	■	▨

정부 및 비영리 기관

직업	집중력	복합 사고능력	객관성	민감성	독립적인 작업
지방 공무원	▨	▨	▨	□	▨
형사(경찰/탐정) ↑	▨	▨	▨	▨	▨
법의학 전문가 ↑	■	▨	▨	□	■
정부 계약 행정관 ®	■	□	■	□	▨
자연과학 담당 매니저(토지 이용, 동물, 의료 및 엔지니어링 건에 대해 규제기관에 자문)	■	■	▨	□	▨
정치가(시의회 의원, 도지사, 구청장, 시장, 국회의원 등)	■	■	■	■	□
재무 담당자/감사관 $	■	■	■	▨	▨
재무부/감사원 담당 직원	■	■	■	□	▨

의료 서비스

직업	집중력	복합 사고능력	객관성	민감성	독립적인 작업
상담사/사회복지사 ↑ # ®	▨	▨	▨	■	▨
의사(특히 심장학, 내분비학, 혈액학, 내과전문의, 의료단, 신경학, 방사선학, 연구) $	■	■	■	■	▒
호스피스 직원	▨	□	▨	■	▨
간호사 ↑ # ®	▨	▨	▨	■	▨
약사 $ ®	▨	▨	▨	□	▨
약 조제사 ↑	▨	▨	▨	▨	▨
정신과 의사/심리학자 ↑ $	■	■	■	▨	▨

정보통신 기술

직업	집중력	복합 사고능력	객관성	민감성	독립적인 작업
컴퓨터 시스템 분석가 ↑ $ ®	■	■	■	□	■
데이터베이스 관리자 ↑ $ ®	■	■	■	□	■
컴퓨터 지원/업무지원 센터 담당	▨	▨	■	▨	□

정보통신 기술(계속)

직업	집중력	복합 사고능력	객관성	민감성	독립적인 작업
정보 시스템 매니저 ↑ $	■	■	■	□	■
정보통신 기술지원 엔지니어	▨	■	■	■	▨
네트워크/시스템 관리자 ↑ $ ®	■	■	■	▨	■
보안 전문가 ↑	■	■	■	▨	■
소프트웨어 개발자 ↑ $ ®	■	■	■	▨	■
기술경영 임원 $ ®	▨	■	■	▨	□
테스트 전문가/품질 보증 전문가 ®	■	▨	■	□	■

문학, 예술 및 연예

직업	집중력	복합 사고능력	객관성	민감성	독립적인 작업
배우	▨	▨	▨	■	▦
건축가	▨	■	■	▨	■
미술 감독(독립 스튜디오) $	■	▨	□	■	■
미술 감독(마케팅 부서)	▨	■	▦	■	□
미술관/박물관 큐레이터 ↑	□	■	▦	■	▨
장인/공예가	■	□	▦	■	■
예술가(화가, 사진작가, 조각가 등)	■	▨	▦	■	■
상업 예술가(그래픽 디자이너, 제품 디자이너 등)	■	■	▦	■	▨
카피라이터(광고, 브로셔, 웹사이트)	■	■	▦	■	▦
평론가(서적, 영화, 음악)	▨	■	▦	■	■
감독(연극, 영화, 라디오, TV)	■	■	▨	■	▦
편집자(원고, 책, 신문)	■	■	■	▨	▨
예능인(피겨 스케이터, 마술사, 마임 예술가 등)	■	□	▨	■	▨
영화 편집자	■	■	▨	▨	▦
삽화가, 만화가	■	▦	▦	■	■
기자(중대 뉴스)	■	■	■	■	▨
기자(인간적인 관심)	■	■	▦	■	▨
기자(여론)	■	■	■	▨	▨
멀티미디어 예술가, 만화영화 제작자 ↑	▨	▦	▦	■	■
음악가(작곡가, 지휘자)	■	■	□	■	▦
음악가(성악가, 악기 연주자)	■	▨	□	■	▦
사진작가(광고, 이벤트, 보도사진, 인물사진, 웨딩)	■	■	▦	■	■
전문기술 저술가 ↑	■	■	■	▨	■
작가(서정시, 논픽션, 소설, 시, 대본)	■	■	▦	■	■

수학, 공학 및 산업과학

직업	집중력	복합 사고능력	객관성	민감성	독립적인 작업
수학자	■	■	■		■
엔지니어					
우주항공 기술자 $	■	■	■	▨	■
생체의학 기술자 ↑ $	■	■	■	▨	■
전기 기사 $ ®	■	■	■		■
환경 기사 ↑	■	■	■		■
기계 기사 ®	■	■	■		■
제품안전 기술자	■	■	■		■
과학자					
천문학자 $	■	■	■		▨
생물학자	■	■	■		▨
화학자	■	■	■		▨
환경 과학자 ↑ ®	■	■	■		▨
전염병 학자	■	■	■		▒
연구부 매니저(후배 과학자 멘토 혹은 기금 조성을 위한 홍보 활동) $	■	■	■		■
재료 과학자 및 기술자(나노 기술)	■	■	■		▨
물리학자 $	■	■	■		■
사회 과학자	■	■	■	▨	▒

서비스 산업

직업	집중력	복합 사고능력	객관성	민감성	독립적인 작업
원예사(정원사)	▨	▨	▒		■
손해사정인	▨	▨	■		
가게/식당 매니저 #	■	■	▒		

영성 분야

직업	집중력	복합 사고능력	객관성	민감성	독립적인 작업
명상/요가 지도자	■			■	
수도승, 수녀, 요가 수행자	▨			■	▒
종교 지도자(사제, 이맘, 목사, 승려, 랍비 등) ®	■	■	■	■	

제복입는 직업

직업	집중력	복합 사고능력	객관성	민감성	독립적인 직업
지휘관	◐	◐	◐	●	○
공업학교 교관	◐	◐	◐	◐	○
군사 정보 분석가	◐	●	◐	○	●
(미)국가안전보장국 암호해독가	◐	●	○	◐	◌
잠수함 승선 장교	◐	●	◐	◐	○
조종사(비행기, 부조종사, 항공 기관사) $	●	◐	◐	◐	◐
우체부	○	○	○	◐	●
기능공(전기전자, 선상오일 실험실 등)	◐	○	◐	○	●

그 밖의 분야들

직업	집중력	복합 사고능력	객관성	민감성	독립적인 직업
항공 교통 관제사 $	●	●	●	○	○
운동선수	●	○	◐	◌	◌
선수 코치	●	◌	◐	◐	○
코치(커리어, 경영자, 라이프)	◐	◐	◐	●	○
환경과학 및 환경보호 기술자 ↑ ®	◐	◐	◐	◐	◐
통역사/번역가 ↑	◐	◐	◐	◐	○
발명가	◐	◌	◌	◐	●
판사 $	◐	◐	◐	○	○
변호사(헌법 관련) $	◐	◐	◐	○	○
변호사(기업, 특허 관련) $	◐	◐	◐	○	●
변호사(세금, 유언장, 신탁 관련) $	◐	◐	◐	◐	○
사서	◐	◐	○	○	◌
유지 및 보수 관리자 # ®	◐	○	◐	○	◐
정비공(항공기, 자동차, 모터보트, 원양어선)	◐	◐	◐	○	◐
음향 및 조명 전문가	●	◐	○	◐	◐
전업 부모	◐	◐	◐	●	◌
측량사 ↑	◐	●	●	○	◐
운송 조사관	●	◐	◐	○	◐

3단계: 현실적 고려 사항

표를 살펴본 후 직업 분류표에서 다음 기호를 확인하여 자신이 선호하는 직업이 급여와 안정성 면에서 자신의 필요에 일치하는지 확인하십시오.

> ↑ = 장래가 유망한 직업
> $ = 고연봉 직업
> \# = 구직 기회가 많은 직업
> ® = 불경기에 영향을 받지 않는 직업

관찰하는 유형에 대한 더 많은 직업적 아이디어는
독특함을 추구하는 유형과 충성하는 유형의
추천 목록을 참고하십시오.

6. 충성하는 유형을 위한 와겔리와 스테브의 진로 파인더

위험을 줄일 수 있는 다양한 방안 중 몇 가지를 소개합니다. 간단히 3단계를 거쳐 진로를 정할 수 있습니다. 먼저 자신의 강점을 평가하고, 다음 표에서 자신이 꿈꿔온 직업을 선택한 뒤 몇 가지 현실적인 문제를 생각하십시오. 충분히 가치 있는 결과를 얻을 것입니다. 아래 안내에 따라 자신의 주요 강점을 파악하십시오. 그런 다음 찾아낸 강점을 진로에 연결하고, 그 중 어느 것이 가장 큰 열정을 불러일으키는지 지켜보면서 자신을 관찰하십시오.

표의 질문들은 자신의 성향에 알맞은 직업 선호도를 만족시키기 위해 설계되었습니다. 만약 확실히 답하기 어렵다면 처음의 선택을 유지하는 것이 좋습니다. 조금 혼란스럽더라도 걱정하지 마십시오. 어느 정도의 혼란은 더 자유로운 선택을 하도록 도와줍니다. 깊이 생각하지 말고 1단계와 2단계를 빠른 속도로 진행해보십시오.

직업 분류표 사용 안내

1단계: 강점 찾기

먼저 다섯 가지의 강점을 읽고 자신과 관련 있다고 생각하는 정도에 따라 평가한 다음, 마지막에 있는 표에 선호하는 순서대로 배열하십시오.

> 참고: 모든 성격 유형은 모든 직업을 가질 수 있습니다. 이 직업 분류표에 제시된 내용이 절대적인 것은 아니므로, 다섯 가지 강점을 얼마나 잘 사용하는지에 따라 진로를 더 자세히 조사해 보기 바랍니다.

비판적 사고
어려운 질문이나 해결하려는 문제의 모든 측면을 인식하고 신중하게 판단하는 데 얼마나 능숙합니까?   낮음 1 2 3 4 5 높음

정확성
세부 사항을 지향하는 정도나 세심한 것에 대한 선호도는 어느 정도입니까?   낮음 1 2 3 4 5 높음

타인과 동일시
다른 사람의 입장에 어느 정도 설 수 있습니까?   낮음 1 2 3 4 5 높음

회의주의
의심하거나 질문하고 싶은 마음이 어느 정도 생깁니까?   낮음 1 2 3 4 5 높음

예방 조치
일어날 수 있는 손실, 상해, 실수를 피할 때 얼마나 주의를 기울이고 능동적입니까?   낮음 1 2 3 4 5 높음

이제 자신의 강점을 A에서 E까지 중요도에 따라 순위를 매기십시오. A가 가장 강력한 특성입니다. 그 후 예시와 같이 각 강점 아래 □에 중요도 순위를 써보십시오.

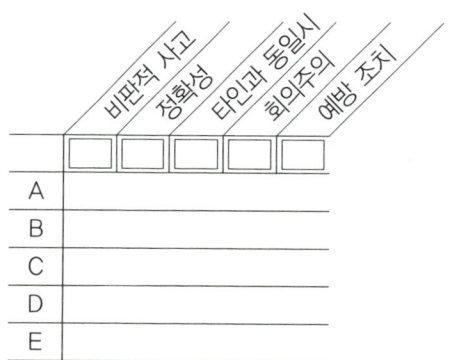

222 에니어그램으로 진로 찾기

2단계: 가장 선호하는 직업 찾기

다음에 나올 직업 분류표에서 자신의 주요 강점에 대해 가장 높은 등급으로 표시된 항목부터 확인하십시오. 표에 있는 직업 중 특별히 끌리는 직업이 있다면 그것을 적으십시오. 가장 흥미롭게 느껴지는 직업을 4개까지 아래에 적으십시오.

직업 _____

직업 _____

직업 _____

직업 _____

핵심: 이 표는 다섯 가지 강점이 각 분야에서 활용되는 수준을(이 직업을 가진 적이 있는 사람들의 관점에서) 보여줍니다.

활용도 매우 높음	■
활용도 높음	■
활용도 약간 높음	□
활용도 낮음	□
경우에 따라 다름	▦

비즈니스

범례: ●●● 진한 파랑 / ●● 중간 / ● 연한 파랑 / ○ 빈칸(흰색) / ⋯ 점무늬

직업	비판적 사고	정확성	타인과 동일시	회의주의	예방 조치
회계사(개인고객 상담 공인회계사)	●	●●●	○	●●●	●●●
회계업무 담당(기업 회계, 예산 분석 등) # ®	●●	●●●	○	●●●	●●●
공증인 ↑	●●●	●●●	○	○	●●●
업무 비서 # ®	○	●●	●	○	⋯
중역 비서 # ®	●	●●	●	●	●
광고 전문가	●	●	●●	●	○
회계감사(기업감사 업무를 수행하는 대형 회계법인 소속 공인회계사) #	●	●●●	○	●●●	●●●
브랜드 매니저 #	●●	●●	●●	●●	●
사업 분석가(소프트웨어 실행) $ # ®	●●●	●●●	●	●●	●●
물품구매 업무(도소매)	●●	●●	●	●●	●
CEO	●●●	●●	●●	●●●	●●
준법 감시인(중개업, 의료서비스) $	○	●●●	○	●●●	●●
고객지원 담당 # ®	●	●	●●	●	⋯
창업가	●●●	⋯	⋯	●●●	●●
재무/회계 임원 $ ®	●●	●●●	●●	●●●	●●●
재무 담당(기업) # ®	●●●	●●●	●	●●●	●●●
재정 고문 ↑	●●	●●●	●●	●●	●●●
재무 분석가(증권 분석) ↑	●●●	●●●	●	●●●	●●●
인적 자원 관리	●●	●●	●●●	●	●●●
투자 은행가/벤처자본가 $	●●●	●●●	●	●●●	●●
경영 분석가 ↑ $ # ®	●●●	●●●	●	●●●	●●●
경영 컨설턴트 $	●●●	●●●	●●	●●●	●
마케팅 매니저 $	●●	●●	●●	●●	●●
제품담당 매니저 $ ®	●●	●●	●●	●●	●●
프로젝트 매니저 $	●●	●●	●	●●	●
부동산 중개인 #	●●	●●	●●	●●	●
채용 전문가 $ ®	●	●	●●●	●	●
은행원(창구직원, 판매대리인 등) #	○	●●●	●	●●	●●
영업담당 임원 $ ®	●●	●●	●●	●●	●
영업직/사업개발 매니저 # ®	●●	●●	●●	●	●
중소기업주	●●	●●	●	●●	●●
세무사	●●	●●●	○	●●	●●●
웹 디자이너(사용자 인터페이스) $	●●●	●●	●	●●	●

에니어그램으로 진로 찾기

직업	비판적 사고	정확성	타인과 동일시	회의주의	예방 조치
건설 및 제조					
목수(마무리 목재작업)	▨	■	□	□	▨
목수(건설) #	□	▨	□	□	■
건설 매니저	▨	□	▨	□	■
종합 건설업자	▨	▨	▨	■	■
생산 관리 분석가	■	■	■	□	▨
교육					
교육 연구가	■	■	▨	■	▨
교장	■	■	■	■	■
교수	■	▒	■	■	▒
학생 상담사	■	□	■	■	■
교사(초중등) ® ; (중등과정 이후) ↑	■	▒	■	■	□
정부 및 비영리 기관					
행정 서비스 매니저	▨	▨	▨	▨	▨
지방 공무원	□	▨	□	□	□
소비자 보호가	■	▨	■	■	■
형사(경찰/탐정) ↑	■	■	□	■	■
수사관	■	■	■	■	■
판사 $	■	■	□	■	■
준법률가 ↑	■	■	■	■	■
정치가(시의회 의원, 도지사, 구청장, 시장, 국회의원 등)	■	■	▨	■	■
사회 및 복지 담당 ↑ ®	▨	▨	■	▨	▨
노동조합 활동가	■	▨	■	■	■
의료 서비스					
임상 실험실 기술자	▨	▨	□	▨	■
상담사/사회복지사 ↑ # ®	■	▨	■	▨	■
치위생사 ↑ ®	▨	▨	▨	▨	■
의사(특히 마취, 지역 보건의, 산부인과, 소아과, 공중보건의, 의대 교수, 방사선, 연구, 외과 등) $	■	■	■	■	■

와겔리와 스테브의 진로 파인더

의료 서비스(계속)

직업	비판적 사고	정확성	타인과 동일시	회의주의	예방 조치
보건복지 매니저	■	□	□	□	□
간호사 ↑ # ®	□	■	■	□	■
약사 $ ®	■	■		□	■
약 조제사 ↑	□	■	□	□	■
물리 치료사 ↑ ®	□	□	■	□	□
정신과 의사/심리학자 ↑ $	■	□	■	□	■
수의사 ↑ ®	■	□	■	□	■

정보통신 기술

직업	비판적 사고	정확성	타인과 동일시	회의주의	예방 조치
컴퓨터 시스템 분석가 ↑ $ ®	■	□	□	□	□
데이터베이스 관리자 ↑ $ ®	■	■		□	□
컴퓨터 지원/업무지원 센터 담당	□	□	□	□	□
정보 시스템 매니저 ↑ $	■	□	□	□	□
정보통신 기술지원 엔지니어	■	□	□	□	□
네트워크/시스템 관리자 ↑ $ ®	■	□		□	□
보안 전문가 ↑	■	□	□	□	□
소프트웨어 개발자 ↑ $ ®	■	□	⋯	□	□
기술경영 임원 $ ®	■	□	□	□	□
테스트 전문가/품질 보증 전문가 ®	■	□		□	□

문학, 예술 및 연예

직업	비판적 사고	정확성	타인과 동일시	회의주의	예방 조치
배우	□	□	□		□
에이전트(예술가, 공연자를 위한)	□	□	□	■	□
건축가	□	□	■	□	□
예술가(화가, 사진작가, 조각가 등)	■	⋯	⋯		
미술 감독(마케팅 부서, 독립 스튜디오) $	□	□	□	⋯	□
미술관/박물관 큐레이터 ↑	□	□	□	⋯	□
코미디언	■	□	⋯	□	⋯
상업 예술가(그래픽 디자이너, 제품 디자이너 등)	□	■	□	□	□
카피라이터(광고, 브로셔, 웹사이트)	■	□	□	⋯	□
평론가(서적, 영화, 음악)	■	□	□	□	□
감독(연극, 영화, 라디오, TV)	■	■	□	⋯	□

문학, 예술 및 연예(계속)

직업	비판적 사고	정확성	타인과 동일시	회의주의	예방 조치
편집자(원고, 책, 신문)	▣	■	▣	⋯	▣
삽화가, 만화가	■	⋯	■	▣	□
기자(중대 뉴스)	■	■	■	■	■
기자(인간적인 관심)	▣	■	■	▣	▣
기자(여론)	■	▣	■	■	▣
음악가(작곡가, 지휘자)	■	■	■	⋯	▣
음악가(성악가, 악기 연주자)	▣	■	■	⋯	▣
사진작가(광고, 이벤트, 보도사진, 인물사진, 웨딩)	▣	■	■	▣	▣
전문기술 저술가 ↑	■	■	▣	▣	▣
작가(서정시, 논픽션, 소설, 시, 대본)	⋯	⋯	■	⋯	□

수학, 공학 및 산업과학

직업	비판적 사고	정확성	타인과 동일시	회의주의	예방 조치
수학자	■	■	□	■	▣
엔지니어					
우주항공 기술자 $	■	■	▣	■	■
생체의학 기술자 ↑ $	■	■	▣	■	■
토목 기사 ↑	■	■	▣	■	■
컴퓨터 하드웨어 기술자 $	■	■	▣	■	■
전기 기사 $ ®	■	■	□	■	■
환경 기사 ↑	■	■	▣	■	■
산업 기사 ↑	■	■	▣	■	■
기계 기사 ®	■	■	▣	■	■
핵 기술자 $	■	■	▣	■	■
석유과학 기술자 $	■	■	▣	■	■
제품안전 기술자	■	■	■	■	■
과학자					
대기 과학자 $	■	■	□	■	▣
생물학자	■	■	▣	■	▣
화학자	■	■	□	■	▣
환경 과학자 ↑ ®	■	■	□	■	▣
전염병 학자	■	■	▣	■	▣
연구부 매니저(후배 과학자 멘토 혹은 기금 조성을 위한 홍보 활동) $	■	■	▣	■	▣

수학, 공학 및 산업과학(계속)

	비판적 사고	정확성	타인과 동일시	회의주의	예방 조치
재료 과학자 및 기술자(나노 기술)	■	■	□	■	▥
물리학자 $	■	■	□	■	▥
사회 과학자	■	■	▥	■	▥
분쟁 중재자	■	■	■	▥	▥

서비스 산업

	비판적 사고	정확성	타인과 동일시	회의주의	예방 조치
요리사	▥	■	▥	□	■
보육교사/보모 #	▥	■	■	■	■
게임 감독자, 조사관 ↑ ®	▥	■	■	■	▥
헤어 스타일리스트, 이발사	▥	■	■	□	▥
호텔/숙박 매니저	▥	▥	▥	▥	▥
손해사정인	▥	■	▥	■	▥
마사지 치료사 ®	□	□	■	▥	▥
식당/제과점 매니저	■	■	▥	▥	▥
가게/식당 매니저 #	▥	▥	■	■	▥

영성 분야

	비판적 사고	정확성	타인과 동일시	회의주의	예방 조치
장례지도사	■	■	■	□	▥
명상/요가 지도자	▦	■	▦	▦	▦
수도승, 수녀, 요가 수행자	▦	▦	▦	▦	▦
종교 지도자(사제, 이맘, 목사, 승려, 랍비 등) ®	▥	▥	■	□	▥

제복입는 직업

	비판적 사고	정확성	타인과 동일시	회의주의	예방 조치
공항 관제사 $	■	■	□	■	■
우주 비행사	■	■	▥	■	■
지휘관	▥	■	▥	▥	■
소방관	■	▥	■	■	■
승무원	■	■	■	□	■
감사원 직원	■	■	□	■	■
군납계약 관리자	■	□	▥	▥	■
하사관	▥	■	■	□	□

제복입는 직업(계속)

	비판적 사고	정확성	타인과 동일시	회의주의	예방 조치
조종사(비행기, 부조종사, 항공 기관사) $; (고속도로 순찰대) ↑	■	■	□	■	■
경찰	■	■	■	■	■
프로젝트 관리자(무기 시스템, 공급 등)	■	□	□	□	■
안전 감독관(연안경비대 해상안전지침 등)	■	■	■	■	■

그 밖의 분야들

	비판적 사고	정확성	타인과 동일시	회의주의	예방 조치
동물 조련사 ↑	■	■	■	■	■
운동선수	■	■	■	■	■
선수 코치	■	■	■	■	■
코치(커리어, 경영자, 라이프)	■	■	■	■	■
환경과학 및 환경보호 기술자 ↑ ®	■	■	■	■	■
통역사/번역가 ↑	■	■	■	□	■
발명가	■	▨	▨	■	▨
변호사(기업, 특허, 세금, 유언장, 신탁, 예금계좌 등) $	■	■	□	■	■
사서	■	■	■	▨	■
유지 및 보수 관리자 # ®	□	■	■	■	■
정비공(항공기, 자동차, 모터보트, 원양어선)	■	■	■	■	■
준법률가 ↑	■	■	□	■	■
전업 부모	■	■	■	■	■
운송 조사관	■	■	□	■	■

3단계: 현실적 고려 사항

표를 살펴본 후 직업 분류표에서 다음 기호를 확인하여 자신이 선호하는 직업이 급여와 안정성 면에서 자신의 필요에 일치하는지 확인하십시오.

> ↑ = 장래가 유망한 직업
> $ = 고연봉 직업
> # = 구직 기회가 많은 직업
> ® = 불경기에 영향을 받지 않는 직업

충성하는 유형에 대한 더 많은 직업적 아이디어는
관찰하는 유형과 즐거움을 추구하는 유형의
추천 목록을 참고하십시오.

7. 즐거움을 추구하는 유형을 위한 와겔리와 스테브의 진로 파인더

새로운 방법으로 날개를 펼치는 다양하고 많은 방안 중 몇 가지를 소개합니다. 결정을 위해 간단한 3단계를 거치십시오. 먼저 자신의 강점을 평가하고, 다음의 표에서 자신이 꿈꿔온 직업을 선택한 뒤 몇 가지 현실적인 문제를 생각해 보십시오. 충분히 가치 있는 결과를 얻을 것입니다. 아래 안내에 따라 자신의 주요 강점을 파악하십시오. 그런 다음 찾아낸 강점을 진로에 연결하고, 그 중 어느 것이 가장 큰 열정을 불러일으키는지 지켜보면서 자신을 관찰하십시오. 일단 해보면 얼마나 쉬운지 알 수 있습니다.

이 질문은 자신의 가장 진실한 자아로부터 직업 선호도를 만족시키기 위해 설계되었습니다. 만약 답변을 확신할 수 없다면 첫 번째 선택을 유지하는 것이 좋습니다. 약간의 혼란을 겪더라도 걱정하지 마십시오. 어느 정도의 혼란은 더 자유로운 선택을 하도록 도와줍니다. 깊이 생각하지 말고 1단계와 2단계를 빠른 속도로 진행해보십시오.

직업 분류표 사용 안내

1단계: 강점 찾기

먼저 다섯 가지의 강점을 읽고 자신과 관련 있다고 생각하는 정도에 따라 평가한 다음, 마지막에 있는 표에 선호하는 순서대로 배열하십시오.

> 참고: 모든 성격 유형은 모든 직업을 가질 수 있습니다. 이 직업 분류표에 제시된 내용이 절대적인 것은 아니므로, 다섯 가지 강점을 얼마나 잘 사용하는지에 따라 진로를 더 자세히 조사해 보기 바랍니다.

열정
다른 사람들이 신나게 일하도록 얼마나 영향을 줍니까?   낮음 1 2 3 4 5 높음

이상주의
고결한 정신, 의미 있는 원칙, 예술적 비전에 따라 어느 정도나 일을 해냅니까?   낮음 1 2 3 4 5 높음

도전해보기
정신적으로 또는 신체적으로 자신을 확장해 나가는 것이 얼마나 중요합니까?   낮음 1 2 3 4 5 높음

사회적 관계 형성하기
새로운 사람에게 다가가서 정보를 주고받으며 알게 되고, 많은 지인과 정기적으로 연락을 유지하는 것이 어느 정도입니까?   낮음 1 2 3 4 5 높음

정보 종합하기
다양한 형태의 정보를 고찰하고 그것들을 폭넓은 관점으로 서로 연결하는 능력은 어느 정도입니까?   낮음 1 2 3 4 5 높음

이제 자신의 강점을 A에서 E까지 중요도에 따라 순위를 매기십시오. A가 가장 강력한 특성입니다. 그 후 예시와 같이 각 강점 아래 □에 중요도 순위를 써보십시오.

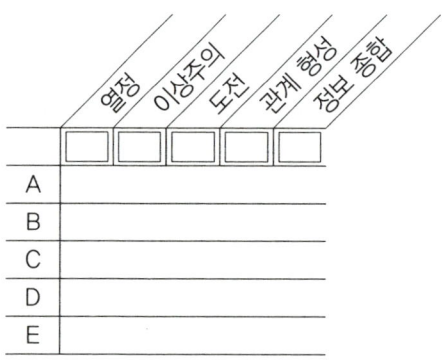

232 에니어그램으로 진로 찾기

2단계: 가장 선호하는 직업 찾기

다음에 나올 직업 분류표에서 자신의 주요 강점에 대해 가장 높은 등급으로 표시된 항목부터 확인하십시오. 표에 있는 직업 중 특별히 끌리는 직업이 있다면 그것을 적으십시오. 가장 흥미롭게 느껴지는 직업을 4개까지 아래에 적으십시오.

직업 _____

직업 _____

직업 _____

직업 _____

핵심: 이 표는 다섯 가지 강점이 각 분야에서 활용되는 수준을(이 직업을 가진 적이 있는 사람들의 관점에서) 보여줍니다.

활용도 매우 높음	■
활용도 높음	■
활용도 약간 높음	■
활용도 낮음	□
경우에 따라 다름	▦

와겔리와 스테브의 진로 파인더

비즈니스

직업	열정	이상주의	도전	관계 형성	정보 종합
회계사(개인고객 상담 공인회계사)	▢	▢	▨	▨	▨
회계업무 담당(기업 회계, 예산 분석 등) # ®	▢	▢	▢	▢	▨
업무 비서 # ®	▨	▢	▢	▨	▨
중역 비서 # ®	▨	▢	▢	▨	▨
광고 대행사 컨설턴트 ↑ $	■	▨	■	■	■
광고 전문가	■	▨	■	▨	■
회계감사(기업감사 업무를 수행하는 대형 회계법인 소속 공인회계사) #	▢	▢	▨	▢	▨
브랜드 매니저	■	▨	■	▨	■
사업 분석가(소프트웨어 실행) $ # ®	▢	▢	▨	▢	▨
물품구매 업무(도소매)	▢	▢	▢	▨	▨
CEO	■	■	■	■	■
고객지원 담당 # ®	▨	▨	▨	▢	▨
창업가	▨	■	■	■	■
재무/회계 임원 $ ®	▨	▨	■	▨	■
재무 담당(기업) # ®	▢	▢	▨	▢	■
재정 고문 ↑	▨	▨	■	■	■
재무 분석가(증권 분석) ↑	▨	▢	■	▨	■
인적 자원 관리	■	■	▨	■	■
투자 은행가/벤처자본가 $	▨	▨	■	▨	■
경영 분석가 ↑ $ # ®	▨	▢	▨	▢	■
경영 컨설턴트 $	■	▨	■	▨	■
마케팅 매니저 $	■	▨	■	■	■
조직 심리 컨설턴트(인적자원부서 소속) $	■	■	▨	■	■
제품담당 매니저 $ ®	▨	▨	■	▨	■
프로젝트 매니저 $ ®	▨	···	▨	▨	■
홍보 전문가	■	▨	▨	■	▢
부동산 중개인	■	▨	▨	■	▨
채용 전문가 ®	■	▨	▨	■	▨
은행원(창구직원, 판매대리인 등) #	▢	▢	▢	■	▨
영업담당 임원 $ ®	■	···	■	■	■
영업직/사업개발 매니저 # ®	■	···	▨	■	▨
중소기업주	···	···	···	▨	■
교육 및 개발 매니저 $	■	■	▨	■	▨

직업	정절	이상주의	도전	관계	행정	정보 종합
건설 및 제조						
목수(건설) #	▢	□	▢	▦	□	□
종합 건설업자	▣	□	▣	▣	□	■
물류 관리사(운영 및 자재 코디네이터) ↑	□	□	□	▣	▣	▣
교육						
영어 교사	■	▢	□	□	□	□
교장	■	■	□	▢	□	□
교수	■	■	▣	▢	□	□
교사(초중등) ® ; (중등과정 이후) ↑	■	■	▢	▢	□	□
정부 및 비영리 기관						
소비자 보호가	▢	▣	□	▣	▣	□
형사(경찰/탐정) ↑	□	▢	▢	▣	▣	□
환경감시 생태학자	□	▣	▣	▣	▣	▣
사무국장(비영리 기관)	■	■	▣	□	▣	□
프로그램 매니저(비영리 기관과 정부)	▢	■	▢	▢	▢	□
의료 서비스						
상담사/사회복지사 ↑ # ®	▢	■	▢	■	▢	□
의사(특히 응급실, 산부인과, 정형외과, 물리치료, 재활, 외과) $	□	▣	■	▣	▢	□
간호사 ↑ # ®	□	■	▣	▣	▣	□
정신과 의사/심리학자 ↑ $	▢	■	□	▣	□	□
정보통신 기술						
컴퓨터 시스템 분석가 ↑ $ ®	□	▢	▢	□	□	■
데이터베이스 관리자 ↑ $ ®	□	□	▢	□	□	▢
컴퓨터 지원/업무지원 센터 담당	□	□	▢	▢	□	▢
정보 시스템 매니저 ↑ $	▣	▢	■	□	□	▢
정보통신 기술지원 엔지니어	□	▢	▢	▢	▢	▢
네트워크/시스템 관리자 ↑ $ ®	□	□	▢	▣	□	▣

와겔리와 스테브의 진로 파인더

정보통신 기술(계속)

직업	정절	이상주의	도전	관계 형성	정보 종합
보안 전문가 ↑	□	■	■	□	■
소프트웨어 개발자 ↑ $ ®	□	■	■	□	■
기술경영 임원 $ ®	▨	▨	■	■	■

문학, 예술 및 연예

직업	정절	이상주의	도전	관계 형성	정보 종합
배우	■	■	■	▦	■
건축가	▨	■	■	■	■
장인/공예가	■	□	■	▨	▨
예술가(화가, 사진작가, 조각가 등)	■	■	■	▨	■
상업 예술가(그래픽 디자이너, 제품 디자이너 등)	▦	■	■	▨	■
무용수	■	■	■	▨	▦
감독(연극, 영화, 라디오, TV)	■	■	■	▨	■
편집자(원고, 책, 신문)	▦	■	■	▦	■
예능인/코미디언	■	▦	■	■	■
패션 디자이너	■	■	■	▦	▦
삽화가, 만화가	■	▦	■	▦	■
기자(중대 뉴스)	□	■	■	■	■
기자(인간적인 관심)	■	■	■	■	▨
기자(여론)	▨	■	■	■	■
편집장 $	■	■	■	□	■
음악가(작곡가, 지휘자)	■	■	■	▦	■
음악가(성악가, 악기 연주자)	■	■	■	▦	■
사진작가(광고, 이벤트, 보도사진, 인물사진, 웨딩)	■	□	■	■	▦
토크쇼 진행자	■	▦	■	■	■
여행 작가	■	▨	■	■	■
작가(서정시, 논픽션, 소설, 시, 대본)	■	■	■	▨	■

수학, 공학 및 산업과학

직업	정절	이상주의	도전	관계 형성	정보 종합
수학자	□	■	■	□	■
엔지니어					
우주항공 기술자 $	□	■	■	■	■
생체의학 기술자 ↑ $	□	■	■	■	■

수학, 공학 및 산업과학(계속)

직업	열정	이상주의	도전	관계 형성	정보 종합
전기 기사 $ ®	□	○	●	○	●
환경 기사 ↑ ®	□	○	●	○	●
기계 기사 ®	□	○	●	○	●
제품안전 기사	□	○	●	○	●
과학자					
생물학자	□	○	●	○	●
화학자	□	○	●	○	●
환경 과학자 ↑ ®	□	○	●	○	●
연구부 매니저(후배 과학자 멘토 혹은 기금 조성을 위한 홍보 활동) $	○	○	●	○	●
재료 과학자 및 기술자(나노 기술)	□	○	●	○	●
물리학자 $	□	○	●	○	□
사회 과학자	○	□	●	○	●

서비스 산업

직업	열정	이상주의	도전	관계 형성	정보 종합
바텐더	◐	□	○	●	□
요리사	○	●	●	○	○
게임 감독자, 조사관 ↑ ®	○	□	○	○	⋮
헤어 스타일리스트, 이발사	◐	●	○	○	○
호텔/숙박 매니저	○	○	○	○	○
인테리어 디자이너	○	●	○	○	○
식당/연회장 직원 #	○	○	○	○	○
가게/식당 매니저 #	◐	○	●	□	⋮
여행 가이드	●	●	○	○	●
여행사	●	○	○	●	●

영성 분야

직업	열정	이상주의	도전	관계 형성	정보 종합
자기계발 세미나 리더	●	●	●	●	○
명상/요가 지도자	□	□	□	○	○
종교 지도자(사제, 이맘, 목사, 승려, 랍비 등) ®	●	●	○	●	○

제복입는 직업

직업	열정	이상주의	도전	관계 형성	정보 종합
우주 비행사	○	○	●		●
지휘관	●	●	○	○	○
외교행사 리셉션 코디네이터	○	○		●	●
소방관	○	●	●	●	
승무원	●				
군 채용관	●	○	○	○	○
잠수함 승선 장교			●	○	○
비상계획 수립 운영자					●
낙하산 교관	●		○		
조종사(비행기, 부조종사, 항공 기관사, 전투기) $	○		●	···	○
조종사(고속도로 순찰대) ↑			○	···	
특수 부대원	●	●	●	○	

그 밖의 분야들

직업	열정	이상주의	도전	관계 형성	정보 종합
공항 관제사 $			●		●
운동선수	○	···	●	○	···
선수 코치	●	●	●	●	
운동 행사 기획가	●	○	···	●	○
도시계획가		○		○	●
코치(커리어, 경영자, 라이프)	●	●		●	
환경과학 및 환경보호 기술자 ↑ ®		●	○		
탐험가	●	●	●	···	···
통역사/번역가 ↑		○	○	●	●
발명가		···	●	···	
변호사(특히 피고측 변호사, 민권운동)		●	●	●	○
유지 및 보수 관리자 #		○	○		
정비공(항공기, 자동차, 모터보트, 원양어선)		○	○		···
전업 부모	●	●	○	●	○
운송 관리자			○	●	

3단계: 현실적 고려 사항

표를 살펴본 후 직업 분류표에서 다음 기호를 확인하여 자신이 선호하는 직업이 급여와 안정성 면에서 자신의 필요에 일치하는지 확인하십시오.

> ↑ = 장래가 유망한 직업
> $ = 고연봉 직업
> \# = 구직 기회가 많은 직업
> ® = 불경기에 영향을 받지 않는 직업

즐거움을 추구하는 유형에 대한 더 많은 직업적 아이디어는
충성하는 유형과 주장하는 유형의
추천 목록을 참고하십시오.

8. 주장하는 유형을 위한 와겔리와 스테브의 진로 파인더

강력한 지도력과 진실을 말하며 명확한 경계를 세우는 자신의 재능을 활용할 수 있는 다양한 방안 중 몇 가지를 소개합니다. 간단히 3단계를 거쳐 진로를 정할 수 있습니다. 먼저 자신의 강점을 평가하고, 다음 표에서 자신이 꿈꿔온 직업을 선택한 뒤 몇 가지 현실적인 문제를 생각하십시오. 충분히 가치 있는 결과를 얻을 것입니다. 아래 안내에 따라 자신의 주요 강점을 파악하십시오. 그런 다음 찾아낸 강점을 진로에 연결하고, 그 중 어느 것이 가장 큰 열정을 불러일으키는지 지켜보면서 자신을 관찰하십시오.

표의 질문들은 자신의 성향에 알맞은 직업 선호도를 만족시키기 위해 설계되었습니다. 만약 확실히 답하기 어렵다면 처음의 선택을 유지하는 것이 좋습니다. 조금 혼란스럽더라도 걱정하지 마십시오. 어느 정도의 혼란은 더 자유로운 선택을 하도록 도와줍니다. 깊이 생각하지 말고 1단계와 2단계를 빠른 속도로 진행해보십시오.

직업 분류표 사용 안내

1단계: 강점 찾기

먼저 다섯 가지의 강점을 읽고 자신과 관련 있다고 생각하는 정도에 따라 평가한 다음, 마지막에 있는 표에 선호하는 순서대로 배열하십시오.

> 참고: 모든 성격 유형은 모든 직업을 가질 수 있습니다. 이 직업 분류표에 제시된 내용이 절대적인 것은 아니므로, 다섯 가지 강점을 얼마나 잘 사용하는지에 따라 진로를 더 자세히 조사해 보기 바랍니다.

경쟁심
갈등 상황도 마다하지 않으며 이기고자 하는 욕구는 얼마나 강합니까?   낮음 1 2 3 4 5 높음

지도력
결정해야만 하는 상황에서, 어느 정도로 빨리 결정을 내리거나 그룹이 결정을 내리도록 이끕니까?   낮음 1 2 3 4 5 높음

논리적인 사고력
사실을 밝힐 때 얼마나 신중하고 논리적입니까?   낮음 1 2 3 4 5 높음

보호하기
다른 사람들을 돕고 보호하고자 하는 추진력은 얼마나 강합니까?   낮음 1 2 3 4 5 높음

독립성
다른 사람이 아닌 자신의 판단, 능력, 자원을 얼마나 신뢰합니까?   낮음 1 2 3 4 5 높음

이제 자신의 강점을 A에서 E까지 중요도에 따라 순위를 매기십시오. A가 가장 강력한 특성입니다. 그 후 예시와 같이 각 강점 아래 ☐에 중요도 순위를 써보십시오.

2단계: 가장 선호하는 직업 찾기

다음에 나올 직업 분류표에서 자신의 주요 강점에 대해 가장 높은 등급으로 표시된 항목부터 확인하십시오. 표에 있는 직업 중 특별히 끌리는 직업이 있다면 그것을 적으십시오. 가장 흥미롭게 느껴지는 직업을 4개까지 아래에 적으십시오.

직업 _____

직업 _____

직업 _____

직업 _____

핵심: 이 표는 다섯 가지 강점이 각 분야에서 활용되는 수준을(이 직업을 가진 적이 있는 사람들의 관점에서) 보여줍니다.

활용도 매우 높음	■
활용도 높음	■
활용도 약간 높음	☐
활용도 낮음	☐
경우에 따라 다름	⋮

비즈니스

직업	경쟁심	지도력	논리적인 사고력	보호하기	독립성
회계사(개인고객 상담 공인회계사)	○	○	●	○	●
회계업무 담당(기업 회계, 예산 분석 등) # ®	○	□	●	○	○
업무 비서 # ®	□	○	○	●	○
중역 비서 # ®	□	○	○	●	○
광고 전문가	●	□	○	○	○
회계감사(기업감사 업무를 수행하는 대형 회계법인 소속 공인회계사) #	○	○	●	●	○
브랜드 매니저	●	●	●	○	○
사업 분석가(소프트웨어 실행) $ # ®	○	□	●	○	○
물품구매 업무(도소매)	●	□	●	○	○
CEO	●	●	●	○	●
보상 및 복리후생 매니저	○	●	●	○	○
총회 기획	○	●	○	●	○
고객지원 담당 # ®	□	○	○	●	○
창업가	●	●	●	·	·
재무/회계 임원 $ ®	●	●	●	●	○
재무 담당(기업) # ®	○	□	●	○	○
재정 고문 ↑	○	○	●	○	·
인적 자원 관리	○	●	○	●	○
투자 은행가/벤처자본가 $	●	·	●	○	○
경영 분석가 ↑ $ # ®	○	□	●	○	○
경영 컨설턴트 $	●	·	●	·	○
마케팅 매니저 $	●	●	○	○	○
제품담당 매니저 $ ®	○	●	●	○	○
프로젝트 매니저 $ ®	○	●	●	○	○
홍보 전문가	●	●	○	○	□
부동산 중개인	○	□	●	○	●
채용 전문가(특히 경영진) ®	●	○	○	○	·
은행원(창구직원, 판매대리인 등) #	○	○	○	○	○
영업담당 임원 $ ®	●	●	○	○	○
영업직/사업개발 매니저 # ®	○	○	○	○	○
중소기업주	●	●	·	○	●
세무사	□	□	●	○	●
교육 및 개발 매니저 $	○	●	○	○	○

범례: ■ 높음 / ▨ 중간 / ░ 낮음 / □ 해당없음 / ⋮ 특이사항

	경쟁심	지도력	논리적인 사고력	보호하기	독립성
건설 및 제조					
카펫 설치가	▨	□	░	□	■
건축 매니저	▨	■	■	▨	▨
현장소장 #	■	■	░	▨	▨
공장장	■	■	▨	▨	■
조합 리더	■	■	▨	■	▨
교육					
교장	▨	■	▨	■	▨
교수	■	■	▨	░	■
장학사	■	■	▨	▨	░
교사(초중등)®;(중등과정 이후)↑	░	■	⋮	■	▨
정부 및 비영리 기관					
행정 서비스 매니저	░	▨	▨	▨	▨
지방 공무원	□	░	░	░	░
형사(경찰/탐정)	░	░	▨	▨	■
사무국장(비영리 기관)	▨	■	▨	▨	▨
정부 계약 행정관 ®	■	▨	▨	▨	▨
정부 자원 감독관	░	░	▨	■	▨
고위 공무원 $	■	■	▨	▨	▨
조사관(아동지원 및 실종자)	░	░	▨	■	░
정치가(시의원, 도지사, 구청장, 시장, 군수, 국회의원)	■	■	▨	▨	▨
프로그램 매니저	░	■	▨	▨	░
사회 및 복지 담당 ↑ ®	□	□	░	■	□
재무 담당자/감사관 $	▨	▨	▨	▨	■
재무부/감사원 담당 직원	░	■	▨	░	░
의료 서비스					
척추 지압사 ↑	░	□	■	▨	■
상담사/사회복지사 ↑ # ®	□	⋮	▨	■	▨
의사(특히 응급실, 정형외과, 수술) $	■	■	■	■	■

의료 서비스(계속)

	경쟁심	지도력	논리적인 사고력	보호하기	독립성
보건복지 매니저	░	▓	▓	▓	░
간호사 ↑ # ®	░	▒	▓	▓▓	▓
정신과 의사/심리학자 ↑ $	░	▒	▓	▓▓	▓
수의사 ↑ ®	░	▒	▓▓	▓	▓

정보통신 기술

	경쟁심	지도력	논리적인 사고력	보호하기	독립성
컴퓨터 시스템 분석가 ↑ $ ®	□	□	▓▓	□	░
데이터베이스 관리자 ↑ $ ®	░	□	▓▓	□	▓
컴퓨터 지원/업무지원 센터 담당	□	░	▓	▓	▓
정보 시스템 매니저 ↑ $	░	▓	▓▓	□	▓
정보통신 기술지원 엔지니어	□	░	▓	▓	▓
네트워크/시스템 관리자 ↑ $ ®	░	░	▓	░	▓
보안 전문가 ↑	░	□	▓	░	▓
소프트웨어 개발자 ↑ $ ®	░	□	▓▓	░	▓
기술경영 임원 $ ®	▓▓	▓▓	▓	░	□
테스트 전문가/품질 보증 전문가 ®	░	□	▓	░	░

문학, 예술 및 연예

	경쟁심	지도력	논리적인 사고력	보호하기	독립성
배우	▓▓	□	░	□	░
에이전트(예술가, 공연자, 운동선수)	▓▓	▓	▓▓	▓▓	░
미술 감독	░	▓	░	□	░
예술가(화가, 사진작가, 조각가 등)	░	□	░	□	▓▓
감독(연극, 영화)	░	▓▓	▓	░	▓
기자(중대 뉴스)	▓▓	▓	▓	░	▓
기자(인간적인 관심)	▓	░	▓	░	▓
기자(여론)	▓	░	▓▓	▒	▓
편집장 $	░	▓▓	▓	░	▓
음악가(작곡가, 성악가, 악기 연주자)	▒	□	░	□	▓▓
음악가(지휘자)	▓▓	▓▓	░	░	▓▓
작가(서정시, 논픽션, 소설, 시, 대본)	░	░	▒	□	▓▓

수학, 공학 및 산업과학

직업	경쟁심	지도력	논리적인 사고력	보호하기	독립성
수학자	···	···	■■■	□	■■
엔지니어					
우주항공 기술자 $	■■	···	■■■	□	■■
생체의학 기술자 ↑ $	■■	···	■■■	■■	■■
컴퓨터 하드웨어 기사 $	■■	···	■■■	□	■■
전기 기사 $ ®	■■	□	■■■	□	■■
환경 기사 ↑ ®	■■	□	■■■	■■	■
기계 기사 ®	■■	□	■■■	□	■■
핵 기술자 $	■■	□	■■■	□	■■
석유화학 기술자 $	■■	□	■■■	□	■■
제품안전 기사	□	···	■■■	■■	■■
과학자					
대기 과학자 $	■	···	■■■	□	■■
생물학자	■	□	■■■	□	■■
화학자	■	□	■■■	□	■■
환경 과학자 ↑ ®	■	□	■■■	■■	■■
전염병 학자	■	···	■■■	■■	■■
연구부 매니저(후배 과학자 멘토 혹은 기금 조성을 위한 홍보 활동) $	■■	■■■	■■	■■	■
재료 과학자 및 기술자(나노 기술)	■■	···	■■■	□	■■
물리학자 $	■	···	■■■	□	■■
사회 과학자	■	···	■■■	□	■■

서비스 산업

직업	경쟁심	지도력	논리적인 사고력	보호하기	독립성
바텐더	□	□	□	■	■■
경호원	■■	■■	□	■■■	■■
경비원	■	■■	□	■■■	■■
요리사	■■	■■■	■■	□	■■
보육교사/보모 #	□	■■■	□	■■■	■
게임 감독자, 조사관 ↑ ®	■	■■■	■■	■■	■
헤어 스타일리스트, 이발사	■	□	□	■	■■■
호텔/숙박 매니저	■■	■■■	■■	■■	■
손해사정인	□	□	■■	□	■■

서비스 산업(계속)

직업	경쟁심	지도력	논리적인 사고력	보호하기	독립성
인테리어 디자이너	중				진
조경 관리 매니저 ↑	연	중			진
마사지 치료사 ®					진
식당/제과점 직원 #					
가게/식당 매니저 #	연	진		연	

영성 분야

직업	경쟁심	지도력	논리적인 사고력	보호하기	독립성
명상/요가 지도자					연
종교 지도자(사제, 이맘, 목사, 승려, 랍비 등) ®	연	진	중	진	연

제복입는 직업

직업	경쟁심	지도력	논리적인 사고력	보호하기	독립성
전투팀 리더	연	진	연	중	중
부대 지휘관	중	중	연	중	중
보병 지휘관		중	연	중	중
함대 선장		중	중	중	중
계약 협상가	중	중		연	⋯
교관	중	중		연	연
소방관(비행 소방관)	연		연	중	
승무원		연		연	
국외 군대 참모(그린 베레모)	연	중		연	중
장군/제독	중	중	연	중	중
용병	중	연			진
조종사(비행기, 부조종사, 전투기 조종사, 비행기 기술자) $	연	⋯	중	연	⋯
조종사(고속도로 순찰대) ↑		⋯	중	연	⋯
안내인 ↑	중	진	연	중	
경찰관	중	연	중	중	
운송 매니저		연	중		

그 밖의 분야들

직업	경쟁심	지도력	논리적인 사고력	보호하기	독립성
항공 교통 관제사 $	□	■	■	■	■
동물 조련사 ↑	▨	■	□	▨	■
운동선수	■	·	·	·	▨
선수 코치	■	■	▨	▨	▨
운동 행사 기획가	▨	▨	▨	□	▨
코치(커리어, 경영자, 라이프)	▨	■	■	▨	▨
환경과학 및 환경보호 기술자 ↑ ®	□	▨	■	■	■
농부, 농장주 #	▨	▨	▨	■	■
발명가	·	·	·	·	■
판사 $	▨	■	■	□	■
법률가(특히 법인변호사, 개인상해) $	■	▨	■	▨	■
유지 및 보수 관리자 # ®	□	□	▨	▨	▨
정비공(항공기, 자동차, 모터보트, 원양어선)	□	□	▨	■	▨
전업 부모	·	■	■	■	▨
보관 및 배송 매니저	▨	▨	▨	▨	□
운송 조사관	□	□	■	▨	▨
운송 매니저	■	▨	■	▨	■

3단계: 현실적 고려 사항

표를 살펴본 후 직업 분류표에서 다음 기호를 확인하여 자신이 선호하는 직업이 급여와 안정성 면에서 자신의 필요에 일치하는지 확인하십시오.

> ↑ = 장래가 유망한 직업
> $ = 고연봉 직업
> # = 구직 기회가 많은 직업
> ® = 불경기에 영향을 받지 않는 직업

주장하는 유형에 대한 더 많은 직업적 아이디어는
즐거움을 추구하는 유형과 평화를 추구하는 유형의
추천 목록을 참고하십시오.

9. 평화를 추구하는 유형을 위한 와겔리와 스테브의 진로 파인더

인정받는 직업을 추구하면서 내면의 평온을 유지하기 위한 다양한 방안 중 몇 가지를 소개합니다. 간단히 3단계를 거쳐 진로를 정할 수 있습니다. 먼저 자신의 강점을 평가하고, 다음 표에서 자신이 꿈꿔온 직업을 선택한 뒤 몇 가지 현실적인 문제를 생각하십시오. 충분히 가치 있는 결과를 얻을 것입니다. 아래 안내에 따라 자신의 주요 강점을 파악하십시오. 그런 다음 찾아낸 강점을 진로에 연결하고, 그 중 어느 것이 가장 큰 열정을 불러일으키는지 지켜보면서 자신을 관찰하십시오.

표의 질문들은 자신의 성향에 알맞은 직업 선호도를 만족시키기 위해 설계되었습니다. 만약 확실히 답하기 어렵다면 처음의 선택을 유지하는 것이 좋습니다. 조금 혼란스럽더라도 걱정하지 마십시오. 어느 정도의 혼란은 더 자유로운 선택을 하도록 도와줍니다. 깊이 생각하지 말고 1단계와 2단계를 빠른 속도로 진행해보십시오.

직업 분류표 사용 안내

1단계: 강점 찾기

먼저 다섯 가지의 강점을 읽고 자신과 관련 있다고 생각하는 정도에 따라 평가한 다음 마지막에 있는 표에 선호하는 순서대로 배열하십시오.

참고: 모든 성격 유형은 모든 직업을 가질 수 있습니다. 이 직업 분류표에 제시된 내용이 절대적인 것은 아니므로, 다섯 가지 강점을 얼마나 잘 사용하는지에 따라 진로를 더 자세히 조사해 보기 바랍니다.

반복에 대한 수용력
한 가지 일을 반복해서 할 수 있는 정도와 일관성을 나타내는 능력이 얼마나 됩니까?   낮음 1 2 3 4 5 높음

공감
다른 사람의 태도를 이해하고 감정을 느끼기 위해 얼마나 경청합니까?   낮음 1 2 3 4 5 높음

중재
서로 다른 당사자들이 협상하는 것을 돕거나 서로의 관점을 볼 수 있는 능력이 얼마나 됩니까?   낮음 1 2 3 4 5 높음

정보 통합능력
다양한 형태의 정보를 검토하고 연구하며 더 넓은 시각에서 서로 연관시킬 수 있는 능력이 얼마나 됩니까?   낮음 1 2 3 4 5 높음

협동 작업
공동의 목적을 위해 함께 행동하는 그룹과 얼마나 잘 협력합니까?   낮음 1 2 3 4 5 높음

이제 자신의 강점을 A에서 E까지 중요도에 따라 순위를 매기십시오. A가 가장 강력한 특성입니다. 그 후 예시와 같이 각 강점 아래 ☐에 중요도 순위를 써보십시오.

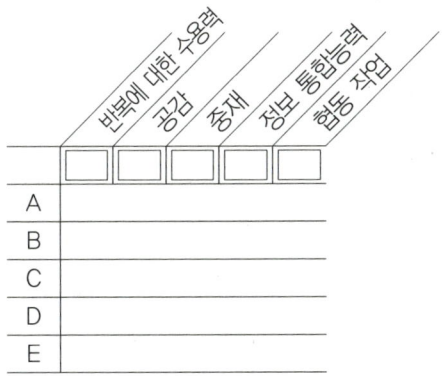

	반복에 대한 수용력	공감	중재	정보 통합능력	협동 작업
	☐	☐	☐	☐	☐
A					
B					
C					
D					
E					

예시

	반복에 대한 수용력	공감	중재	정보 통합능력	협동 작업
	D	A	C	E	B
A	공감				
B	협동 작업				
C	중재				
D	반복 수용력				
E	정보 통합능력				

2단계: 가장 선호하는 직업 찾기

다음에 나올 직업 분류표에서 자신의 주요 강점에 대해 가장 높은 등급으로 표시된 항목부터 확인하십시오. 표에 있는 직업 중 특별히 끌리는 직업이 있다면 그것을 적으십시오. 가장 흥미롭게 느껴지는 직업을 4개까지 아래에 적으십시오.

직업 _____

직업 _____

직업 _____

직업 _____

핵심: 이 표는 다섯 가지 강점이 각 분야에서 활용되는 수준을(이 직업을 가진 적이 있는 사람들의 관점에서) 보여줍니다.

활용도 매우 높음	■
활용도 높음	■
활용도 약간 높음	▢
활용도 낮음	☐
경우에 따라 다름	⋮⋮⋮

비즈니스

직업	반복에 대한 수용력	공감	중재	정보 통합능력	협동 작업
회계사(개인고객 상담 공인회계사)	■	▣	□	▣	▣
회계업무 담당(기업 회계, 예산 분석 등) # ®	■	□	□	▣	▣
공증인 ↑	■	□	□	■	▣
업무 비서 # ®	■	▣	▣	▣	■
중역 비서 # ®	■	▣	▣	▣	■
광고 전문가	▣	▣	▣	▣	▣
회계감사(기업감사 업무를 수행하는 대형 법인소속 공인회계사) #	■	□	□	■	▣
은행원(특히 지역 개발 관련)	▣	■	▣	▣	▣
사업 분석가(소프트웨어 실행) $ # ®	▣	□	□	■	■
물품구매 업무(도소매)	▣	▣	▣	▣	▣
CEO	▣	□	▣	■	■
준법 감시인(중개업, 의료서비스) ↑	■	□	▣	■	▣
고객지원 담당 # ®	■	▣	▣	▣	▣
경제학자	▣	□	▣	■	▣
창업가	⋯	⋯	⋯	■	⋯
재무/회계 임원 $ ®	▣	▣	▣	■	▣
재무 담당(기업) # ®	■	▣	▣	■	▣
재정 고문 ↑	▣	▣	▣	■	▣
인적 자원 관리	■	■	■	▣	▣
투자 은행가/벤처자본가 $	□	▣	▣	■	▣
경영 분석가 ↑ $ # ®	▣	▣	□	■	▣
경영 컨설턴트 $	□	▣	▣	■	▣
마케팅 매니저 $	▣	▣	▣	■	▣
시장 조사 전문가	▣	▣	▣	■	▣
조직 심리 컨설턴트(인적자원부서 소속) $	■	■	▣	■	▣
제품담당 매니저 $ ®	□	▣	▣	■	▣
프로젝트 매니저 $ ®	▣	▣	▣	▣	■
부동산 중개인	▣	▣	▣	▣	▣
채용 전문가 ®	■	▣	▣	▣	▣
관계 매니저	■	■	■	▣	▣
은행원(창구직원, 판매대리인 등) #	■	▣	▣	▣	▣
영업직/사업개발 매니저 # ®	▣	▣	▣	▣	■
영업담당 임원 $ ®	▣	■	■	▣	■
중소기업주	⋯	⋯	⋯	■	⋯

범례: ■ 진한 파랑 (강함) · ▨ 중간 파랑 · ▢ 연한 파랑 · □ 없음 · ⋯ 점선

비즈니스(계속)

직업	반복에 대한 수용력	공감	중재	정보 통합능력	협동 작업
세무사	▨	▢	□	▢	□
교육 및 개발 매니저 $	▢	▨	▢	▢	▢
웹 디자이너(그래픽, 사용자 인터페이스) $	□	▢	▢	▢	□

건설 및 제조

직업	반복에 대한 수용력	공감	중재	정보 통합능력	협동 작업
건축물 감독관 ↑	▢	□	▢	▢	□
목수(목공과 관련된 빌딩 기술자) #	■	□	□	□	⋯
건설 매니저	▢	□	□	▢	■
현장소장	▢	□	□	▢	■
물류 관리사(운영 및 자재 코디네이터) ↑	▢	□	□	▢	▢
공장장	▢	□	□	▢	■

교육

직업	반복에 대한 수용력	공감	중재	정보 통합능력	협동 작업
상담가	▢	■	■	▢	⋯
교육 행정가 ↑	▢	▢	▢	▢	▢
교육 연구가	▢	▢	□	■	▢
교수	▢	▢	▢	■	▢
교사(초중등) ® ; (중등과정 이후) ↑	⋯	■	▢	▢	▢

정부 및 비영리 기관

직업	반복에 대한 수용력	공감	중재	정보 통합능력	협동 작업
행정 서비스 매니저	▢	□	▢	▢	▢
도시 계획가	▢	□	▢	■	▢
토목 서비스 사무원	■	□	□	▢	▢
법원 서기 ↑	■	□	□	▢	▢
사무국장(비영리 기관)	▢	□	▢	▢	▢
정부 계약 행정관 ®	▢	□	▢	■	▢
고위 공무원 $	▢	□	▢	■	■
정치가(시의회 의원, 도지사, 구청장, 시장 군수, 국회의원)	▢	□	▢	▢	▢
프로그램 매니저(비영리 기관과 정부)	▢	□	▢	▢	▢
사회 및 복지 담당 ↑ ®	■	■	□	▢	▢
재무 담당자/감사관 $	▢	□	▢	■	▢
재무부/감사원 담당 직원	▢	□	▢	■	▢

의료 서비스

직업	반복에 대한 수용력	공감	중재	정보 통합능력	협동 작업
척추 지압사 ↑	연청	청	백	청	백
상담사/사회복지사 ↑ # ®	백	청	연청	연청	점선
치위생사 ↑ ®	청	연청	백	백	백
치과의사 $	연청	백	백	연청	청
의사(특히 마취과 의사, 지역 보건의, 산부인과 의사, 소아과 의사, 공중보건의) $	연청	청	백	청	점선
보건복지 매니저	연청	청	연청	청	연청
호스피스 직원	연청	청	백	백	점선
실험실 기사 ↑	청	백	백	연청	연청
마사지 치료사, 물리치료사	연청	청	백	백	연청
간호사 ↑ # ®	청	청	연청	연청	청
개인/자택 요양 보조원 ↑ #	청	청	백	백	연청
약사 $ ®	청	백	백	연청	연청
약 조제사 ↑	청	연청	백	연청	연청
물리 치료사 ↑ ®	청	청	백	연청	연청
정신과 의사/심리학자(특히 결혼문제 카운셀러) ↑ $	연청	청	청	청	백
수의사 ↑ ®	연청	청	백	청	백

정보통신 기술

직업	반복에 대한 수용력	공감	중재	정보 통합능력	협동 작업
컴퓨터 시스템 분석가 ↑ $ ®	연청	백	연청	청	연청
데이터베이스 관리자 ↑ $ ®	연청	백	백	청	연청
컴퓨터 지원/업무지원 센터 담당	청	백	청	청	청
정보 시스템 매니저 ↑ $	연청	백	연청	청	청
정보통신 기술지원 엔지니어	연청	백	백	청	연청
네트워크/시스템 관리자 ↑ $ ®	백	백	백	연청	연청
보안 전문가 ↑	연청	백	백	연청	연청
소프트웨어 개발자 ↑ $ ®	연청	백	백	청	연청
기술경영 임원 $ ®	백	백	연청	청	청
테스트 전문가/품질 보증 전문가 ®	청	백	연청	연청	연청

문학, 예술 및 연예

직업	반복에 대한 수용력	공감	중재	정보 통합능력	협동 작업
배우	청	청	백	청	청
에이전트(예술가, 공연자를 위한)	연청	백	청	청	백

문학, 예술 및 연예(계속)

직업	반복에 대한 수용력	공감	중재	정보 통합능력	협동 작업
건축가	□	■	■	■	■
미술 감독(마케팅 부서, 독립 스튜디오)	▨	▨	▨	□	▨
장인/공예가	▨	□	□	▨	▦
예술가(화가, 사진작가, 조각가 등)	□	▨	□	■	□
상업 미술가(그래픽 디자이너, 제품 디자이너 등)	▨	▨	□	▨	▨
카피라이터(광고, 브로셔, 웹사이트)	▦	▨	□	▨	▦
평론가(서적, 영화, 음악, 연극, 음식 등)	▨	▨	□	■	□
감독(연극, 영화, 라디오, TV)	▦	■	■	■	■
편집자(원고, 서적, 신문)	■	■	■	■	■
영화 편집자	▦	▨	■	■	■
삽화가, 만화가	▨	□	□	▦	▦
기자(중대 뉴스)	□	▨	▨	■	□
기자(인간적인 관심)	□	■	▨	▨	□
기자(여론)	□	▨	▨	■	□
멀티미디어 예술가, 만화영화 제작자 ↑	▨	▨	□	▨	▦
음악가(어느 매체이든, 예,블루그래스/클래식)	■	▨	□	▦	□
사진작가(광고, 이벤트, 보도사진, 인물사진, 웨딩)	■	□	□	▨	□
전문기술 저술가 ↑	▦	□	□	■	▦
작가(가사, 논픽션, 소설, 시, 대본)	□	▨	□	■	▦

수학, 공학 및 산업과학

직업	반복에 대한 수용력	공감	중재	정보 통합능력	협동 작업
수학자	□	□	□	■	□
엔지니어					
우주항공 기술자 $	■	□	▦	■	▨
생체의학 기술자 ↑ $	■	□	▦	■	■
전기 기사 $ ®	■	□	□	■	■
환경 기사 ↑ ®	■	□	▦	■	■
기계 기사 ®	■	□	□	■	■
제품안전 기사	■	□	▦	■	■
과학자					
대기 과학자 $	■	□	□	■	▦
생물학자	▨	□	□	■	■
화학자	▨	□	□	■	■
환경 과학자 ↑ ®	■	□	□	■	■

	반복에 대한 수용력	공감	중재	정보 통합능력	협동 작업

수학, 공학 및 산업과학(계속)

직업	반복에 대한 수용력	공감	중재	정보 통합능력	협동 작업
전염병 학자	■	□	□	■	▦
연구부 매니저(후배 과학자 멘토 혹은 기금 조성을 위한 홍보 활동) $	■	■	■	■	■
재료 과학자 및 기술자(나노 기술)	■	□	□	■	▦
물리학자 $	■	□	□	■	▦
사회 과학자	■	■	▣	■	▣

서비스 산업

직업	반복에 대한 수용력	공감	중재	정보 통합능력	협동 작업
바텐더	■	▣	□	□	▦
요리사	■	▣	□	■	▣
보육교사/보모 #	■	■	▣	□	▣
게임 감독자, 조사관 ↑ ®	■	▣	□	▦	■
헤어 스타일리스트, 이발사	■	▣	□	▣	■
호텔/숙박 매니저	■	□	▣	▣	▦
마사지 치료사 ®	■	■	□	▣	■
개인관리 도우미	■	▣	□	▣	■
식당/연회장/제과점 직원 #	■	▣	□	□	■
피부관리 전문가 ↑	■	▣	□	▣	■
가게/식당 매니저 #	■	▣	▣	■	▦
트레이너(운동 선수, 체력 단련, 개인 지도) ↑	■	■	▣	▣	■
여행사 직원	■	▣	□	■	▣

영성 분야

직업	반복에 대한 수용력	공감	중재	정보 통합능력	협동 작업
장례지도사	■	■	■	■	■
명상/요가 지도자	■	▣	□	▣	▦
수도승, 수녀, 요가 수행자	■	▣	▦	▦	▣
종교 지도자(사제, 이맘, 목사, 승려, 랍비 등) ®	■	■	■	■	■

제복입는 직업

직업	반복에 대한 수용력	공감	중재	정보 통합능력	협동 작업
우주 비행사	■	□	□	■	■
참모장	□	▣	■	■	▣
부대 지휘관	▣	■	■	■	■

제복입는 직업(계속)

직업	반복에 대한 수용력	공감	중재	정보 통합능력	협동 작업
승무원(보트, 헬리콥터, 다발 엔진 항공기, 선박 등)	■				■
기회 균등 전문가		■	▨	■	
승무원	■		▨		■
공동 서비스/국제적인 스탭 멤버				■	
조종사(비행기, 부조종사, 전투기, 항공 기관사) $	■			■	
조종사(고속도로 순찰대) ↑	■				
경찰관	▨	▨	■		
서비스 지원 하사관(보급, 수송 등)	▨				■
팀 코디네이터(전투 물류 계획)	▨				

그 밖의 분야들

직업	반복에 대한 수용력	공감	중재	정보 통합능력	협동 작업
항공 교통 관제사 $	■			■	■
동물 조련사 ↑	■	■		▨	
운동선수	■			⋯	⋯
선수 코치	▨				■
코치(커리어, 경영자, 라이프)	▨	■			■
환경과학 및 환경보호 기술자 ↑ ®	▨				
통역사/번역가 ↑		■	■	■	▨
발명가	⋯	⋯		■	⋯
판사 $			■		⋯
변호사(특히 중재) $			■	■	
사서	■			▨	
유지 및 보수 관리자 # ®	■				⋯
정비공(항공기, 자동차, 모터보트, 원양어선)	■			⋯	⋯
준법률가 ↑	■			▨	▨
전업 부모	■	■			■
측량사 ↑	■				▨
운송 조사관	■			▨	⋯

3단계: 현실적 고려 사항

표를 살펴본 후 직업 분류표에서 다음 기호를 확인하여 자신이 선호하는 직업이 급여와 안정성 면에서 자신의 필요에 일치하는지 확인하십시오.

> ↑ = 장래가 유망한 직업
> $ = 고연봉 직업
> # = 구직 기회가 많은 직업
> ® = 불경기에 영향을 받지 않는 직업

평화를 추구하는 유형에 대한 더 많은 직업적 아이디어는
주장하는 유형과 완벽을 추구하는 유형의
추천 목록을 참고하십시오.

The Career Within You

11장

작업 환경에서 고려해야 할 기본 사항

이제 유형을 찾았다면 자신의 현재 상황을 살펴보십시오. 지금 일이 잘 맞는다면 무엇이 좋고 싫은지 찬찬히 따져보십시오. 사회에 나가기 위해 준비하는 학생이라면, 롤 모델이나 가장 존경하는 교사 또는 지인이 어떤 이유로 그 직업을 가졌는지 알아보십시오. 새로운 일자리를 찾는다면, 경험해 보지 않은 일 중 어떤 것에 도전할 수 있습니까? 지금 하는 일에 작은 변화가 필요합니까? 아니면 완전히 색다른 일을 찾고 싶습니까?

이번 장에서는 각 유형의 특성이 어떤 직업과 잘 맞는지 몇 가지 예를 중점적으로 살펴보겠습니다. 그 후 유형별로 직업 만족도를 높이기 위해 가장 중요한 것이 무엇인지 명확하게 파악하는 직무 적합성 점검표를 작성해 보십시오. 다음으로 근무시간이나 보상과 같은 일반적인 조건을 평가하여 최종적으로 자신만의 〈구직 우선순위 10가지〉를 정할 것입니다.

사람들 대부분은 일을 통해 보수, 사람들과의 소속감, 열정이나 흥미를 발휘할 기회를 얻고 싶어 합니다.

1. 완벽을 추구하는 유형에게 알맞은 환경

완벽을 추구하는 유형 중 일부에게는 자신의 높은 이상을 실현할 기회가 중요한데 그 기회는 다양한 형태로 옵니다. 누군가는 세부 사항을 완벽하게 만드는 것을 선호합니다. 또 다른 사람은 작업 환경을 조성하거나 조직을 구축하는 것에 신경을 씁니다. 다음은 이들 유형에게 적합한 직업 사례입니다.

1) 공인 회계사
세부 사항에 관심 두기

삭개오는 공인 회계사가 된 이후 고객 교육을 맡았습니다. 그는 사람들을 가르쳐 한 사람씩 나아지게 합니다. 일의 회계적 측면이 세부 사항에 집중하는 그의 관심과 잘 맞았습니다. 몇 년이 지난 후 그는 대형 회계법인에서 관리직을 맡게 되었습니다.

2) 비영리 단체의 프로젝트 관리자
관계를 맺고 조직 기술 사용하기

모세는 마사지사가 되고 싶어서 천 시간 이상 실습하는 고가의 전문 교육기관을 졸업했습니다. "그 학교는 뛰어난 기술을 가르쳤고, 실습 상대 학생들은 매력적이고 젊었으며 건강했습니다. 그러나 실제로 손님을 마사지하는 순간, 손으로 몸을 만지는 자체가 불편하다는 것을 깨달았습니다." 이제 모세는 비영리 단체의 프로젝트 관리자로 단체의 사명을 따라 변화하도록 만드는 일을 잘하고 있습니다. 그의 강력한 조직 능력을 최대한 활용했으며, 아주 오랜 시간 일해 오면서 여러 번의 승진도 했습니다.

3) 언어 치료사

열정을 따르고 개선하기

쥬리는 아이들에게 관심이 있고 전문성을 적절히 발휘하여 그들이 발전하는 모습을 보고 싶어 합니다. 그녀는 발달이 느리거나 선천적 결함을 가진 아이들을 상대합니다. 내성적인 기질을 가진 그녀는 고요한 곳에서 아이와 일대일로 말하는 것이 적성에 잘 맞는다는 것을 발견했습니다. 그녀는 도시에 있는 사설 언어 치료실에서 일하다가 정부 주관 유아 교육 프로그램을 진행하는 지방의 근무지로 옮겼습니다. 일할 때는 자신의 정확성을 발휘하며, 일을 마친 후에는 나무가 우거진 멋진 집에서 예술 작업을 합니다.

이제 자신의 성격에 가장 적합한 일을 찾기 위해, 지금까지 경험했던 직업을 살펴보거나 미래에 해보고 싶은 일을 떠올려 비교해 보십시오. 다음 직무 적합성 점검표에 각각의 직업이 다섯 가지 항목별로 얼마나 적합한지 평가하고 각 열의 점수를 더하십시오. 가장 점수가 높은 직업은 무엇입니까? 이 작업은 직업 만족을 위한 요건을 알 수 있도록 설계되었습니다. 이 장의 마지막에서 자신만의 구직 우선순위를 찾는 데 도움이 될 것입니다.

직무 적합성 점검표 1유형: 완벽을 추구하는 사람

다음 점검표를 활용해 지금까지 경험했거나 앞으로 해보려고 생각 중인 세 가지 직업을 항목별로 비교해 보십시오. 각 항목에 1부터 5까지 점수를 매긴 후에 합계를 내십시오.

	직업 1: _____	직업 2: _____	직업 3: _____
나의 이상을 어느 정도 발휘할 수 있습니까?	1 2 3 4 5	1 2 3 4 5	1 2 3 4 5
자기 개선을 위한 노력에 얼마나 많은 지원을 받습니까?	1 2 3 4 5	1 2 3 4 5	1 2 3 4 5
관리자와 동료는 얼마나 열심히 일합니까?	1 2 3 4 5	1 2 3 4 5	1 2 3 4 5
깔끔함과 질서가 어느 정도 유지됩니까?	1 2 3 4 5	1 2 3 4 5	1 2 3 4 5
기준이 명확합니까?	1 2 3 4 5	1 2 3 4 5	1 2 3 4 5
합계			

2. 도와주는 유형에게 알맞은 환경

도와주는 유형의 일부는 남을 빛나게 함으로써 필요한 존재가 되며, 감사 인사를 받는 것에 가치를 둡니다. 이 유형 중 어떤 사람은 남을 돌보거나 조언해 주는 일을 선호하며, 또 다른 사람은 조직의 핵심이 되기를 바라기도 합니다. 다음은 이들 유형에게 적합한 직업 사례입니다.

1) 비서실장
조직 내 필수 역할을 맡아 섬기기

찰스는 비영리 활동과 해외 봉사를 포함한 여러 진로를 고려하다가, 비영리 단체의 주요 기부자로서 가장 큰 영향을 끼칠 수 있다고 판단하여 투자 은행에서 경력을 쌓았습니다. 경제적으로 여유가 생긴 후 공직에 들어갔고, 하원의원 후보자들의 선거운동 기금을 모았습니다. 그런 다음 그는 국토 안보부를 도와 방위군 병력 배치를 조정하고 백악관 및 의회와 정보를 잘 주고받을 수 있도록 개선했습니다. 국토 안보부의 비서실장이 되어 장관의 신뢰를 받았으며 경쟁 부서들이 성공적으로 협력하도록 도왔습니다.

2) 독립작가 컨설턴트
관계를 맺은 사람이 성공하도록 돕기

마르다는 고등학교 진로의 날 행사 때 어떤 기자의 연설에 공감이 되었지만, 오랜 시간이 지날 때까지 자신도 글을 쓸 수 있다고 생각하지 못했습니다. 그러다가 아이들이 학업 면으로 자신감을 키울 수 있도록 돕는 사업체에서 일하는 동안 방대한 교재를 저술했습니다. 그 후에는 소프트웨어 회사에서 마케팅 이사들이 홍보물을 보다 설득력 있게 표현하도록 도왔습니다. 글 쓰는 이력을 잘 쌓은 후 독립적인 컨설턴트가 되었습니다. 이제 그녀는 의뢰인의 말을 경청한 후 그가 하고자 하는 이야기를 쓰고 그의 취향에 알맞게 쓰였는지 다시 확인하는 일을 합니다.

3) 심리 치료사

열정을 갖고 사람들을 상담하기

심리 치료사를 만난 이후, 요한은 치료 분야에서 경력을 쌓고 싶다는 영감을 받았습니다. 내담자를 인터뷰하고 격려하며 성장하는 모습을 관찰할 기회가 있는 동시에 지적인 도전을 받을 수 있다는 점이 그에게 아주 적합했습니다. 도심에서 만성 중독자들을 상대했던 그는 이제 직업, 관계 문제를 주로 다루는 심리 치료실을 운영합니다. 그는 내담자에 대해 순수한 사랑과 긍휼을 느낄 수 있는 분야에서 일하는 자체를 좋아합니다.

이제 자신의 성격에 가장 적합한 일을 찾기 위해, 지금까지 경험했던 직업을 살펴보거나 미래에 해보고 싶은 일을 떠올려 비교해 보십시오. 다음 직무 적합성 점검표에 각각의 직업이 다섯 가지 항목별로 얼마나 적합한지 평가하고 각 열의 점수를 더하십시오. 가장 점수가 높은 직업은 무엇입니까? 이 작업은 직업 만족을 위한 요건을 알 수 있도록 설계되었습니다. 이 장의 마지막에서 자신만의 구직 우선순위를 찾는 데 도움이 될 것입니다.

직무 적합성 점검표 2유형: 도와주는 사람

다음 점검표를 활용해 지금까지 경험했거나 앞으로 해보려고 생각 중인 세 가지 직업을 항목별로 비교해 보십시오. 각 항목에 1부터 5까지 점수를 매긴 후에 합계를 내십시오.

	직업 1: _____	직업 2: _____	직업 3: _____
사람들의 삶에 얼마나 많은 변화를 줄 수 있습니까?	1 2 3 4 5	1 2 3 4 5	1 2 3 4 5
나의 기여에 대해 얼마나 감사를 받을 수 있습니까?	1 2 3 4 5	1 2 3 4 5	1 2 3 4 5
회사의 요구사항에 얼마나 잘 부합할 수 있습니까?	1 2 3 4 5	1 2 3 4 5	1 2 3 4 5
회사는 직원을 얼마나 소중하게 대합니까?	1 2 3 4 5	1 2 3 4 5	1 2 3 4 5
근무환경이 얼마나 매력적이고 좋습니까?	1 2 3 4 5	1 2 3 4 5	1 2 3 4 5
합계			

3. 성취를 추구하는 유형에게 알맞은 환경

성취를 추구하는 유형 중 일부에게는 업무가 자신의 명성을 높이거나 성장 기회를 제공하는 것이 중요합니다. 이 유형 중 어떤 사람은 일을 더 잘하는 것에 가치를 두며, 또 다른 사람은 경제적 보상에 가장 관심을 가집니다. 다음은 이들 유형에게 적합한 직업 사례입니다.

1) 경영자 코치
효율성 높이기

느헤미야는 대학 기숙사 리더로 시작하여 포춘지 선정 500대 기업 대표를 위한 경영진 코칭의 첨단 분야에서 성공적인 명성을 구축했습니다. 애플사와 계약한 것이 첫 번째로 한 큰 계약이었고 그 후 썬 마이크로시스템즈, 휴렛 팩커드, 인텔 등에서 몇 년간 코칭을 했습니다. 그는 기업 문화 속에서 사람들을 파악한 후, 함께 일하는 데에 더 효과적인 방법을 찾도록 돕습니다.

2) 방사선과 과장
존중받는 리더

리처드는 주변 사람들의 생각에 영향을 받았습니다. 부모님의 격려로 의사가 되었고 합리적인 의료 서비스를 중요시하는 병원에 들어가 15년간 방사선과 과장으로 근무했습니다. 처음에는 시스템과 세상을 변화시키려고 노력했는데, 이제는 유방에 의심스러운 혹이 생겨서 어떻게 해야 할지 결정해야 하는 여성을 도와주는 것만으로도 세상에 충분히 의미 있는 영향을 줄 수 있음을 깨달았습니다. 그는 단순히 진단만 하는 사람이 아니라 치유하는 사람이 되었습니다.

3) 최고 운영 책임자에서 교수로

열정을 따르며 성취하기

리사는 스탠포드 대학에서 근대 사상과 문학을 전공하여 4년 만에 학사와 석사 학위를 받은 후, 우수 졸업생으로서 어린이 학습 센터 부원장에 바로 채용되었습니다. 이 학습 센터는 미래의 리더가 될 아이들을 가르쳤습니다. 그녀는 아이들을 위한 새로운 서비스를 개발했는데 그 서비스가 교육사업 수익모델의 초석이 되었습니다. 이 회사는 고등학교 과외 사업을 인수했고, 리사는 25세에 최고 운영 책임자로 승진했습니다. 그러나 이 일은 그녀의 소명이 아니었기에 시 공모전에서 상을 받은 후, 비교문학 박사과정에 들어갔습니다. 현재 그녀는 대학 뉴미디어센터 종신교수로 일하면서 관리직 경력도 살리고 문학적 열정도 함께 발휘하고 있습니다.

이제 자신의 성격에 가장 적합한 일을 찾기 위해, 지금까지 경험했던 직업을 살펴보거나 미래에 해보고 싶은 일을 떠올려 비교해 보십시오. 다음 직무 적합성 점검표에 각각의 직업이 다섯 가지 항목별로 얼마나 적합한지 평가하고 각 열의 점수를 더하십시오. 가장 점수가 높은 직업은 무엇입니까? 이 작업은 직업 만족을 위한 요건을 알 수 있도록 설계되었습니다. 이 장의 마지막에서 자신만의 구직 우선순위를 찾는 데 도움이 될 것입니다.

직무 적합성 점검표 3유형: 성취를 추구하는 사람

다음 점검표를 활용해 지금까지 경험했거나 앞으로 해보려고 생각 중인 세 가지 직업을 항목별로 비교해 보십시오. 각 항목에 1부터 5까지 점수를 매긴 후에 합계를 내십시오.

	직업 1: _____	직업 2: _____	직업 3: _____
승진할 기회가 얼마나 있습니까?	1 2 3 4 5	1 2 3 4 5	1 2 3 4 5
할 일이 많습니까?	1 2 3 4 5	1 2 3 4 5	1 2 3 4 5
내 평판을 얼마나 높일 수 있습니까?	1 2 3 4 5	1 2 3 4 5	1 2 3 4 5
얼마나 많은 명성을 얻을 수 있습니까?	1 2 3 4 5	1 2 3 4 5	1 2 3 4 5
잠재적인 보상이 얼마나 큽니까?	1 2 3 4 5	1 2 3 4 5	1 2 3 4 5
합계			

4. 독특함을 추구하는 유형에게 알맞은 환경

독특함을 추구하는 유형 중 일부에게는 긍휼함이 가장 중요합니다. 이 유형 중 어떤 사람은 의미 있는 작업, 창의성, 아름다움을 소중한 가치로 둡니다. 다음은 이들 유형에게 적합한 직업 사례입니다.

1) 자원봉사에서 의미를 찾은 변호사
긍휼

　다윗은 법률 분야에 가길 원하지 않았지만, 그의 완고한 부모는 그를 어린 시절부터 이 분야에 적합하도록 훈련시켰습니다. 최고의 대학에 입학하고 로스쿨을 졸업한 후 변호사 시험에 합격하기까지 많은 시간 공부만 해야 했기에 긍휼의 마음을 억누르고 살았습니다. 중년이 되어서는 변호사로 세련된 삶을 누렸지만, 인생에 더 의미 있는 무엇이 필요했습니다. 그는 호스피스에서 많은 시간 자원봉사를 하였습니다. 죽어가는 사람과 관계를 형성하는 것은 긍휼한 마음을 실천하는 방법이었습니다. 시한부 환자를 데리고 즐겁게 소풍 가는 것과 같은 창의적이며 색다른 방식으로 사람들에게 접근했습니다.

2) 회사원에서 심리 치료사로
관계를 맺고 의미 있는 직업 갖기

　실비아는 할아버지 가게 회계 업무를 어릴 때부터 했기에 급여 및 기타 사무 작업에 뛰어났습니다. 대학 졸업 후 세금 관련 회사에서 10년간 일을 했지만, 간절히 다른 일을 원했습니다. 일이 잘 풀리지 않아 매우 예민해질 때면 울었습니다. 그녀는 사람들과 친밀해지는 것이 중요했기에 개인적 관계가 없는 큰 사무실에서 일하는 것은 힘들었습니다. 결국 그녀는 심리 치료사가 되었고 훌륭한 치료 기술로 사람들을 만나고 있습니다. 그녀는 사무 업무에 뛰어났지만, 자신을 알게 되고 자신의 감정적 필요를 이해한 후에는 다른 직업이 더 보람을 줄 수 있음을 알아차렸습니다.

3) 개척 목사

열정을 따르며 아름다움을 만들기

케이트의 아버지는 그녀를 차세대의 위대한 과학자로 키우고 싶었지만, 그녀는 영성에 더 관심이 있었으므로 모든 목사가 남성이었던 당시에 여성 목사로서 사역을 시작했습니다. 26년 동안 그녀는 교회 담임 목사로 독창성과 영성을 표현했습니다. 그녀가 주관하는 감동적인 예배에는 흥미로운 설교는 물론이고 조명, 춤, 배너, 사랑스러운 예배 음악이 모두 포함됩니다. 같은 이야기를 반복하기보다는 교인들이 새로운 방식으로 크리스마스를 이해할 수 있게 비유의 세부적인 내용까지 풀이했습니다. 교인들은 생각해 본 적 없는 설교에 감동했고 자신들에 대해 진심으로 성찰하게 되었습니다.

이제 자신의 성격에 가장 적합한 일을 찾기 위해, 지금까지 경험했던 직업을 살펴보거나 미래에 해보고 싶은 일을 떠올려 비교해 보십시오. 다음 직무 적합성 점검표에 각각의 직업이 다섯 가지 항목별로 얼마나 적합한지 평가하고 각 열의 점수를 더하십시오. 가장 점수가 높은 직업은 무엇입니까? 이 작업은 직업 만족을 위한 요건을 알 수 있도록 설계되었습니다. 이 장의 마지막에서 자신만의 구직 우선순위를 찾는 데 도움이 될 것입니다.

직무 적합성 점검표 4유형: 독특함을 추구하는 사람

다음 점검표를 활용해 지금까지 경험했거나 앞으로 해보려고 생각 중인 세 가지 직업을 항목별로 비교해 보십시오. 각 항목에 1부터 5까지 점수를 매긴 후에 합계를 내십시오.

	직업 1: _____	직업 2: _____	직업 3: _____
내 개성을 얼마나 자유롭게 표현할 수 있습니까?	1 2 3 4 5	1 2 3 4 5	1 2 3 4 5
환경과 분위기가 나와 얼마나 잘 맞을 수 있습니까?	1 2 3 4 5	1 2 3 4 5	1 2 3 4 5
의사소통할 때 얼마나 진정성이 있습니까?	1 2 3 4 5	1 2 3 4 5	1 2 3 4 5
얼마나 창의적일 수 있습니까?	1 2 3 4 5	1 2 3 4 5	1 2 3 4 5
나 혼자만의 시간을 얼마나 가질 수 있습니까?	1 2 3 4 5	1 2 3 4 5	1 2 3 4 5
합계			

5. 관찰하는 유형에게 알맞은 환경

관찰하는 유형 중 일부에게는 자신의 지식을 공유하는 기회가 가장 중요합니다. 이 유형 중 어떤 사람은 대단한 이슈를 연구하거나 공부하는 데 집중합니다. 또 다른 사람은 일자리에서 누릴 수 있는 독립성 정도에 관심이 있습니다. 다음은 이들 유형에게 적합한 직업 사례입니다.

1) 인터넷 검색 엔진 전문가
지식 공유하기

다이아나는 현재 인터넷 검색 엔진 최적화 전문가인데, 그것은 이전에는 있을 것 같지 않은 직업이었습니다. 그녀의 친척들은 대개 전화 회사에서만 일했고 아무도 대학을 가지 않았습니다. 첫 대학입시에서 떨어졌지만, 그녀는 책에 파묻혔고 철학에 관심이 있음을 알았습니다. 이후 박사학위까지 마쳤으나 마땅히 일할 곳을 찾지 못했습니다. 다행히 인터넷 관련 다큐멘터리 영화 프로젝트에 인턴으로 들어가게 되어 사람들이 생각하는 방식을 웹에 적용하는 방법을 알게 되었습니다. 그 후 그녀는 인터넷 신생 회사에서 일하다가 지금은 독립적인 인터넷 마케팅 전략 전문가로 활동합니다. 사람들이 어떻게 인터넷을 통해 자기 세계를 이해하는지에 관한 책도 집필했고 중소기업에 마케팅할 검색 엔진 최적화 프로그램도 만들었습니다.

2) 예술가와 교사
관계를 맺고 독립성을 유지하기

거스는 미술을 전공했고 그림을 그리는 재능도 있었지만, 자신을 드러내는 성향은 아니었습니다. 중등교사로 2년간 일했지만, 학생들이 미술을 별로 선택하지 않아서 힘들었습니다. 박사과정을 시도했고 조경 일도 해보았으나 결국 학교로 돌아와서 자신만의 방식으로 지도했습니다. 그는 원칙주의자가 되는 대신 학생들과의 관계를 잘 이어가길 원했습니다. 시민운동에 관심이 있었기에 특별히 아프리카계 미국인 학생들과 좋은 관계를 맺어 규율 문제를 잘 해결하게 되었고, 신설 고등학교에서 특별 교육과정을 맡을 수 있었습니다. 그가 선호하는 대로 학생들과 개별적인 작업을 할 수 있었는데, 그의 교실은 학교 가장 끝 쪽에 있어 떠들썩한 곳에서 벗어나 있었습니다.

3) 심리학자와 녹색기술 실무자
열정을 따르며 대단한 이슈에 초점을 두기

존은 1968년 인류학과를 졸업한 후, 마이애미 지평선을 바라보며 비스케인 만의 둑길에서 낚시를 하다가 우리가 누리는 문명이 지속될 수 없음을 알아차렸습니다. 그는 멕시코, 오리건, 하와이, 오자크를 방문한 후 결국 미네소타에 머물게 되었습니다. 에너지 연구를 통해 미네소타에서 처음으로 저소득층을 위한 단열 프로그램을 운영했습니다. 태양열 열판을 개발, 설치하고 유통업자를 찾아내는 등 미네소타 재생 에너지 분야에서 열심히 일했습니다. 그는 숲속에 지은 집에서 수도와 전기 없이 30년간 지냈습니다. 몇 주밖에 살 수 없다는 폐암 진단을 받은 2003년까지도 심리학자로서 사람들을 만났습니다. 회복한 후 그는 학교에서 금연운동을 하면서 많은 학생에게 감동을 주었고, 다시 재생 에너지 프로젝트에 참여해 활발한 삶을 살았습니다.

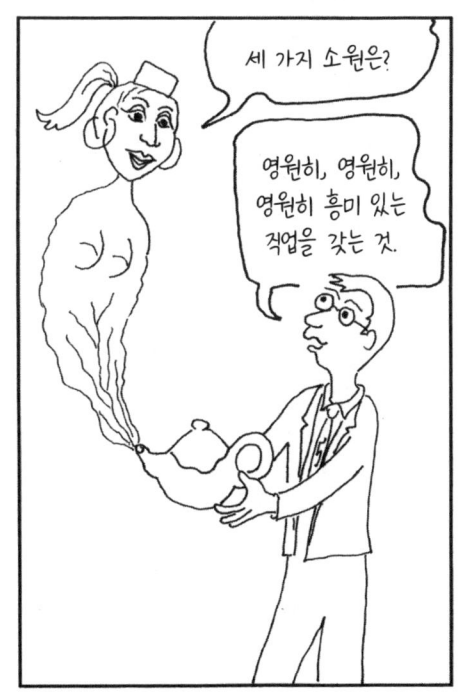

이제 자신의 성격에 가장 적합한 일을 찾기 위해, 지금까지 경험했던 직업을 살펴보거나 미래에 해보고 싶은 일을 떠올려 비교해 보십시오. 다음 직무 적합성 점검표에 각각의 직업이 다섯 가지 항목별로 얼마나 적합한지 평가하고 각 열의 점수를 더하십시오. 가장 점수가 높은 직업은 무엇입니까? 이 작업은 직업 만족을 위한 요건을 알 수 있도록 설계되었습니다. 이 장의 마지막에서 자신만의 구직 우선순위를 찾는 데 도움이 될 것입니다.

직무 적합성 점검표 5유형: 관찰하는 사람

다음 점검표를 활용해 지금까지 경험했거나 앞으로 해보려고 생각 중인 세 가지 직업을 항목별로 비교해 보십시오. 각 항목에 1부터 5까지 점수를 매긴 후에 합계를 내십시오.

	직업 1: _____	직업 2: _____	직업 3: _____
나 혼자만의 시간은 얼마나 있습니까?	1 2 3 4 5	1 2 3 4 5	1 2 3 4 5
근무환경은 얼마나 조용합니까?	1 2 3 4 5	1 2 3 4 5	1 2 3 4 5
독립성은 얼마나 많이 주어집니까?	1 2 3 4 5	1 2 3 4 5	1 2 3 4 5
얼마나 흥미로운 작업입니까?	1 2 3 4 5	1 2 3 4 5	1 2 3 4 5
나의 전문성은 어느 정도로 존중받습니까?	1 2 3 4 5	1 2 3 4 5	1 2 3 4 5
합계			

6. 충성하는 유형에게 알맞은 환경

충성하는 유형 중 일부에게는 대의를 위해 싸워서 변화를 만드는 기회가 가장 중요합니다. 이 유형 중 어떤 사람은 자신의 충성스러움과 긍휼함을 증명하기를 원합니다. 충성하는 유형의 대부분은 지적 자극을 선호합니다. 또 다른 사람은 경제적 안정이나 믿을 수 있는 상사를 위해서 일하기를 좋아합니다. 다음은 이들 유형에게 적합한 직업 사례입니다.

1) 회계에서 전자 상거래로
지식 얻기

헤일리는 대학 졸업 후 신생 기업에 들어가 대학 교재로 회계를 배우면서 근무 외 시간에도 공부하여 회계 학위를 받았습니다. 3년 후 회사 직원이 백 명을 넘게 되었고 수백만 달러의 수익을 냈으며 그녀는 회사 감사관을 맡게 되었습니다. 그러나 회계 업무는 흥미롭지 않았고, 노력에 대한 대가는 충분하지 않았습니다. 그 후 대학원을 나와서 브랜드 관리 경험을 쌓기 위해 클로록스 회사에 들어갔습니다. 그러나 그런 큰 회사에서는 결재받을 때 상사의 승인을 7단계나 거쳐야 한다는 것이 마음에 들지 않았습니다. 자신의 강점인 문제 해결 능력을 사용하기에는 신생 기업이 더 나은 환경이라는 것을 알게 되었습니다. 결국 기업가 정신이 발휘될 수 있는 온라인 사진 회사의 제품 마케팅 직책으로 이동한 후 자신의 직업 선택에 만족했습니다.

2) 인권을 옹호하는 변호사
관계를 맺고 명분을 위해 투쟁하기

우클레메다오는 법학대학원을 나온 후 에티오피아와 팔라우에서 개발도상국 정부를 돕기 위해 노력했고, 이후 소비자 연합이라는 비영리 단체에 들어갔습니다. 그곳에서 인권 단체로서 추구하는 가치와 직급이 낮은 직원들을 대하는 방식 사이에 모순이 있음을 발견했습니다. 이 단체에서는 변호사들을 전문직 직원이라고 불렀으나 유색인종인 여성들은 비전문직 직원이라고 부르면서 차별했고, 비전문직 직원이 멋진 아이디어를 내놓으면 사람들은 놀란 표정을 지었습니다. 우클레메다오가 이런 문제를 제기해 갈등을 불러일으킨 것처럼 보였지만 사실 그는 정기적으로 회의를 열어 이 문제를 동료들과 함께 해결하기 위해 계속 노력했습니다.

3) 힘든 아이들을 다루기
열정을 따르며 충실함을 표현하기

아를레트의 경력을 보면 지금의 일을 할 것 같지 않아 보입니다. 졸업 후, 그녀는 풀브라이트 장학금을 받고 프랑스에서 유학했으며 뉴욕에 다시 돌아와 연기를 배웠고 대학원에서 프랑스 문학을 전공했습니다. 결혼을 하고 두 아이를 낳은 후, 사회 복지에 관심을 가지고 매우 심각한 정서장애 아이들을 일대일로 가르쳤습니다. 그녀는 할렘 동부 지역에서 가르치며 특수 교육 자격증을 취득했습니다. 그녀가 고등학교에서 대체 교사를 하면서 다루기 어려운 학생들을 가르칠 때, 한 교장은 그녀가 아이들과 잘 소통한다는 말을 듣고 다루기 어려운 아이들과 함께하는 독서 전문가라는 자리를 새롭게 만들었습니다. 학생들은 그녀의 긍휼, 유머, 충실함으로 인해 선생님에게 열정적으로 반응합니다.

이제 자신의 성격에 가장 적합한 일을 찾기 위해, 지금까지 경험했던 직업을 살펴보거나 미래에 해보고 싶은 일을 떠올려 비교해 보십시오. 다음 직무 적합성 점검표에 각각의 직업이 다섯 가지 항목별로 얼마나 적합한지 평가하고 각 열의 점수를 더하십시오. 가장 점수가 높은 직업은 무엇입니까? 이 작업은 직업 만족을 위한 요건을 알 수 있도록 설계되었습니다. 이 장의 마지막에서 자신만의 구직 우선순위를 찾는 데 도움이 될 것입니다.

직무 적합성 점검표 6유형: 충성하는 사람

다음 점검표를 활용해 지금까지 경험했거나 앞으로 해보려고 생각 중인 세 가지 직업을 항목별로 비교해 보십시오. 각 항목에 1부터 5까지 점수를 매긴 후에 합계를 내십시오.

	직업 1 : _____	직업 2 : _____	직업 3 : _____
정치적, 물리적 환경에서 얼마나 안전합니까?	1 2 3 4 5	1 2 3 4 5	1 2 3 4 5
업무를 어느 정도 해낼 수 있습니까?	1 2 3 4 5	1 2 3 4 5	1 2 3 4 5
재정적, 직업적으로 얼마나 안정적입니까?	1 2 3 4 5	1 2 3 4 5	1 2 3 4 5
동료와 상사를 얼마나 신뢰하고 존경할 수 있습니까?	1 2 3 4 5	1 2 3 4 5	1 2 3 4 5
회사의 사명이나 대의에 얼마나 동의합니까?	1 2 3 4 5	1 2 3 4 5	1 2 3 4 5
합계			

7. 즐거움을 추구하는 유형에게 알맞은 환경

즐거움을 추구하는 유형 중 일부에게는 다양성이 가장 중요합니다. 이 유형 중 어떤 사람은 사회적 관계를 맺는 데 관심이 많습니다. 또 다른 사람은 새로운 활동을 시도하거나 모험하기를 좋아합니다. 다음은 이들 유형에게 적합한 직업 사례입니다.

1) 금융 설계사
사회적 관계 계발

파커의 어머니는 그녀가 자신과 같은 예술가가 되길 바랐습니다. 그녀는 재능이 있었지만, 예술이 자신의 소명이 아니고 기질과도 적합하지 않음을 알아차렸습니다. 청소년 잡지 일을 하다가 창업에 관심이 있어서 MBA 과정을 밟은 후 헤지펀드에 들어가 금융 설계사가 되었습니다. 매해 고객 자산의 1%를 받기에 더 많은 사람과 사회적 관계를 맺을수록 많은 양질의 고객이 만들어지며 일해야 할 시간이 줄어들었습니다. 그녀는 이 일에 장기적으로 헌신할 의욕을 가지고 체계적인 계획을 세우고 있습니다. 퇴직하면 연금으로 생활하면서 취미를 즐기고 자녀와 함께하기 위해 더 많은 자유 시간을 누리길 기대합니다.

2) 해군 장교
관계를 맺고 지속적인 다양성 갖기

조나스에게는 어떤 자리든 근무가 2년으로 제한되어있는 해군이 이상적인 직업이었습니다. 그는 장교로서 의무를 다하였으므로 소속감을 느꼈고 전 세계에서 친구를 사귀었습니다. 매년 그는 다음 임무를 위해 전출 희망서를 작성했습니다. 다음 가능성에 대해 생각하는 자체가 그에게는 굉장히 재미있었습니다. 새로운 근무를 시작할 때마다 이미 다음 일을 생각했습니다. 순양함의 기관 책임자가 되는 것은 흥분되는 일이었으며, 장비 사고나 물 부족과 같은 위기 상황도 잘 해결해냈습니다.

3) 남극 컴퓨터 지원 기술자

열정을 따르는 새로운 시도

남극은 아드리엔에게 모험, 도전, 아름다움, 공동체, 이 모든 것을 의미합니다. 컴퓨터에 대해 전혀 알지 못했지만, 남극 과학 기지에서 일하기를 열망하는 그녀를 위해 기지에서는 컴퓨터 보조 직책을 만들었습니다. 수색 구조 팀은 그녀를 데리고 얼음 위에서 스노모빌을 타며 물개를 관찰하고 얼음 동굴을 방문했으며 헬리콥터를 타고 범고래를 관찰했습니다. 두 계절 동안 그녀는 충분한 기술 지원과 시스템 관리자 기술을 습득하여 미국 소프트웨어 회사에서 프로젝트 관리자가 될만한 자격을 얻었습니다. 남극 모험은 그녀에게 딱 맞았고 덕분에 기술 분야에서 흥미로운 경력을 시작할 수 있었습니다.

이제 자신의 성격에 가장 적합한 일을 찾기 위해, 지금까지 경험했던 직업을 살펴보거나 미래에 해보고 싶은 일을 떠올려 비교해 보십시오. 다음 직무 적합성 점검표에 각각의 직업이 다섯 가지 항목별로 얼마나 적합한지 평가하고 각 열의 점수를 더하십시오. 가장 점수가 높은 직업은 무엇입니까? 이 작업은 직업 만족을 위한 요건을 알 수 있도록 설계되었습니다. 이 장의 마지막에서 자신만의 구직 우선순위를 찾는 데 도움이 될 것입니다.

직무 적합성 점검표 7유형: 즐거움을 추구하는 사람

다음 점검표를 활용해 지금까지 경험했거나 앞으로 해보려고 생각 중인 세 가지 직업을 항목별로 비교해 보십시오. 각 항목에 1부터 5까지 점수를 매긴 후에 합계를 내십시오.

	직업 1: _____	직업 2: _____	직업 3: _____
그 일이 얼마나 매력적입니까?	1 2 3 4 5	1 2 3 4 5	1 2 3 4 5
얼마나 많은 유연성이 있습니까?	1 2 3 4 5	1 2 3 4 5	1 2 3 4 5
얼마나 많은 가능성을 탐색할 수 있습니까?	1 2 3 4 5	1 2 3 4 5	1 2 3 4 5
다양성이 많습니까?	1 2 3 4 5	1 2 3 4 5	1 2 3 4 5
관계 형성 능력을 인정받습니까?	1 2 3 4 5	1 2 3 4 5	1 2 3 4 5
합계			

8. 주장하는 유형에게 알맞은 환경

주장하는 유형 중 일부에게는 자신의 방식대로 일하는 것이 가장 중요합니다. 이 유형 중 어떤 사람은 상황을 이끌거나 통제할 수 있는 것, 도전적인 일거리에 관심이 많습니다. 다음은 이들 유형에게 적합한 직업 사례입니다.

1) 석유회사 경영진에서 재생 가능한 연료 기업가로
도전하기

    평화 봉사단에서 나온 이후, 삼손은 높은 연봉을 받을 수 있는 직업을 원하여 대형 석유회사에 취직했습니다. 그의 업무는 가격분석, 환경기술, 시장조사, 부서관리입니다. 그는 도전하기를 갈망했고 작은 연못의 큰 물고기가 되기를 원했습니다. 그는 25년을 근무하다가 1년 내내 싸웠던 사람이 상사가 되자 그만두었습니다. 이제 그는 재생 가능한 대체 연료 사업체의 사장입니다. 그는 자신의 일정을 짜고 높은 소득을 받으며 재택근무를 합니다.

2) 프로그래머에서 기 치료사로
관계를 맺고 전문성 공유하기

    그렉의 뇌는 컴퓨터 프로그래밍 작업에 최적화되어 있었습니다. 그는 사업가들을 위해 큰 문제를 해결하면서 재미있게 지냈고 고소득도 얻을 수 있었습니다. "나는 마흔 살이 되었을 때 마음을 고요하게 만들기 위해서 태극권 수련을 했습니다. 연습을 통해 손바닥에서 일종의 에너지가 나오는 것을 느낄 수 있었습니다. 아내가 빈혈과 호르몬 저하로 중병에 걸리고 낫지 않을 때, 침술사가 나에게 보여준 대로 매일 아침 아내에게 손바닥을 올려놓았습니다. 마침내 그녀의 건강은 회복되었습니다." 그 후 그는 기 치료사가 되었습니다. 신체의 불편함을 고치는 것은 소프트웨어 프로그램의 오류를 찾아 수정하는 것처럼 문제 해결 능력을 발휘한다는 점은 같지만, 개인적인 어려움이 있는 사람들을 돕는 것이 그의 마음에 와닿기에 더 큰 보람을 느낍니다.

3) 타일 숙련공

열정을 따르며 독립적으로 살기

필레케는 세라믹 및 석조 타일 업체를 운영합니다. 그녀는 올빼미 스타일이라서 아침 시간에 일하는 것이 어려워 오전 11시부터 오후 7시까지 작업을 합니다. 일하는 시간을 통제함으로써 원하는 일만 받고 모든 일을 스스로 할 수 있기에 높은 품질 기준을 유지할 수 있으며, 머리를 자르거나 해변에 가거나 정치 행사에 가고 싶을 때마다 시간을 낼 수 있습니다. 다른 회사에 들어갈 생각도 했지만, 그녀는 무리하게 일찍 일어나고 생산 표준에 따라 일하거나 규칙을 준수할 의향이 없기에 혼자 일하고 있습니다.

이제 자신의 성격에 가장 적합한 일을 찾기 위해, 지금까지 경험했던 직업을 살펴보거나 미래에 해보고 싶은 일을 떠올려 비교해 보십시오. 다음 직무 적합성 점검표에 각각의 직업이 다섯 가지 항목별로 얼마나 적합한지 평가하고 각 열의 점수를 더하십시오. 가장 점수가 높은 직업은 무엇입니까? 이 작업은 직업 만족을 위한 요건을 알 수 있도록 설계되었습니다. 이 장의 마지막에서 자신만의 구직 우선순위를 찾는 데 도움이 될 것입니다.

직무 적합성 점검표 8유형: 주장하는 사람

다음 점검표를 활용해 지금까지 경험했거나 앞으로 해보려고 생각 중인 세 가지 직업을 항목별로 비교해 보십시오. 각 항목에 1부터 5까지 점수를 매긴 후에 합계를 내십시오.

	직업 1 : _____	직업 2 : _____	직업 3 : _____
얼마나 독립성이 있습니까?	1 2 3 4 5	1 2 3 4 5	1 2 3 4 5
얼마나 많이 통제할 수 있습니까?	1 2 3 4 5	1 2 3 4 5	1 2 3 4 5
지시하는 스타일이 얼마나 수용됩니까?	1 2 3 4 5	1 2 3 4 5	1 2 3 4 5
얼마나 도전할 수 있습니까?	1 2 3 4 5	1 2 3 4 5	1 2 3 4 5
성장할 여지는 얼마나 있습니까?	1 2 3 4 5	1 2 3 4 5	1 2 3 4 5
합계			

9. 평화를 추구하는 유형에게 알맞은 환경

평화를 추구하는 유형 중 일부에게는 고려해야 할 흥미로운 자료의 폭이 넓은 것이 가장 중요합니다. 이 유형 중 어떤 사람은 편안함에 관심을 기울이고, 또 다른 사람은 자기 삶과 일 사이의 균형에 관심이 많습니다. 다음은 이들 유형에게 적합한 직업 사례입니다.

1) 제조회사 대표
삶의 균형 유지

랜은 부드러운 사람이고, 서핑을 즐겨하지만 게으르지는 않습니다. 그는 아버지로부터 제조업을 물려받았고, 같은 제품을 다루는 기업들을 인수해 사업을 확장했습니다. 광산에서 감독 일을 하면서 자애로운 경영 스타일을 체득했는데, 그것을 가업에 적용하여 온화한 태도로 직원들과 다른 기업 대표들을 잘 대했습니다. 그는 회사를 인수할 때 새로 합류하는 사원에 유리한 조건을 포함하고 처음 18개월 동안 수익성을 향상시키는 계획을 세웠습니다. 그런 다음 자신과 가족의 균형 잡힌 생활 방식을 유지하기 위해 회사에 크게 관여하지 않는 관리자가 되었습니다.

2) 작가와 장애인 도우미
관계를 맺고 편안한 직장 생활

닉은 자신의 진정한 직업을 작가라 여기고 소설을 쓰며 시나리오를 마무리하고 있습니다. 그러면서 생계를 위해서는 장애인 도우미와 공무원으로 일했습니다. 그는 삶의 여정을 길게 봅니다. "현재 하는 일이 행복하기에 글쓰기도 뒤로 미룰 수 있습니다. 또, 지금 하는 일이 모두 경력이 된다고 생각합니다. 공무원으로 일할 때는 전념할 필요성을 느끼지 못했습니다. 도우미 일은 꽤 편안하지만, 삶의 목적이 되지는 않습니다. 생계를 유지하며 소설도 쓰고 도우미 일을 즐겁게 하면서, 사람들을 행복하게 해 주는 것을 좋아합니다."

3) 교육 연구원

열정을 따르며 폭넓은 소재를 고려하기

제이슨은 사회학을 전공하면 실제로 교육을 디자인하는 기술을 설계하여 돈을 벌 수 있다는 것을 알고 나서, 교육 디자인 분야에서 박사학위를 취득했습니다. K-12라는 교육과정 모델을 만들었고, 컴퓨터 기술자로 독립적으로 일하면서 싱크 탱크 내에서 공동 연구도 하고 있습니다. 그는 외향적이어서 싱크 탱크 일을 통해 에너지를 얻지만, 경쟁도 합니다. 필요할 때 그룹을 이끌 수도 있고, 독립적으로도 일을 잘 처리할 수 있음을 보여주어 성공할 수 있었습니다.

이제 자신의 성격에 가장 적합한 일을 찾기 위해, 지금까지 경험했던 직업을 살펴보거나 미래에 해보고 싶은 일을 떠올려 비교해 보십시오. 다음 직무 적합성 점검표에 각각의 직업이 다섯 가지 항목별로 얼마나 적합한지 평가하고 각 열의 점수를 더하십시오. 가장 점수가 높은 직업은 무엇입니까? 이 작업은 직업 만족을 위한 요건을 알 수 있도록 설계되었습니다. 이 장의 마지막에서 자신만의 구직 우선순위를 찾는 데 도움이 될 것입니다.

직무 적합성 점검표 9유형: 평화를 추구하는 사람

다음 점검표를 활용해 지금까지 경험했거나 앞으로 해보려고 생각 중인 세 가지 직업을 항목별로 비교해 보십시오. 각 항목에 1부터 5까지 점수를 매긴 후에 합계를 내십시오.

	직업 1: _____	직업 2: _____	직업 3: _____
인도적인 원칙을 따릅니까?	1 2 3 4 5	1 2 3 4 5	1 2 3 4 5
근무환경은 편안합니까?	1 2 3 4 5	1 2 3 4 5	1 2 3 4 5
얼마나 공정하게 경영합니까?	1 2 3 4 5	1 2 3 4 5	1 2 3 4 5
근무시간은 합리적입니까?	1 2 3 4 5	1 2 3 4 5	1 2 3 4 5
얼마나 갈등이 없는 업무 환경입니까?	1 2 3 4 5	1 2 3 4 5	1 2 3 4 5
합계			

직업 필수 조건

지금까지 유형별 직업 적합 특성을 알아보았습니다. 연봉 및 복지와 같은 다른 조건들은 어떻습니까? 직업 필수 조건을 검토하고 각 항목이 자신에게 얼마나 중요한지 1부터 5까지 점수를 매겨 보십시오.

직업 필수 조건	중요성
1. 시급 또는 기본 연봉이나 상여금, 주식옵션, 주택수당, 자동차수당, 연금 등을 포함하여 수용할 수 있는 보상 수준은 얼마나 중요합니까? 위험 부담 비용은 어느 정도 중요합니까? 예를 들어, 예측하기 어려운 안전과 비교하여 수년에 걸친 보상의 안정성은 얼마나 중요합니까?	1 2 3 4 5
2. 근무시간 및 혜택은 얼마나 중요합니까? 일주일에 몇 시간, 언제, 어느 시간에 일합니까? 휴가, 안식년, 건강 보험, 등록금 지원, 체육관 이용, 기타 제공되는 복지에 대한 혜택을 생각해 보십시오.	1 2 3 4 5
3. 출퇴근 및 재택근무 요건은 어떻습니까? 얼마나 멀리 직장을 다닐 의향이 있으며 출퇴근 시간은 얼마나 됩니까? 한 달에 몇 번 출장을 갈 의향이 있거나 갈 수 있습니까? 연료비, 주차비, 통행료, 대중교통에 대한 최대 예산은 얼마입니까? 재택근무가 필요하거나 재택근무를 할 수 있는 날이 한 주에 며칠입니까?	1 2 3 4 5
4. 현시점에서 경력의 계발이 얼마나 중요한지 고려해 보십시오. 승진, 새로운 기술 습득, 더 많은 사람과 더 많은 예산을 관리할 기회 등의 요소를 고려할 수 있습니다. 일 자체에 만족합니까, 아니면 승진의 길이 보일 때 더 즐겁습니까? 업무에서 얻은 경험을 다른 회사 승진의 기회로 활용하려고 합니까? 유익한 인맥을 만들기 위해 이 직업을 원합니까? 장기적인 경력 발전을 위해 신문, 출판물, 인터넷에 이름을 올리고 강연에 초빙되는 등 개인 홍보가 필요합니까?	1 2 3 4 5
5. 직장 문화에 어떻게 적응할 것인지 생각해 보십시오. 상사와 어떻게 조화를 이룰 것인지, 같이 일하는 팀의 규모, 전반적인 회사 문화, 산업 또는 기업의 사명은 받아들일 수 있는지 살펴보십시오.	1 2 3 4 5

전체 요소 종합

이제 이상적인 근무환경에 대한 우선순위 목록을 만드십시오. 아래 표에는 직업 필수 조건 5가지가 미리 채워져 있습니다. 유형별로 특정 요건을 추가하려면 이 장의 앞부분에서 해당 유형 직무 적합성 점검표를 참조하십시오. A열의 6~10번 항목에 필요한 요건을 기록하십시오.

마지막으로, A열에 기록한 항목을 살펴보고 자신만의 우선순위를 다시 정리하여 B열에 기록하십시오. 사람에 따라 직업 필수 조건이 유형별 요구사항보다 더 중요하거나 그 반대의 경우가 있기에 꼭 필요한 작업입니다.

A열 : 빈칸에 유형별 직무 적합성에 따라 고려할 요건을 쓰십시오.	B열 : 자신의 우선순위를 다시 정리하여 기록하십시오.
1. 연봉	1. _____
2. 근무시간 및 혜택	2. _____
3. 위치	3. _____
4. 승진	4. _____
5. 문화	5. _____
6. _____	6. _____
7. _____	7. _____
8. _____	8. _____
9. _____	9. _____
10. _____	10. _____

이제 우리는 자신만의 〈구직 우선순위 10가지〉를 세웠습니다. 다음은 무엇을 해야 합니까? 지금의 직장에서 나오기 전에 개선할 방법이 있는지 살펴보십시오. 가끔 사람들은 짜증이 나서 자신의 자리를 떠나지만, 나중에 후회할 때가 있습니다. 이런 상황은 자주 발생합니다. 그렇다고 직장에서 계속 불행해야 한다는 의미는 아닙니다. 이 책을 포함한 진로 경력 코칭은, 부부 코칭이 결혼 생활을 개선할 수 있는 것처럼 현재 직장을 유지하는 데 도움이 될 수 있습니다. 아마도 다음 성과 평가에서 상사와 지금까지 논의한 업무 책임이나 기타 여러 요인에 대해 이야기할 수 있을 것입니다. 자영업자인 경우, 근무환경에서 어떤 요소를 바꿀 수 있습니까?

이제 막 학교를 졸업했거나 새로운 일을 찾고 있다면, 다음 장에서 안내하는 각 유형과 각자에게 맞는 성공적인 취업 방식을 살펴보십시오.

12장

구직활동 안내

이제 구직활동을 시작하고자 한다면 주목하십시오. 이번 장에서는 채용 정보 조사, 이력서 작성, 면접, 계약 협상 등 구직과 관련된 모든 활동에 대해 안내할 것입니다. 일반적인 기업 구직활동부터 자신의 사업을 시작하기 위한 대출 신청에 이르기까지 다양한 목적을 위한 정보를 제공합니다. 제복을 입는 직종에 지원하는 경우 급여 및 세부 직무 사항은 협상이 어렵거나 필요없겠지만, 기본적인 면접 안내 사항은 여전히 유용합니다. 만약 독립적으로 활동하는 예술가, 음악가, 작가이거나 개인 사업을 운영하고 있다면, 이 장에서 자신만의 브랜드를 만들고 자기 작품의 가격을 협상하는 방법에 대한 제안을 확인하십시오.

직업 목표 정하기

성공적인 구직활동의 첫걸음은 명확한 직업 목표를 정하는 것입니다. 그 후 지원하려는 회사에 맞게 자신을 홍보할 계획을 세울 수 있습니다. '나 자신은 내가 판매할 수 있는 최고의 상품입니다!' 자기 성격 유형이 직장에서 발휘할 수 있는 강점과 그 직업을 통해 만족할 것으로 기대되는 욕구를 토대로 계획하십시오. 확실한 계획을 위해 누가 급여를 지급하는지, 가장 좋은 기회가 어디에 있는지, 경쟁자와 어떻게 비교되는지를 명확하게 구별하십시오.

이제 자신의 강점과 필요를 검토한 후 가장 알맞은 직업 목표를 찾아봅시다.

강점 찾기

각 유형을 위한 진로 파인더의 작업을 검토한 뒤 자신의 최고 강점 순위를 다시 작성하십시오. 자신의 유형이 확실하지 않다면, 현재 자신에게 가장 잘 맞는(가능한 한 아홉 유형의 강점을 바탕으로) 5가지 강점을 선택하십시오.

자신의 최고 강점 순위

A. _____
B. _____
C. _____
D. _____
E. _____

우선순위별 강점 표

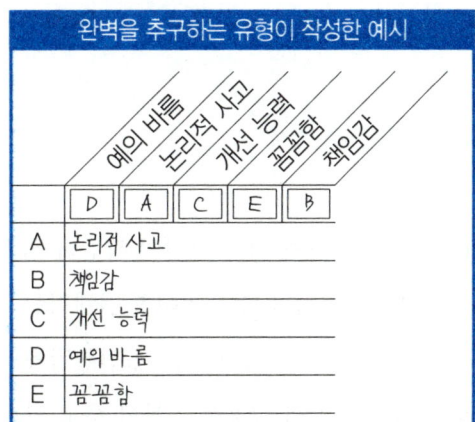

아래 빈칸에 자기 경험과 성찰을 통해 진로 파인더에서 찾은 강점들을 적용할 수 있는 가장 좋아하는 네 가지 직업을 쓰고, 해당하는 기호에 표시하십시오.

직업 _____ ↑ $ # ®
직업 _____ ↑ $ # ®
직업 _____ ↑ $ # ®
직업 _____ ↑ $ # ®

↑ = 장래가 유망한 직업
$ = 고연봉 직업
# = 구직 기회가 많은 직업
® = 불경기에 영향을 받지 않는 직업

필요 찾기

이제 11장의 290쪽에서 작성한 것을 토대로 우선순위별로 다시 정리해 필요 목록을 작성해 보십시오.

1. _____   6. _____
2. _____   7. _____
3. _____   8. _____
4. _____   9. _____
5. _____   10. _____

직업 목표 정하기

더 깊게 탐색하기 전에 자신의 강점과 필요 목록에 잘 맞는 두 가지 직업을 선택하십시오. 그다음 각 직업 목표에 대한 전체적인 계획을 세웁니다. 즉, 두 개의 자기소개서와 이력서, 면접 준비가 각각 다르게 진행됨을 의미합니다. 첫 번째 직업 목표에 관심이 많더라도 그 분야에서 성공하지 못할 수도 있습니다. 하지만 비슷한 두 번째 직업 목표에 흥미를 느끼며 오히려 그 분야에서 더 많은 면접과 채용 제안을 받을 수도 있습니다. 세 개 이상의 직업 목표는 너무 많은 작업이 필요하기에 효과적으로 실행하는 것이 어렵습니다. 그렇지만 취업 시장에서 최대한의 유연성을 가지기 위해서 선택지가 두 가지는 필요합니다. 여기서는 간략한 설명을 위해 하나의 직업 목표에 대해서 단계별로 설명하겠지만 두 번째 직업 목표에 대해서도 같은 단계를 반복하십시오.

자신의 직업 목표:

1. _____
2. _____

세 가지 사례 연구

구직활동 과정을 안내하기 위해 서로 다른 구직단계에 있는 세 사람을 소개하겠습니다. 다음은 세 사람의 직업 목표입니다.

독특함을 추구하는 유형인 린제이는 대학을 막 졸업했습니다.

린제이는 최근에 졸업하고 정규직 일자리를 찾고 있습니다. 독특함을 추구하는 그녀는 자신이 가장 즐겨 사용하는 두 가지 강점이 사물에 대한 분별력과 의미에 대한 감각임을 알았습니다. 그녀는 대학에서 문학과 철학을 전공한 뒤 출판계에서 인턴으로 몇 번 일했고 그 분야가 자신에게 적합하다고 느꼈습니다. 이제 그녀는 편집장이 되기 위해 자신을 성장시킬 더 많은 경험이 필요합니다. 그래서 편집 보조 업무를 희망하고 있습니다. 그녀의 두 번째 목표는 적절한 급여를 받을 수 있는 일자리와 연계된 유급 인턴 자리를 찾는 것입니다. 다음은 그녀의 우선순위입니다.

직업 목표 #1: 편집 보조
직업 목표 #2: 편집 담당 유급 인턴

즐거움을 추구하는 유형인 줄리아는 10년 이상 일한 경험이 있습니다.

줄리아는 전자상거래 회사에서 비즈니스 분석가로 일하고 있습니다. 즐거움을 추구하는 그녀는 자신이 가장 즐겨 사용하는 강점이 도전을 추구하는 것과 정보를 종합하는 것임을 알게 되었습니다. 전자상거래를 좋아하지만, 비즈니스 분석 업무는 너무 세밀하고 반복적입니다. 그녀는 제품 관리자 및 마케팅 담당자와 함께 일한 경험을 통해 그들의 업무에 대해 충분히 알고 있으므로, 이직할 때 이력서에 그 점을 유리하게 활용할 수 있습니다. 두 분야에 똑같이 관심이 있지만, 구직 시장에서 어느 분야가 더 잘될지 몰라 두 가지 목표를 찾아내고 분야별로 각각의 계획을 세울 것입니다.

직업 목표 #1: 제품 담당 책임자
직업 목표 #2: 온라인 마케팅 담당자

평화를 추구하는 유형인 이삭은 네 번째 직업을 찾고 있습니다.

이삭은 공군 정비사로서 첫 경력을 쌓고 정보기술 분야에서 두 번째 경력을 거친 후 최근에는 자신이 신뢰하는 비영리 단체에서 사무관리 업무를 하고 있습니다. 화기애애한 직장 분위기를 즐기고는 있으나, 투자한 주식이 적자를 내서 은퇴 목표를 달성하려면 많은 소득이 필요합니다. 그가 가장 즐겨 쓰는 강점은 정보 통합능력과 협동능력입니다. 기술직의 경우 급여가 더 많기에 그 분야로 돌아가고 싶지만, 현장의 변화에 따라 발전된 기술을 다시 배워야 할 것입니다. 또한 자신의 기술 지식을 활용하는 고연봉 고객 지원업무에 관심이 있어서 이렇게 목표를 정했습니다.

직업 목표 #1: 기술지원 엔지니어
직업 목표 #2: 시스템 관리자

이력서 작성하기

이 과정은 다른 말로 '이력서 작성, 재작성, 또 작성하기'라고 말할 수도 있습니다. 처음에 자기소개서와 이력서를 만들면 입사 지원을 할 때마다 편집하여 해당 직업의 세부적 특성에 맞게 자료를 맞춤화할 수 있습니다. 만약 자신이 완벽한 지원자가 아니라면, 부족한 부분에 대해 자신의 다른 능력과 자질로 약점을 보완하는 방법을 보여주십시오. 같은 이력서를 서로 다른 직업 목표에 재사용하지 마십시오. 매번 다르게 구성할 수 있는 가장 중요한 능력과 경험을 이력서의 첫 부분과 가운데 부분에 두십시오. 지원할 직업에 대한 공고를 보고 어떤 요소를 강조할지 결정하십시오.

업무 분석하기

직업 목표 #1에 활용할 수 있는 이상적인 업무 설명이 포털 사이트에 많이 있습니다. 다양한 웹 사이트에서 자신에게 맞는 업무를 찾아보십시오. 만약 직업 목표가 주요 구직 사이트에 게시되지 않을 정도로 드물다면 창의력을 발휘해야 합니다. 지원하는 회사의 웹 사이트에서 보통 홈페이지 아래에 있는 '일자리' 혹은 '채용' 메뉴에 들어가거나 해당 분야 채용 담당자의 공지를 확인하십시오. 아니면 해당 분야에 정통한 사람들에게 업무 설명서 사본을 요청할 수도 있습니다.

약 5개의 서로 다른 업무 설명서를 모은 뒤, 해당 업무에 필요한 핵심 기술과 경험을 목록으로 작성하십시오. 사용되는 정확한 용어를 확인하여 이력서에 다시 사용하십시오.

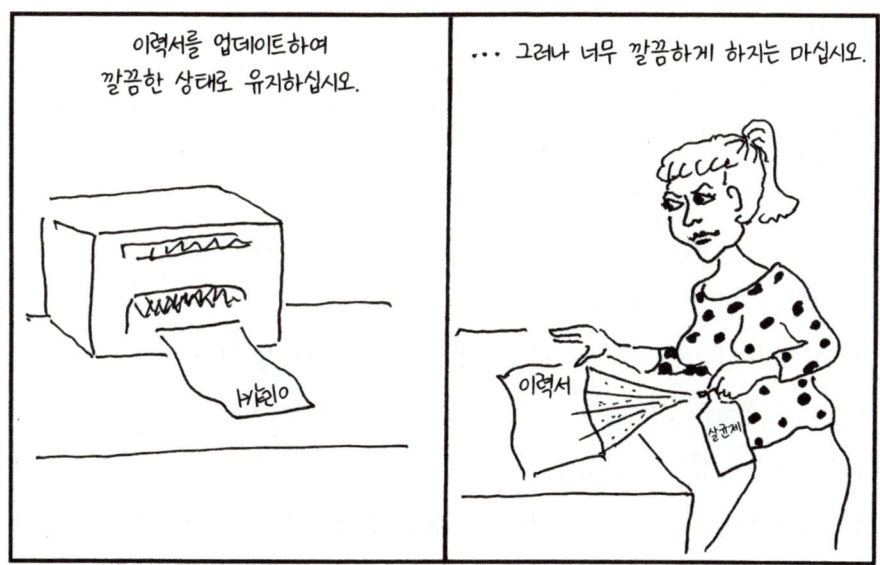

업무 사례

다음은 최근 대학을 졸업한, 독특함을 추구하는 린제이가 온라인 생활 정보 사이트에서 찾은 게시물 중 하나입니다.

업무 기술: 편집 보조

편집 보조 업무는 온라인 출판의 입문 기회로 훌륭합니다. 최첨단 기술로 편집 및 제작 과정에 대한 심도 있는 지식을 얻을 수 있습니다. 편집 기술뿐만 아니라 프로젝트 관리와 의사소통 능력을 계발하고 연마하여 발전하는 계기도 됩니다.

구체적인 업무 범위

- 변경된 편집 사항 확인 및 비교 교정하기
- 원본 PDF 파일과 비교하여 디지털 교재(E-Book)의 품질 관리하기
- 디지털 교재의 메타데이터 정확도 확인하기
- 교정자와 검토자의 편집 변경 사항이 잘 적용되었는지 검토하기
- 컴퓨터 텍스트 구조로 변환된 온라인 과제를 원고와 비교하여 확인하기
- 프로젝트 조정 및 진행 상황 점검하기
- 출판사 및 제작사와 협력하여 디지털 교재 제작 조율하기
- 출판사 및 다른 업체 관계자와 협력하여 모든 신제품에 대한 데모 제작하기
- 버그 추적 데이터베이스 업데이트 및 유지 관리하기
- 필요에 따라 신규 문서를 작성하고 주요 문서 업데이트 및 관리하기
- 재택 과제 제출을 위한 온라인 과정 구성 및 유지 관리하기
- 완료된 과정 수합 및 점검하기
- 영업 담당자와 교수가 새로운 과제를 사용할 수 있도록 매주 과정 업데이트하기
- 개발 사이트에서 과정 및 사용자 계정 유지 관리하기

추가적인 업무

- 적절한 시기에 청구서 처리하기
- 도서, 출판사의 파일, 검토자와 프리랜서 및 저자 연락처를 포함한 부서의 자원 관리하기
- 가끔 발생하는 고객 문의에 답변하기

필요조건

- 관련 분야 학사 학위
- 최소 1년 이상의 편집 경력
- 탁월한 문법 지식과 어휘력
- 워드 프로세스와 엑셀 작업에 능숙

우대자격

- CMS(콘텐츠 관리 시스템)에 익숙한 자
- HTML(하이퍼텍스트 기술용 언어)과 XML(컴퓨터 텍스트 구조 표시 시스템) 유경험자

한편 즐거움을 추구하는 비즈니스 분석가 줄리아는 비즈니스 전문 웹사이트에서 다음과 같은 매력적인 채용 공고를 발견했습니다.

업무 기술: 제품 담당 책임자

- 경쟁 환경, 고객과 제품 품질에 대해 이해하고 분석하여 고객의 판매 사이트 내에서의 참여와 사용을 촉진할 특징적 구성 결정하기
- 신제품 기능 및 개선사항에 대한 전반적인 제품 요구사항 확인, 제품 계획 및 설계 추진하기
- 향후 판매 사이트의 사업 목표를 달성하기 위한 포괄적인 제품 및 마케팅 로드맵 개발하기

- 제품 개발팀 및 다른 부서 팀원과 협력하여 제품 특성을 사이트에 실시간으로 제공하기
- 사용자와 내부 이해관계자에게 제품 이점 명확하게 전달하기

필요조건
- 인터넷과 새로운 웹 기술 및 커뮤니티 구축에 대한 열정이 있어야 하며 입증된 실적을 가진 자
- 최소 5년 이상의 제품 관리 경력과 제품 계획, 개발 및 출시를 주도할 수 있는 검증된 능력으로 온라인 제품에도 적용 가능한 자
- 소비자 웹 사용과 관련된 최신 유행을 잘 이해하고 소셜 네트워킹에 대한 직접적인 실무 경험이 있는 자
- 다양한 업무를 하는 팀을 관리하고 이끄는 능력이 탁월한 자
- 뛰어난 구두 및 서면 의사소통 기술이 있으며 기술 관련 이슈 및 신기술과 시장과의 관련성을 파악하고 이해하는 자
- 다양한 기술 및 사무인력 그룹과 상호작용할 수 있는 자
- 고위 경영진들과 대내외적으로 효과적 의사소통할 수 있는 자

린제이와 줄리아는 각각 5개의 업무 설명서를 수집한 후, 주요 필요조건을 정리하여 자신의 경험사례와 비교해 연결하는 표를 만들었습니다. 그들은 가장 중요한 필요조건을 먼저 나오게 하고 그다음 공통적인 필요조건들을 표에 넣었습니다.

린제이의 업무 설명서 작성을 위한 표

업무상 필요조건	린제이의 경험 (자신을 위한 메모 계획)
교정, 편집, 품질 관리	미국에서 가장 혁신적인 출판사와 권위 있는 문학 잡지사에서 4개월 동안 편집 인턴으로 일했습니다. 최근에 UC 버클리의 편집 입문 과정을 수료했고, 현재는 프리랜서 편집자로 일하고 있습니다. 이력서 추가 사항: • 데이브 에거스의 차기작 '제이퉁'을 빠듯한 마감일 내에 전부 퇴고 작업 했습니다. • 문학 잡지사에서 핵심 팀원으로 매주 수백 개의 원고를 읽고 심사하는 작업을 했습니다.
프로젝트 조정 및 관리	고등학교 졸업앨범의 사진 편집자로서 다양한 구성을 하고 다른 편집진들과 의견을 조정했습니다. 이력서 추가 사항: • 전체 졸업앨범 사진을 촬영하고 현상했으며 졸업앨범 사진틀을 직접 디자인했습니다. • 4명의 학생 사진기자를 관리했습니다.
창의성	문학과 철학 학사를 취득하면서 읽고 쓰고 생각하는 방법을 익혔습니다. 문학과 철학을 공부하면서 훌륭한 작가가 되는 데 필요한 학문적 토대를 얻었습니다. 이력서 추가 사항: • 두 전공에서 우등상을 받았습니다. • 졸업 논문으로 단편 소설 모음집 '인 블룸'을 썼습니다.
고객 지원	문학 잡지사에서 주요 편집자, 출판사, 작가와 시인에 이르기까지 출판계의 다양한 사람들과 교류하는 행정 업무를 맡아 일했습니다. 또한, 샌프란시스코에 있는 한 카페에서 출납 및 바리스타로 일하면서 고객과 교류했습니다. 이력서 추가 사항: • 저자, 출판사 및 문학 잡지사를 연결하는 행정 업무를 했습니다.
시기적절한 청구서 처리	친구가 소유한 올리버 가든에 대한 청구서 처리를 도왔습니다. 자료를 조사하여 글을 쓰고 마감 시간을 엄격히 지켜 대학신문에 기고하였습니다. 이력서 추가 사항: • 대학 신문인 포럼의 마감 기한 내에 매주 기사를 썼습니다.

줄리아의 업무 설명서 작성을 위한 표

업무상 필요조건	줄리아의 경험 (자신을 위한 메모 계획)
고객의 필요사항 이해	이전에 비즈니스 분석가로서 일할 때는 제품 관리자와는 거리가 있었지만 이력서에 강조할 수 있는 몇 가지 업무 관련 경험이 있으며 세부 사항은 다시 작성할 수 있습니다. 이력서 추가 사항 : • 비즈니스팀과 복합기능팀들을 만나 포털 개선에 대한 필요사항을 정의했습니다. • 사용 사례 문서를 작성했습니다. • 최적의 웹 설계 및 콘텐츠를 위해 사용자 경험팀과 협력했습니다.
제품 요구사항 확인	대부분 비슷한 업무 요구사항 문서를 작성했고, 때때로 마케팅 자료에서 용어를 대체할 수 있습니다.
제품 마케팅 로드맵	실제 제품 관리자가 아니라 비즈니스 분석가였기에 담당 업무는 아니었지만, 제품 마케팅 로드맵 초안을 한 번 작성해 보았습니다. 이력서 추가 사항 : • 향후 제품 기능에 대한 권장 사항과 차기 출시제품에 대한 로드맵을 작성했습니다.
이해관계자와의 의사소통	업무 대부분에서 의사소통 기술이 필요했습니다. 이력서 추가 사항 : • 타사 공급업체 및 내부 IT팀과 협력하여 운영지원 문제를 해결했습니다. • 판에 박힌 사고에서 벗어나기 위해 회사의 특별 업무를 담당하는 혁신팀과 매주 브레인스토밍 회의를 했습니다. • 복합기능팀들과 협력하여 결함, 영향, 위험 요소를 조사하고 분석했습니다. • 경영진에게 결과물을 제시하고 최종 사용자를 대상으로 교육했습니다.
측정 및 분석	공식적으로 측정 및 분석 업무를 맡지는 않았지만, 그 자료를 가지고 작업했습니다. 이력서 추가 사항 : • 사용자 세분화 자료를 분석하고 선택 경향 보고서를 작성했습니다.

자신의 업무 설명서 작성을 위한 표

자신이 수집한 5개의 업무 설명서를 기반으로 여기에 같은 연습을 해보십시오.

업무상 필요조건	자기 경험

직업과 유형을 연결하기

고용주가 요구하는 조건에 기초하여 채용 공고를 주의 깊게 분석했으면, 두 번째 연습을 통해 직업과 자신의 유형 간의 잠재적 연결점을 찾으십시오. 여기 린제이와 줄리아가 알아낸 연결점들이 있습니다.

린제이의 직업적 강점과 연결하기

업무상 필요조건	특별함을 추구하는 린제이의 강점
• 원본 PDF파일과 비교하여 디지털 교재의 품질 관리 수행하기	미적 감각
• 출판업계 및 온라인 교육 기술 업체 관계자와 협력하여 신규 제작물의 테스트용 데모 제작 조정하기	상상력
• 편집 변경 사항 확인 및 비교 교정하기 • 검토자와 교정자의 편집 변경 사항이 올바르게 구현되었는지 확인하기 • 탁월한 문법 지식과 어휘력	분별력
• 의사소통 능력을 계발하고 연마하여 개선하기 • 온라인 강좌 구성 및 유지 관리하기	의미에 대한 감각

줄리아의 직업적 강점과 연결하기

줄리아는 업무 설명서에 언급된 능력이 소셜 네트워킹과 관련된 것임을 알아차리고, 제품 관리자 게시글의 행간을 읽어 자신의 성격과 일치하는 다른 가능성을 찾을 수 있었습니다.

업무상 필요조건	즐거움을 추구하는 줄리아의 강점
• 열정을 가지고 비전 있는 실행에 대한 입증된 실적이 있는 자	열정과 약간의 이상주의

• 고도의 복합기능팀을 관리하고 이끄는 능력이 있는 자 • 뛰어난 구두 및 문서상 의사소통 기술이 있으며, 기술 관련 이슈 및 신흥 기술과 시장과의 관련성을 파악하고 이해할 수 있는 자 • 다양한 기술 및 사무업무팀과 상호작용할 수 있는 자 • 내부 및 외부 고위 경영진과 효과적으로 의사소통할 수 있는 자	정보 통합능력
• 커뮤니티 구축에 대해 열정이 있는 자 • 소셜 네트워킹 경험자 우대	소셜 네트워킹 능력
• 제품 계획, 개발 및 출시를 주도할 수 있는 검증된 능력으로 웹 제품을 구축할 수 있는 자 • 소비자들의 웹 사용에 관한 최신 유행을 잘 파악하는 자 • 기술 관련 이슈 및 신흥 기술과 시장과의 관련성을 파악하고 이해할 수 있는 자	도전을 추구하는 성향

표준 채용 공고를 통해 이것이 항상 가능한 것은 아니지만, 자신의 성격과 잠재적으로 연결되는 항목을 찾기 위해 행간을 읽을 수 있는지 알아보십시오.

업무상 필요조건	나의 유형에 해당하는 강점

이력서 작성하기

이력서에는 연대기적 이력서와 기능적 이력서가 있습니다. 일반적으로 가장 최근 시점까지 모든 직책을 나열하는 연대기적 이력서 형식을 사용하는 것이 가장 좋습니다. 업무 경력이 거의 또는 전혀 없거나 과감한 진로 변경을 하는 경우, 관련 기술 항목별로 경험(직장, 학교, 자원봉사)을 적는 구성의 기능적 이력서를 작성하십시오.

연대기적 이력서에서는 지금까지 일한 시간의 간격을 생각해야 합니다. 한 페이지에 10년간의 업무 경력을 보여주는 것이 작성 규칙입니다. 채용 담당자에게 잘못된 정보를 주면 안 됩니다. 면접관이 이를 알아차리면 후보자 명단에서 즉시 당신을 탈락시킬 수 있습니다. 최근 졸업생은 이력서 상단에 학력을 기재하고, 경력이 많은 지원자는 하단에 학력을 기재해야 합니다.

자신의 과거 경력에 대해 각각 설명한 후 원하는 분야의 직업에서 요구하는 조건에 부합되는 추가 사항을 적으십시오. 구체적인 수치 및 분석, 자격증 및 성취 사례를 포함하십시오. 가능하면 채용 공고에 표시되는 것과 같은 용어와 우선순위를 사용하십시오. 각 직업에 맞게 이력서를 작성할 때 약간 다른 용어와 다양한 순서로 이러한 추가 사항을 변경하십시오.

면접관이 당신의 경험을 그들의 용어로 알아서 해석하지 않는다는 것을 기억하면 최상의 결과를 얻을 것입니다. 즉, 면접관이 잘 이해할 수 있게 자기소개서와 이력서를 작성하십시오. 린제이의 경우 고용주가 '온라인 강좌 결합 및 유지 관리'라는 문구를 사용하므로 그녀도 이력서 곳곳에 '결합하다, 유지 관리하다, 온라인'이란 말을 반복 사용합니다. 다른 채용 공고에서는 '웹 콘텐츠 생성 및 관리'가 필요할 수 있으므로 해당 이력서의 경우 '결합하다'를 '생성하다', '유지 관리하다'를 '관리하다'로, '온라인'을 '웹'으로 변경할 것입니다. 그녀는 또한 자기 이력서 추가 사항을 재정렬할 것입니다. 두 번째 업무 설명서에서는 교정을 먼저 언급함으로, 교정에 대한 인턴십 경력을 가장 먼저 나열합니다. 다른 고용주는 해당 작업의 우선순위를 낮게 매길지도 모르니, 그에 따라 이력서 추가 사항의 순서를 아래로 옮길 것입니다.

이력서 추가 사항을 작성하는 방법에 대한 예시는 린제이와 줄리아가 직무 설명을 위해 작성한 위의 내용과 아래의 '유형별 강점 사례들'에서 아홉 가지 모든 유형에 대한 예를 참조하십시오.

이력서의 마지막 줄에 개인적인 관심사를 추가하십시오. 당신의 이력서를 돋보이게 할 흥미로운 주제나 면접에서 대화를 시작할 가능성이 있는 주제를 선택하십시오. 이때 논란이 되지 않는 관심사를 선택하고, 면접관을 놀라게 하거나 후보 자격에 대해 의심받을 만한 주제는 피하는 것이 좋습니다. 줄리아가 이력서에 추가한 내용은 다음과 같습니다.

관심사: 산악자전거 타기, 아시아 여행하기, 기타로 비틀즈 노래 연주하기

이력서의 가장 중요한 요소는 맨 위에 있는 요약본이니 이것을 마지막에 작성하십시오. 각 면접에 맞게 자신에 대한 홍보 문구를 약간 수정하는 것이 좋습니다. 각 직무에서 이력서 추가 사항 작성을 마친 후, 해당 직무의 주요 요구사항을 채울 수 있는 당신의 강점을 요약해 작성해 보십시오. 자신의 가장 인상적인 성과 중 하나를 요약본에서 강조해야 합니다.

이력서를 제출하기 전에, 철자를 확인하고 친구에게 문법과 어휘 선택을 여러 번 검토해달라고 요청하십시오. 이력서의 오류는 즉시 결격 사유가 될 수 있으므로 완벽해야 합니다. 많은 면접관이 이력서에 실수가 있는 사람은 엉성하거나 업무상 실수를 저지를 것이라고 여깁니다.

이력서 작성에 자신이 없으면 주요 취업사이트에서 제공하는 이력서 작성 서비스를 이용하는 것을 고려하십시오. 이 서비스는 활기를 불어넣는 표현으로 다른 지원자들과 차별화되도록 도와줄 수 있습니다.

유형별 강점 사례

자신의 강점을 나타내는 다양한 유의어 및 입사 지원서의 맥락에 더 잘 맞는 다른 용어를 사용하는 것이 좋습니다. 자신의 강점이 이 직업에 얼마나 유용한지 염두에 두고 고용주에게 자신이 누구인지 전달하고 싶은 전반적인 내용을 작성하십시오. 당신은 강한 책임감과 높은 기준을 가진 사람입니까? 아니면 고객의 필요를 적절하게 충족시키는 사람입니까? 눈에 보이지 않는 자기 능력 중 일부를 이력서의 추가 사항으로 넣어 설명하십시오. 그런 다음 각각의 추가 사항을 강조하기 위해 자신이 과거에 했던 가시적인 업무 결과에 대해 가능한 한 구체적으로 적으십시오.

특징에 따른 이점을 설명하는 형태로 자기 이력서에 추가 사항을 쓰십시오. 이력서에 '완벽한 보안 업무'라고 쓸 수 있지만, 그것이 고용주에게 어떤 것을 의미합니까? '48개월 동안 보안 문제없음'이라고 쓰는 것이 더 나을 수 있습니다. 또 다른 특징으로는 '고객의 95%를 유지'한 이점이 있는 '신상품 출시'가 있습니다. 이력서 추가 사항은 과거 직업에 대해 과거형으로 작성해야 합니다. 특징(업무 실적)과 이점(결과물)을 둘 다 포함하는 경우 배열순서가 중요하지는 않습니다. 다음은 이 책에서 논의한 9명의 다른 사람들이 전통적인 이력서 추가 사항에서 자신의 유형에 대해 전달하는 창의적인 방법입니다.

유형	직업 목표	직업적 강점과 관련 이력서 용어	고용주를 위한 전반적인 내용	이력서 추가 사항
완벽을 추구하는 제이크	보안 책임자	꼼꼼함: 규율을 잘 지키고 흠잡을 데 없이 완벽하며 타협하지 않는 기준을 가짐	높은 기준과 책임감	• 현재까지 48개월 동안 개인 정보가 손상되지 않도록 보안 프로그램을 완벽하게 유지했습니다.
도와주는 달린	인적자원 컨설턴트	풍부한 자원: 기꺼이 도우며 창의적이고 지식이 풍부함	회사의 요구사항을 충족하는 지식과 자원	• 스트레스 해소 프로그램, 만족도 설문조사, 결과가 수익에 미치는 영향을 보여주는 유용한 보고서를 만들었고, 이는 직원복지 향상을 위한 귀중한 자원으로 사용되었습니다.
성취를 추구하는 프리실라	사업개발 부사장	홍보 기술: 세련된 발표와 평판, 판매 결과 보고	성공적인 회사 이미지	• 현재까지 450억 달러의 거래를 성사시킨 성공적인 영업 발표 방식으로 최고의 평판을 얻었습니다.
독특함을 추구하는 아드리아	아이스크림 가게 창업을 위한 은행 대출	미적 감각: 유행을 선도하며 멋지고 매력적인 디자인	유행에 밝고 유행을 앞서가는 감각	• 아이스크림 애호가와 1,700명의 단골손님 데이터베이스를 만든 시애틀의 요리 연구소에서 유기농 재료에 대한 최신 교육을 받은 뒤 10가지 독특한 맛을 만들었습니다.
관찰하는 다이애나	검색엔진 최적화 계약 업무	복합적 사고: 고도로 훈련된 다각적인 분석, 전문 지식	복합 분석 전문가	• 수천 건의 업계 온라인 검색을 검토하고 다면적인 검색 데이터를 분석하여 효과적인 웹 마케팅 전략을 파악했습니다. 복잡한 결과를 고위 경영진에게 명확하게 전달했으며, 고객이 50만 달러 프로젝트에 대한 자금을 확보할 수 있도록 지원했습니다.
충성하는 제니퍼	사용자 디자인 컨설턴트	정확성: 주의 깊게 상세한 부분까지 정밀 조사	신뢰할 수 있는 세부 사항 조사	• 은행의 브랜드 기준을 유지하면서 6개 부서의 외부 공급업체가 제출한 내용을 분기별 100건 이상 면밀하게 조사했습니다.
즐거움을 추구하는 줄리아	제품 관리자	종합적인 사고: 다재다능함, 빠른 속도로 동시에 여러 가지 업무를 처리하는 능력	급변하는 기술 분야의 다재다능한 사상가	• 급변하는 경쟁 환경 속에서 적시에 제품 개선사항을 제공하고 제품 관리 기술에 대한 종합적인 사고를 바탕으로 기술 및 사무직원으로 구성된 복합기능팀을 주도하여 사용자의 95%를 유지했습니다.
주장하는 소피아	신규 기업 고객의 경영진 선정	명확한 설명: 적합한 후보를 찾는 리더, 강력한 협상가, 제한 사항 탐색의 숙련자	인적자원 협상의 리더	• 고객과 협력하여 경계와 제한을 협상하는 까다로운 작업을 경영진 선정 과정에 적용하여 더 많은 가능성을 찾는 만족스러운 경험을 했습니다.
평화를 추구하는 이삭	소프트웨어 지원 엔지니어	정보 통합능력: 연구 조사를 통한 넓은 시야	대규모의 정보에 관한 폭넓은 연구 조사	• 고객의 말에 귀를 기울이고 10가지 네트워크 서비스에 대한 정보를 효과적으로 통합하여 최고의 고객 참여 등급을 받았습니다.

각 유형이 하지 않을 것 같은 일들

메시지 전달하기

첫 번째 이력서가 완성되었다면, 여러분은 이제 대중에게 마케팅할 준비가 된 것입니다. 일단 여러분이 밖에 나가 엘리베이터 스피치를 하고, 자기소개서를 보내고, 이력서를 온라인에 올리고, 채용 담당자와 말을 한다면, 여러분은 경쟁자와 비교하는 방법, 잠재 고객(즉, 고용 팀)에게 자신을 가장 잘 설명하는 방법에 대해 곧 피드백을 받을 수 있을 것입니다. 처음에는 채용 시장 몇 곳에 보내십시오. 그런 후에 마케팅 자료들을 다시 정교하게 조정할 수 있으며, 연습한 말을 할 때마다 구직활동은 점점 더 효과가 나타날 것입니다.

엘리베이터 스피치

엘리베이터 스피치는 엘리베이터를 타는 동안 누군가에게 말할 수 있을 정도로 매우 짧게 자신에 대해 2~3문장으로 홍보하는 것입니다. 말할 수 있는 시간이 3분밖에 되지 않기에, 자신이 한 것과 할 수 있는 것에 대해 가장 중요한 점을 즉시 말할 필요가 있습니다.

여러분은 엘리베이터 스피치를 인터뷰, 네트워킹 대화, 자기소개서, 이메일, 이력서의 요약본에 반복해서 사용할 것입니다. 자기소개서를 요약한 것으로 시작하십시오. 중요한 것뿐 아니라 강점 중 최소한 하나라도 고용주가 찾고 있는 것에 역점을 두어 말하는 것을 명심하십시오. 모임에서 누군가가 "무슨 일을 하세요?"라고 물었을 때 대답하는 것처럼 자연스럽게 들리도록 충분히 연습하십시오. 친구들 앞에서 말해보고, 피드백을 받아 보십시오. 여러분은 엘리베이터 스피치를 하면서 상대 반응에 대한 감각을 얻게 될 것이고, 비슷한 직업을 찾는 다른 사람들과 어떻게 비교되는지 알게 될 것입니다. 그 스피치가 정말로 사람들을 사로잡고 여러분에게 문을 열어줄 때까지 필요에 따라 계속 수정하십시오.

다음은 엘리베이터 스피치 예시입니다.

저는 제약회사와 생명공학회사에서 필요로 하는 자격을 보유하고 있으며 임원 채용에 지원합니다. 저의 경쟁자들은 여러 직원과 함께 프로젝트를 기술적으로 잘 처리할 것이지만, 저를 고용한다면 당신은 그 분야의 리더를 얻는 것입니다. 저는 모든 지원자를 직접 만나며, 고객들과 접촉하고, 모든 검색 체계를 관리하며, 개인적으로 급여 협상의 최종 세부 사항을 명확히 하는 일까지 회사의 이익을 보장할 것입니다.

- 주장하는 사람, 소피아 브라운

네트워킹

표준 입사 지원서를 제출하는 것 외에도 네트워킹을 구직의 큰 구성 요소로 만드십시오. 미국 노동통계국에 따르면, 모든 직업의 70%가 네트워킹을 통해 정보를 얻을 수 있다고 합니다. 많은 숨겨진 기회가 있는데 그것은 결코 온라인에서는 드러나지 않습니다. 다양한 채용 공고가 올라오지만, 채용관리자의 지인과 구직 사이트에 연줄이 있는 지원자들이 먼저 정보를 얻게 됩니다. 그럼 당신이 그들의 지인 중 한 명인지 확인해 보는 건 어떻습니까? 친구나 가족부터 시작해서 점점 인맥의 범위를 확장해 보십시오. 궁극적인 목표는 채용 매니저들과 연결되는 것입니다.

친구와 가족

친구와 가족에게 엘리베이터 스피치(이메일, 전화 등)를 해보고, 희망 분야와 관련된 지인, 전 직장 동료, 사이가 멀어도 당신에 대해 말해줄 사람이 있는지 물어보십시오. 언제, 누구와 무슨 이야기를 하였는지, 이메일 주소나 전화번호 같은 연락처를 잘 메모(더 좋은 것은 스프레드시트에 정리하기) 해 두십시오.

함께 일하던 동료들과 급우들

한번 친한 관계를 맺은 사람이 여러분에게 계속 관심을 가질 수 있도록 전 직장 동료나 반 친구들에게 연락하십시오. 피드백과 조언을 부탁하면서, 그들이 여러분과 관련된 채용 공고에 관심을 가지고 볼 수 있도록 주의를 환기해 주십시오. 만약 그들이 일하는 회사의 채용 공고를 본다면, 지인들에게 당신의 자기소개서와 이력서를 직접 채용관리자에게 전달해 달라고 부탁하십시오.

잘 모를 수도 있는 사람

당신을 잘 모르지만 이미 당신이 원하는 일을 하고 있거나 같은 분야에 있는 사람에게 연락하십시오. 당신은 친근한 이메일을 쓰거나 업무 전화로 함께 이야기하는 것을 좋아하는 사람을 만나게 될 것입니다. 처음에는 낯선 사람에게 연락하는 것을 망설일 수 있

지만, 통계에 따르면 이러한 시도가 친구나 가족 네트워킹보다 더 좋은 결과를 가져올 수 있습니다. 한번 시도해 보십시오. 당신은 그곳에서 특별한 기회를 발견할 수 있을 것입니다. 이 외의 네트워킹 방법은 다음과 같습니다.

- SNS를 사용하여 특정 회사의 개인을 검색하고 온라인에서 연결된 친구의 친구에게 당신을 그 사람에게 소개해 달라고 요청하는 것입니다.
- 개인적으로 다가갈 수 있도록 친구나 동료들로부터 추천을 받습니다.
- 회사나 특정 주제에 대해 검색을 하고 기사에 언급된 개인에게 친근한 편지를 보냅니다.

업계, 동문회 및 특별 관심 행사

구직기간 동안 관심 분야에 있는 사람을 만날 수 있는 행사에 참석하거나, 기꺼이 도움을 줄 친구 및 동료와 다시 연락할 수 있습니다. 가능한 한 많은 사람에게 엘리베이터 스피치를 하십시오. 명함 또는 연락처 정보를 수집하고 한동안 연락하지 못했던 전화부에 있는 주요한 사람들과 연락해 보십시오.

다음은 참여할 만한 행사의 예시입니다.

- 고등학교 또는 대학교 동창회
- 가족 모임 또는 결혼식
- 잔치
- 기금모금 행사
- 강연
- 체육 행사
- 쥬얼리 또는 요리용품 파티
- 교회, 성당 행사
- 산업박람회
- 제품 품평회
- 자연 산책 또는 도시 가이드 투어
- 구직 지원단 간담회
- 경력지원센터 워크숍
- 강연자 미팅
- 자녀 학교 학부모 모임
- 정치 또는 자원봉사자 모임

관리자 채용

이상적인 네트워킹 노력은 당신이 선택한 분야의 고용 관리자와 정보를 제공할 수 있는 인터뷰로 이어질 것입니다. 지금 당장은 그들이 충원할 빈자리가 없거나 채용 계획이 없더라도 당신은 채용관리자와 인맥을 구축할 수 있음을 안다는 것으로도 용기를 얻게 될 것입니다. 이렇게 하는 것은 업계와의 접촉이 중단되지 않도록 해 줄 것입니다. 당신이 조직에 대해서 더 알 수 있는 친근한 사전 인터뷰(아래 설명 참조)에 관심이 있다는 것을 채용관리자가 알게 하십시오.

미리 다져놓은 작업 덕분에 나중에 채용 요건이 생기면 매니저는 미팅에서 만난 당신을 긍정적으로 기억할 것이고 적절한 시간에 정식 면접을 위해 당신에게 빠르게 연락할 수 있습니다.

사전 인터뷰

일하고 싶은 곳에 근무하는 직원에게 공개적인 미팅을 요청하는 것은 기회를 포착하는 좋은 방법입니다. 여러분이 유익한 정보를 원한다고 분명히 밝히면, 일자리를 구하는 것이 아니기에, 미팅하는 동안 양쪽 모두 부담감을 덜 느끼게 됩니다. 상대방의 시간을 존중하고 30분만 물어보십시오. 만약 이것이 가능하지 않다면, 전화로 15분 동안 이야기할 수 있도록 요청하십시오. 미팅의 목적은 조직에 대해 더 많이 알아가는 것입니다.

미리 몇 가지 질문을 준비하십시오. 이번 미팅에서는 구직 계획 및 자료 작성에 도움이 되는 정보를 수집하게 됩니다. 여러분은 또한 엘리베이터 스피치를 해볼 수 있습니다. 많은 경우 미팅이 끝날 때 상대방은 당신에게 도움이 되는 조언과 일자리를 위한 유용한 단서를 제공할 것입니다. 때로는 실제 채용을 위해 면접에 다시 초대될 수도 있습니다. 그러므로 여러분이 확실히 기억될 수 있도록 다음 날 꼭 감사 메시지를 보내십시오.

인턴십: 접근하는 다른 방법

인턴십은 경력을 위해 필요한 기술을 배우는 좋은 기회입니다. 좋은 인턴십은 직접적인 체험을 통해서 배울 수 있게 해 줍니다. 보수 없이 일하는 것에 만족하지 못한다면 부담이 될 수 있지만, 때로는 약간의 수당을 받을 수도 있습니다. 인턴십을 하면 이력서에 자신이 관심 있는 분야에 나서서 업무에 필요한 기술을 발전시켰다는 것을 나타낼 수 있을 뿐만 아니라 나중에 정규직 일자리를 구할 때 도움을 줄 수 있는 인맥이 형성됩니다. 일부 산업, 예를 들어 출판업계에서 무급 인턴십은 사실상 통과의례입니다.

반면에 금융과 같이 일반적으로 더 수익성이 좋은 산업에서는 인턴십 과정에서도 좋은 보수를 받는데, 이는 놀랄 일도 아닙니다. 가장 좋은 인턴십은 당신이 일하고 있는 회사가 앞으로 정규직으로 채용할 의도로 인턴을 채용하는 것입니다. 회사들은 대부분 내부 채용을 선호하며, 당신에게 잘 맞는 회사에 들어가기 위해 첫발을 내딛는 가장 좋은 방법은 먼저 인턴이 되는 것입니다.

자기소개서

정보를 얻기 위해 면접을 요청하거나 구직서류를 제출할 때마다 자기소개서를 첨부합니다. 이메일 본문에 작성하되, 워드 문서로 작업하여 첨부합니다. 이메일을 통해 채용 담당자와 고용주에게 엘리베이터 스피치를 할 수 있도록 기회를 얻을 것입니다. 여기 평화를 추구하는 사람 이삭이 보낸 자기소개서 예문이 있습니다. 이삭의 직업목표 #1은 비영리 세계를 떠나 엔지니어로 더 높은 보수를 받는 직책을 찾는 것이었습니다.

친애하는 Xinet 채용 매니저님께,

저는 의사소통을 잘 할 수 있는 몇 안 되는 전문적인 기술자입니다. 듣기든, 말하기든, 글로써 개념을 표현하는 것이든, 고객의 말을 듣고 복합적으로 이해할 수 있는 것이 저의 가장 큰 능력입니다. 이러한 기술과 다양한 업무 경험으로 최근에 Craigslist에 게시된 기술 지원 엔지니어 직책이 제게 적합하다고 생각합니다.

Xinet의 업무와 가장 관련성 있는 제 경험은 Unix 시스템 관리 분야에서 일하면서 Unix와 Windows에서 MySQL과 Apache에 이르기까지 회사에서 원하는 여러 기술을 다룬 것입니다. 트레이드 클리어링 회사, 썬 마이크로시스템 및 네트워크 설비회사(첨부된 이력서 참조)의 위원회에서 일한 이후 몇 년간은 비영리 기술 재단에서 시스템 관리를 하지 않았습니다. 다른 비영리 단체와 자선단체에 기술을 지원하고, 소프트웨어를 할인하여 제공함으로써 지역사회에 환원하는 데 헌신하는 것이 제 목표였습니다. 이러한 목표를 달성한 후 최근에 썬 마이크로시스템에서 기술 지원 엔지니어로 3개월간 근무했습니다. 현재 제 목표는 이와 같은 업무를 장기적으로 할 수 있는 직장을 찾는 것입니다.

제 이력서는 제가 연구한 기술의 전체 목록을 제공하지만, 제가 가지고 있는 중요한 무형의 것들, 즉 빠르게 배울 수 있는 능력, 고객 서비스에 대한 확고한 의식, 새로운 기술을 연구하고 다루는 즐거움 등은 충분히 언급되지 않았습니다.

이력서, 자기소개서와 함께 충분한 검토를 위한 요약본을 첨부했습니다. 저의 자격이 귀사가 찾고 있는 목적에 부합한다면, 귀사와 더 많은 이야기를 나눌 수 있기를 바랍니다.

진심을 담아
이삭 화이트

온라인 취업 사이트

당신의 목표가 틈새 분야가 아니라면, 당신이 찾는 많은 직업은 다양한 취업 관련 온라인 사이트에서 찾을 수 있습니다. 매일, 매주 이러한 사이트에서 키워드, 제목, 지역을 검색합니다. 취업 통합사이트에 가입해도 좋습니다. 이렇게 하면 게시물이 한곳으로 전달되고, 많은 경우 새로운 구직 신청서를 바로 받을 수 있습니다. 채용 담당자가 지원자 목록의 맨 위에 당신의 지원서를 올릴 수 있게 하려면 공고가 있는 회사의 네트워킹을 활용해야 합니다. 당신에게 사전 인터뷰를 요청하는 사람들에게 이력서가 즉시 이용될 수 있도록 취업사이트의 온라인 프로필을 계속 업데이트 하십시오. 경우에 따라서는 이 사이트에서 연결된 사람을 기반으로 채용 담당자가 당신을 찾을 것입니다. 신뢰하고 존경하는 사람들과의 연결 목록 사이트에서 계속 작성하십시오. 어떤 경우에는 채용전문가가 검색할 때 인맥이 넓은 사람이 검색 결과 상위에 오릅니다. 하지만 인맥을 넓히기 위해 굳이 낯선 사람이나 평판을 모르는 사람들과 연락하지는 마십시오.

두 개의 취업사이트에 이력서를 올릴 일정을 계획하십시오. 각 직업 목표에 맞는 것으로, 두 개의 이력서를 준비하십시오. 첫 주 동안 이력서 #1을 게시하십시오. 2주 후에 이력서 #1을 내리고 #2를 올리십시오. 몇 주 후 #2를 내리고 #1을 다시 게시합니다. 이력서는 최근에 업로드된 것일수록 채용 담당자의 검색 결과에 더 잘 나타나게 됩니다. 만일 이력서가 오랫동안 게시되어 있다면 아무런 결과가 없을 수도 있지만, 이력서를 업로드한 직후에는 채용 담당자가 당신의 새로운 자격에 대한 정보를 발견하고 24시간 이내에 당신에게 전화할 수도 있습니다.

구직 초기에는 어떤 것이 더 큰 도움이 될지 모르기 때문에 두 개의 이력서를 번갈아 쓰는 것이 좋습니다.

채용전문가 및 취업 알선업체

채용전문가의 유형은 다양해서, 인사부에 근무하는 사내 직원도 있습니다. 이들의 스타일은 외부 채용 담당자와 확연히 다릅니다. 일부 사내 채용 담당자들은 회사의 이익에 따라 매력적인 지원자들을 다양하게 확보하여 인연을 맺는 일에 초점을 맞춥니다. 또 다른 사람들은 고용에 대한 업무 처리 모범 규준, 정책 및 법적 지침을 준수함으로써 회사를 보호하고 채용 담당자의 시간을 아끼는 데 초점을 맞춥니다. 대부분의 사내 채용 담당자에게서는 특정 업무를 선택해야 한다는 압박을 크게 받지 않을 것이니, 당신은 그들에게 좋은 인상을 주기만 하면 됩니다.

정규직 채용전문가와 계약직 채용전문가

외부 채용전문가는 적극적으로 훌륭한 후보자를 찾기 위해 사업주가 고용한 외부 컨설턴트입니다. 이 채용전문가는 당신의 온라인 이력서, 당신을 언급하는 뉴스 기사, 또는 당신을 아는 사람들의 추천을 통해 당신을 찾습니다.

정규직 채용전문가는 사람을 고용하든 그렇지 않든 보상을 받으므로 그들이 충원해야 하는 일자리를 얻으려고 할 때 당신이 눈에 덜 띌 수 있습니다. 정규직 채용전문가가 있는 회사들은 주로 발견하기 어려운 사람들, 즉 노련한 기술을 가지고 있는 상위 관리직을 충원하기 위해 사람을 찾습니다.

계약직 채용전문가는 채용에 성공해야만 급여를 받기에 가장 적합한 후보자를 찾게 되므로, 당신이 그 직업을 얻을 수도 있습니다. 계약직 채용전문가는 자신의 충분한 수입을 위해 매달 가능한 많은 사람을 배치하기 위해 일을 합니다. 여러분은 자신의 영역과 필요로 하는 것에 대해 명확히 할 필요가 있습니다. 그렇지 않으면 여러분에게 맞지 않는 상황으로 내몰릴 수 있기 때문입니다.

외부 채용 담당자에게서 얻을 수 있는 이점 중 하나는 당신이 고용주를 만났을 때 어떻게 최선을 다할지에 대해 코칭 받을 수 있다는 것입니다. 그러므로 외부 채용 담당자들이 제공하는 추가 정보와 자원을 활용하십시오. 보수 협상 시기가 되면 주의하십시오. 외부 채용 담당자는 임무가 끝나면 다시 상대하지 않으므로, 몇몇 구직자들은 그들의 채용 담당자들이 연봉에 대해 너무 공격적이어서 일자리를 잃었다고 말합니다.

할 수 있을 때마다 채용 담당자들을 돕고, 다른 잠재적인 지원자들에게 그들을 추천해 보십시오. 그들은 당신의 도움을 기억할 것이고 다음에는 당신에게 딱 맞는 직업을 찾아 연락할 수도 있습니다.

취업 알선업체

취업 알선업체의 형태는 그들이 보수를 받는 방법과 고용주의 이익과 비교하여 당신의 이익을 어느 정도 대변해 줄 수 있는지에 따라 아주 다양합니다. 각각의 취업 알선업체가 어떻게 운영되는지 이해하기 위해 다양한 질문을 해보십시오. 일부 취업 알선업체는 교육, 직업 코칭 및 추가 직업 등 풍부한 자원을 제공할 것입니다.

계약직과 임시직 업무

만약 당신이 단기 프로젝트를 할 기회가 있다면, 이를 통해 평소에 면접을 볼 수 없었던 회사에 발을 들여놓을 수 있습니다. 단기 프로젝트 추진 중에 사람들을 만나고 네트워크를 확장할 수 있을 것입니다. 또한, 조직의 고위층이 당신의 행동을 보면서, 정규직을 제안할 수도 있습니다.

면접 준비

면접 준비는 정보를 얻기 위해서든 특정 채용을 위한 것이든 많이 할수록 좋습니다. 온라인으로 회사를 찾아보거나, 설립자에 관한 기사를 읽거나, 당신을 면접하게 될 사람에 대한 신상 정보를 읽어봄으로써 필요한 것들을 미리 숙지하십시오. 면접관들이 그들의 상품과 서비스에 대해 당신의 생각을 물을지도 모르니 읽고 관찰한 것에 대한 당신의 생각을 정리하십시오. 새로운 시선으로 제안을 만들고 통찰력 있는 질문을 준비하십시오. 이 조직에서 일한 사람들을 알고 있다면 미리 전화를 걸어 구체적인 내용과 조언을 요청하십시오.

당신의 경험과 그들의 요구를 비교하면서 엘리베이터 스피치와 이력서를 다시 검토하십시오. 숙련된 면접관들은 행동 면접이라고 불리는 기술을 사용하는데, 여기서 그들은 당신이 경험한 구체적인 사례를 질문할 것입니다. 그들은 "복잡한 문제를 풀었던 때를 말해보십시오." 또는 "화난 고객을 상대했던 때를 말해보십시오." 등의 질문을 할 것입니다. 그 일의 핵심 요구사항에 대해 스스로 질문해 보면서 자신이 실제로 이뤄낸 성취와 처리한 상황의 예를 들어보십시오.

답변할 때는 상황, 행동, 결과를 이야기하십시오. 예를 들면, "그 고객은 시스템이 4시간 동안 다운되고 20분 동안 대기했기에 화가 난 상황이었습니다. 저는 고객의 말을 끝까지 들어주며, 그를 도와 공식적인 불만 사항을 접수하도록 하고, 그의 문제를 최우선 과제로 처리할 수 있도록 도왔습니다. 그 결과 우리는 우수고객을 잃지 않았고, 이후에 그는 제 상사에게 편지를 써서 우수한 서비스에 감사를 표했습니다."라고 말할 수 있습니다.

다음은 인터뷰에서 예상할 수 있는 일반적인 질문과 대처 방법에 대한 조언입니다.

- "자신을 소개해 보십시오."에 대해 엘리베이터 스피치를 해보십시오. 뻔한 조언 같지만, 많은 인터뷰 대상자들은 이에 대해 준비가 되어 있지 않습니다. 사람들 대부분은 소개할 때 자기 단점도 말해야 하는지 고민하거나 그냥 '자신'에 대해 거의 말을 하지 않거나 너무 길게 말합니다. 면접관들이 이끄는 대로 대화에 끌려가면 정작 자신이 그 일에 적합한 이유에 대해서는 요점을 전달하지 못하게 됩니다. 엘리베이터 스피치를 잘 연습해놓으면 처음 3분 안에 이 문제를 해결할 수 있습니다.

- "이력서에 기재한 경력을 설명해 보십시오."라고 질문을 받으면 당신이 면접을 보고 있는 직책과 가장 관련이 있는 직종부터 시작하십시오. 사소한 일에 얽매이지 않도록 조심하고, 가장 중요한 사항에 집중하십시오. (경고: 면접관이 "당신에 대해 말해 보십시오." 대신 이 질문을 먼저 하게 되면 첫 단추를 잘못 끼우게 됩니다. 이력서를 보는 동안 엘리베이터 스피치를 슬쩍 시작하여 상황을 주도할 수 있습니다.)

- "…… 할 때 어떠한지 말해보십시오."라고 질문을 받으면 관련된 상황, 행동, 결과를 설명하십시오.

- "당신의 약점은 무엇입니까?"라는 질문에 미리 준비하십시오. "나는 일에 대해 완벽주의자가 될 수 있지만 때로는 위임하는 일을 더 잘할 필요가 있습니다." 등 강점으로 돌릴 수 있는 약점을 이야기합니다. 그리고 당신이 얼마나 열심히 일하는 사람인지 보여줄 수 있도록 화제를 전환하십시오.

- "더 궁금한 것이 있으신가요?"라는 질문을 받으면 "없습니다."라고 말하지 마십시오. 회사에 관심이 있다는 것을 보여주는 몇 가지 질문을 준비하십시오. 그리고 작별 인사를 하기 전에, 면접관에게 "다음 단계는 무엇입니까?"라고 물어보십시오.

한동안 면접을 안 봤다면 연습 삼아 친구와 모의 면접을 해보십시오. 당신이 꿈꿨던 회사 면접이 다가오고 있다면, 당신이 발표과정에서 부족할 수 있는 몇 가지 부분을 해결하기 위해 먼저 다른 면접 일정을 잡아 보십시오.

이론적으로 말해서 모든 면접은 쌍방향입니다. 고용주는 당신이 그 일에 필요한 사람인지 물어보고, 당신은 그 회사가 일하고 싶은 곳인지 확인하기 위해 질문을 하는 것입니다. 안타깝게도 처음에는 대화가 일방적으로 이어지는 경향이 있지만, 당신 또한 회사에 대해 알아야 하고 자신의 구직 우선순위 목록에 부합해야 합니다. 만약 여러분이 첫 번째 인터뷰에서 이러한 질문을 너무 많이 한다면, 여러분은 주제넘게 보이거나 요구가 많은 사람처럼 보일 수 있습니다. 첫 번째 인터뷰에서는 자신이 이 일에 적합한 인재라고 고용주를 설득하는 것에 초점을 맞추십시오. 하지만 이 일에 대해 어떤 단서가 있는지 잘 들어보십시오. 면접이 끝난 후, 이 직업 상황에 대해 당신이 발견한 것을 메모하십시오.

대부분의 궁금증은 협상 과정에서 해소될 것임을 기억하면서 두 번째 또는 세 번째 인터뷰에서 더 많은 질문을 하십시오. 제안에 너무 흥분해서 그것을 빨리 수용하기보다는, 당신에게 적합한 상황인지 확인하기 위해 충분히 검토하십시오.

직무 적합 워크시트를 사용한 의사 결정

당신은 한 기관으로부터 제안을 받을 것입니다. 동시에 다른 회사도 당신에게 제안할 수 있습니다. 어떤 제안이 당신에게 더 좋습니까? 첫 번째 제안에 시간을 끌 필요가 있습니까? 11장에서 직업에서 찾고자 하는 기본 사항을 확인했습니다. 이제 적합한 회사와 역할을 선택할 뿐 아니라 채용 제안에 따른 협상을 준비하기 위해 완벽한 직무 적합 워크시트를 작성할 차례입니다. 당신이 하려는 두 직업을 비교하십시오. 일반적인 직업상의 필요조건에 해당하는 워크시트 6-10번 질문을 확인하고, 11장에서 자신의 유형에 맞는 질문을 찾아 1-5번에 써 넣으십시오. 각 범주의 중요도를 1(낮음)에서 5(높음)까지 평가해 보십시오. 각 작업 기회를 1(낮음)에서 5(높음)까지 등급을 매겨보십시오. 그런 다음 둘을 곱하여 총계를 내십시오.

직무 적합 점검표 완성하기

	직업 1 : _____	직업 2 : _____

1. _____
    우선 순위 1-10 : _____
    중요도   1 2 3 4 5
	1 2 3 4 5
	___ × ___ = ___
	(중요도) (등급)
		1 2 3 4 5
		___ × ___ = ___
		(중요도) (등급)

2. _____
    우선 순위 1-10 : _____
    중요도   1 2 3 4 5
	1 2 3 4 5
	___ × ___ = ___
		1 2 3 4 5
		___ × ___ = ___

3. _____
    우선 순위 1-10 : _____
    중요도   1 2 3 4 5
	1 2 3 4 5
	___ × ___ = ___
		1 2 3 4 5
		___ × ___ = ___

4. _____
    우선 순위 1-10 : _____
    중요도   1 2 3 4 5
	1 2 3 4 5
	___ × ___ = ___
		1 2 3 4 5
		___ × ___ = ___

5. _____
    우선 순위 1-10 : _____
    중요도   1 2 3 4 5
	1 2 3 4 5
	___ × ___ = ___
		1 2 3 4 5
		___ × ___ = ___

6. 얼마나 보상을 잘 받을 수 있습니까? 　우선 순위 1-10 : _____ 　중요도　　1　2　3　4　5	1　2　3　4　5 ___×___=___	1　2　3　4　5 ___×___=___
7. 근무시간과 복지 제도는 얼마나 좋습니까? 　우선 순위 1-10 : _____ 　중요도　　1　2　3　4　5	1　2　3　4　5 ___×___=___	1　2　3　4　5 ___×___=___
8. 근무 위치가 통근하거나 재택근무하기에 얼마나 적합합니까? 　우선 순위 1-10 : _____ 　중요도　　1　2　3　4　5	1　2　3　4　5 ___×___=___	1　2　3　4　5 ___×___=___
9. 이 직책이 내 승진에 얼마나 도움이 됩니까? 　우선 순위 1-10 : _____ 　중요도　　1　2　3　4　5	1　2　3　4　5 ___×___=___	1　2　3　4　5 ___×___=___
10. 직장 문화가 얼마나 편안합니까? 　우선 순위 1-10 : _____ 　중요도　　1　2　3　4　5	1　2　3　4　5 ___×___=___	1　2　3　4　5 ___×___=___
합계		

조언

도와주는 유형과 자기소개서 쓰기

도와주는 사람은 경영자가 진정으로 원하는 것을 인지하고, 그들이 원하는 암묵적인 요구사항을 찾아내며, 매력적이고 유리한 자기소개서를 만드는 방법을 보여줌으로써 당신을 도울 수 있습니다.

성취를 추구하는 유형과 성공적인 인터뷰

성취를 추구하는 사람은 여러분이 자신을 잘 표현할 수 있도록 도와주고, 엘리베이터 스피치를 다듬을 때 피드백을 줄 수 있으며, 모의 면접을 할 때 도울 수 있고, 취업 성공을 위한 옷 입는 법에 대해 조언해 줄 수 있습니다.

독특함을 추구하는 유형과 자기 성찰

독특함을 추구하는 사람은 당신을 독특하게 만드는 강점과 현재 직업에서 간과했을 필요를 성찰하는 데 도움을 줄 수 있습니다.

관찰하는 유형, 평화를 추구하는 유형과 자료조사

관찰하는 사람과 평화를 추구하는 사람은 여러분이 온라인으로 기업 정보와 채용 공고를 찾고, 협상하고 있는 조직에 대해 탐색하는 것을 도울 수 있습니다.

충성하는 유형과 유의사항 파악하기

충성하는 사람은 직업 안정성, 재정 계획, 퇴직 자금, 고려하지 않은 장단기 경력 위험 사항에 대해 신중한 결정을 내리는 데 도움을 줄 수 있습니다.

즐거움을 추구하는 유형과 네트워킹

즐거움을 추구하는 사람은 당신과 함께 구직 이벤트에 참석하며, 당신의 관심 분야에 있는 사람들에게 연락하고 연줄을 찾아내는 방법을 보여줌으로써 구직 과정에서 도움을 줄 수 있습니다.

주장하는 유형과 협상

자신의 우선순위를 명확히 했다면, 주장하는 사람이 당신에게 자신감을 주고 원하는 것을 추진하도록 격려함으로써 협상에 대해 조언할 수 있습니다.

완벽을 추구하는 유형과 이력서 다듬기

완벽을 추구하는 사람은 이력서를 정리하고 철자 실수와 문법 오류를 찾으며, 원하는 것을 논리적으로 표현하는 데 도움을 줄 수 있습니다.

계약 체결 : 협상

취업 제안을 수락하기 직전은 협상하기에 가장 좋은 때입니다. 임금 인상이나 휴가, 재택근무를 요청할 일이 있다면 일을 수락하기 전에 하십시오. 또 일을 맡은 날로부터 첫 18개월 안에 예상되는 중요한 일이 있다면, 지금 당장 요청하십시오. 보통은 자기 이익을 위해 충분히 협상하지 않는 편이지만 자신을 과소평가하지 마십시오. 동시에 협상에는 유연하게 접근해야 하며, 너무 지나친 요구를 하지는 말아야 합니다. 만약 고용주가 당신이 주제넘은 사람이라고 여기게 되면, 당신을 고용하는 것에 대해 다시 생각할 수도 있습니다.

협상할 수 있는 내용은 조직마다 다릅니다. 어떤 직종은 연봉 협상에서 융통성이 없을 수 있지만, 다른 직종은 상당히 유연할 수도 있습니다. 어떤 회사는 직함이 정해져 있지만, 다른 회사는 직원 개개인에 알맞은 맞춤 직함을 만들 수 있습니다. 근무시간을 엄격하게 요구하는 고용주가 있을 수도 있고, 다른 고용주는 일주일에 5일을 재택 근무해도 상관하지 않을 수도 있습니다. 목표는 두 가지입니다. 자신의 우선순위 목록을 만드는 것과 이 조직에서 협상 가능한 항목을 찾는 것입니다.

11장의 일반적인 요구에 맞는 작업 워크시트를 참조하여 우선순위 목록을 작성하십시오. 그런 다음 채용 담당자와 상의하여 어떤 항목이 협상 가능한지 알아보십시오. 다음 이삭의 협상에 대해 읽고 당신은 어떻게 행동할 수 있는지 알아보십시오.

이삭의 협상 리스트

이삭의 사례를 통해 실제 협상 과정을 살펴보겠습니다. 협상해야 할 때, 당신도 같은 목록을 만들어 보십시오.

먼저 이삭은 아래 목록에서 협상 가능성이 있는 항목의 예시를 읽고 자신과 관련된 항목 옆에 체크를 했습니다.

보상	근무시간, 근무지 및 복지	승진 항목
기본급여 ✓	근무 일수	직급
시간당 임금	주당 근무시간 ✓	현장교육 ✓
연간 보너스 ✓	건강보험	승진 연한
계약 체결 보너스 ✓	휴가 ✓	승진을 위해 필요한 명확한 산출물
유지비	필요한 특정 휴가 일수 ✓	급여인상을 위해 필요한 명확한 산출물
수수료	무급휴가	보고 구조
주식매입 선택권	유급휴가	직접 보고
연금	재택근무 ✓	책임의 범위
은퇴연금	출장 시간 비율	주요 컨벤션 등록 여부
주택수당	체육 시설 멤버십	기타:
자동차수당	제휴 호텔 이용 서비스	
기타:	학자금 보조	
	기타:	

이삭이 전화로 일자리 제안을 받았을 때, 그는 채용 담당자에게 그 소식을 듣게 되어서 기쁘다고 말했고 제안의 세부 사항을 검토할 시간을 마련할 수 있는지 물었습니다. 이것은 채용 담당자에게 몇 가지 사항을 협상하고 싶다는 신호를 보내는 공손한 방법이었습니다. 덕분에 양측은 이 중요한 대화에 앞서 준비하고 몇 가지 조사를 할 수 있는 시간을 얻었습니다. 전화로 약속을 잡기 전에 이삭은 우선순위 목록을 준비했습니다. 채용 담당자 또한 그의 상사가 허락하는 연봉 협상의 범위를 포함하여 몇 가지 사실을 확인했습니다. 다음 날 이삭은 아래 요약된 아홉 가지 항목에 대해 채용 담당자와 30분 동안 통화를 했습니다. 이삭은 이러한 항목 중 일부는 협상할 수 없다는 것을 알게 되었지만, 사용 가능한지 몰랐던 일부 옵션도 발견했습니다. 처음 6개월 동안 휴가를 낼 수 없지만, 무급 휴가를 내어 동생의 결혼식에 참석할 수 있다는 것을 알게 되었습니다. 또한, 5년간 근무하면 한 달 동안의 유급 휴가를 받을 수 있다는 사실도 알게 되었습니다.

빈 종이에 다음과 같이 두 개의 칸을 만들어 당신의 우선순위와 협상 가능 사항에 대해 알게 된 것을 적어보십시오.

이삭의 우선순위 항목	회사의 협상 가능 여부
기본급여 건강보험 현장교육 휴가 주당 근무시간 재택근무 연간 보너스 계약 체결 보너스 필요한 특정 휴가 일수	**협상 가능 항목:** **기본급여:** 20,000달러 범위에서 급여(지원자에게 알려 주지 않았으나 담당자에게 융통성 있음) **현장교육:** 담당자는 상당한 현장 교육 예산을 가지고 있고 심지어 이삭의 전임자가 주말에 와서 그를 교육하는 비용을 낼 수 있음 **계약 체결 보너스:** 0에서 20,000달러까지 담당자의 재량(지원자에게 그 범위를 알려 주지 않음) **무급휴가:** 담당자의 승인하에 어느 때라도 이용 가능 **비 협상 항목:** **건강보험:** 모든 직원이 같은 건강보험을 선택 **재택근무:** 특별한 경우를 제외하고는 정기적인 재택근무를 할 수 없음 **주당 근무시간:** 엄격한 근무시간 유지-오전 8시 15분까지 출근 **휴가:** 근무 연한에 기초하여 휴가 제도 정책 적용 **연간 보너스:** 모든 직원에게 같은 보너스 지급 기준 적용 **필요한 특정 휴가 일수:** 회사 정책에 따르면 첫 6개월 동안은 유급 특정 휴가가 없음 **유급 휴가:** 모든 직원은 5년 근무 후 유급 휴가 가능

이삭은 전화로 채용 담당자와 첫 번째 항목인 기본급여부터 시작하여 자신의 목록을 체계적으로 검토했습니다. 그는 1년에 5,000달러를 더 요구했고 담당자는 확인한 후 다시 연락하겠다고 말했습니다. 상사의 구두 허락을 받았지만, 담당자도 특별 요청서를 작성하고 인사 담당 부사장의 승인을 받아야 했습니다. 이삭은 계속해서 구체적인 요청을 했습니다. 담당자는 자신이 할 수 있는 일을 해보겠다고 말했고 제안을 조율하기 위해 이틀 후에 이삭에게 다시 전화를 걸었습니다.

이삭은 위 단계를 수행하여 다음과 같은 결과를 얻었습니다.

이삭의 일자리 제안 개선사항
* 기본급여: 원래 제안보다 2,000달러 인상되었습니다.
* 현장 교육: 담당자는 이삭의 전임자가 돌아와 그를 교육하는 비용을 감당하기로 동의했습니다. 등록비, 호텔 숙박비 등의 경비를 지원하여 조지아주 애틀랜타에 일주일간 연수를 보내기로 했습니다.
* 계약 체결 보너스: 이삭이 고용된 첫날로부터 30일 후에 5,000달러의 보너스가 지급됩니다.
* 무급휴가: 이삭은 동생의 결혼식에 참석하기 위해 주말을 포함한 4일의 휴가를 낼 수 있습니다. (유급 휴가는 회사의 엄격한 휴가 정책으로 인해 불가능했습니다.)

이삭처럼 당신도 채용계약 전에 비교적 수월한 협상 과정을 진행할 수 있습니다. 우선순위를 확인한 후 시간을 내어 채용 담당자와 논의하며 침착하게 요구사항을 설명하십시오. 그리고 채용 담당자가 회사 정책을 확인하여 초기 제안의 개선 여부를 확인할 시간을 주십시오.

당신의 직업 실현

구직 과정의 각 단계를 철저히 따르십시오. 어려운 부분은 도움을 요청하고 기꺼이 모험 해보십시오. 이를 통해 한 걸음 한 걸음 당신이 하고 싶어 하는 일에 더 나아갈 수 있을 것입니다. 지금까지 자신의 유형에 적합한 직업뿐만 아니라 자신의 강점과 직업 필수조 건의 조합에 대해 살펴보았습니다. 이제 여러 면에서 자신에 대해 더 잘 알게 되었으니, 자신의 진정한 직업을 만나고 풍성한 결과를 맺도록 최선을 다하길 바랍니다.

역자 후기

　제가 11년 전에 번역한 이 책을 라파 에니어그램 팀원들과 다시 번역할 수 있어서 하나님께 감사합니다. 지금은 고인이 되신 엘리자베스 와겔리와 최근에도 새 책을 출간하며 활동 중이신 잉그리드 스테브의 멋진 결과물입니다. 과거 두 분과의 만남을 통해 이 책의 진가를 알고 있었기에 재번역하게 되었습니다. 번역을 하는 것은 고단한 작업이지만, 현직 선생님들과 회사에서 오랜 기간 일한 경험을 가진 분과 작업하는 자체가 즐거웠습니다. 책이 나올 수 있도록 수고하신 번역자분들, 추천사를 써 주신 분들, 연경문화사 대표님, 라파 에니어그램 강사님들에게 감사한 마음을 전하고 싶습니다. 〈에니어그램으로 진로 찾기〉는 자신의 성향과 강점을 발견한 후 그것을 살릴 수 있는 적합한 진로를 찾을 수 있게 도와줍니다. 이 책이 학교에서, 직장에서, 또 개인의 삶에서도 유익하게 사용되길 바랍니다.

― **한병복** 라파 에니어그램 대표

　주변의 권유에 따라 교사의 길을 선택했는데 다행히 그 진로가 제 성향이나 은사에 잘 맞는 부분이 있어 지금까지 이 길을 걷고 있습니다. 어떤 사람에게는 그러한 선택이 힘든 여정이 될 수도 있습니다. 〈에니어그램으로 진로 찾기〉는 에니어그램의 각 유형에 대한 이해를 돕고 직업 현장에서 발휘되는 강점과 겪게 되는 어려움을 알려주어 자신의 성향에 맞는 진로를 찾아가도록 도와줍니다. 구체적인 사례에서 제 모습을 발견할 때마다 감탄하기도 하고 안타까운 마음이 들기도 합니다. 진로로 고민하는 분들이 이 친절한 안내서의 도움을 받아 자신의 길을 찾고 자신의 역량을 맘껏 발휘할 수 있기를 바랍니다.

― **이미경** 삼숭초등학교

현명한 사람은 수만 권의 책을 읽은 사람이 아니라 그들 자신의 마음과 생각을 읽을 수 있는 사람이라고 합니다. 자기 자신을 이해하고 성찰할 수 있다면, 누구보다 현명한 사람이라고 할 수 있겠지요? 진로를 생각할 틈도 없이 열심히 공부해서 좋은 대학에 입학했으나 전공이 맞지 않아 다시 입시 공부를 하기도 하고, 좋은 직장에 취업했으나 자기 적성을 찾아 재취업하는 경우도 자주 봅니다. 돌아서 가는 길에 하는 경험이 다 헛된 것은 아니지만, 길을 나서기 전 지도를 보며 갈 길을 확인하듯, 내가 어떤 사람인지, 어떤 상황에서 나는 행복한지, 출발선에서부터 나 자신을 알고, 내게 맞는 직업을 찾아갈 수 있다면 좀 더 여유로운 삶을 살게 되리라 생각합니다. 그런 여정에 있는 여러분에게 친절한 안내자가 되어줄 책을 번역할 수 있어서 행복한 시간이었습니다.

— **경혜순** 춘천소양초등학교 교장

학교에서 동료교사와의 갈등으로 굉장히 어려운 상황일 때, 에니어그램을 처음 만났습니다. 아홉 가지 유형의 내면 동기와 패턴, 역동 등에 대해 배우면서 그동안 이유를 알 수 없었던 나와 상대방의 모습들이 조금씩 이해되기 시작하며 안도감과 위로를 느꼈습니다. 다른 이유로 또다시 삶에서 길을 잃어 헤맬 때, 이 책을 만났습니다. 번역이 처음이라 쉽지는 않았지만, 이 책을 통해 누군가가 내가 느꼈던 그 안도감과 위로를 얻기를 기대하며 기쁘게 작업했습니다. 그 과정에서 저 또한 방향을 찾고 힘을 낼 수 있었기에 저에게도 소중한 경험이었습니다. 〈에니어그램으로 진로 찾기〉가 자신을 알고 자신에게 잘 맞는 일을 하는 축복된 여정에 도움이 되기를 바랍니다. 그 여정에 함께 할 수 있도록 허락하신 하나님께 감사드립니다.

— **정아름** 서울중랑초등학교

교사로서의 제 삶을 돌이켜 봤을 때 제일 행복했던 시절은 진로교사로 활동할 때였다는 생각이 듭니다. 이유를 생각해보면 그 시기에 나의 성향을 가장 잘 발휘할 수 있었기 때문입니다. 그동안 다양한 성격 탐색 도구들을 많이 접했지만, 내면의 동기와 반복되는 패턴을 파악하여 자신의 성격에서 벗어나 진정한 자신이 되도록 날개를 달아줄 수 있는 것은 단연 에니어그램이라 말할 수 있습니다. 그러기에 에니어그램을 만나고 공부할 수 있었던 것은, 제 인생의 크나큰 행운입니다. 자라나는 세대가 각자 가진 자신의 귀한 모습을 발견하고 강점을 발휘할 수 있는 진로를 찾는 데 〈에니어그램으로 진로 찾기〉가 소중한 역할을 해주리라 기대하고 강력하게 추천합니다.

— **이혜연** 라파에니어그램 강사

저는 번역에 참여하는 동안 이 책이 '나 다운 일'을 찾고 '나 다운 삶'을 살게 해 줄 수 있는 책이라는 확신이 들었습니다. 같은 유형이라도 자라온 환경이나 개발된 능력이 각기 다르기에, 에니어그램을 기반으로 한다고 해도 분야별 직업의 특성을 대입해서 실제적인 안내를 하는 것은 어려운 일이라고 생각합니다. 그 어렵고 번거로운 작업을 해 주신 스테브와 와겔리에게 진심으로 존경하는 마음이 올라왔습니다. 2010년에 출간된 책이 현재에 직업 가이드를 하기에 전혀 손색이 없다는 것도 놀라웠습니다. 부디 이 훌륭한 〈에니어그램으로 진로 찾기〉가 사람들의 진로에 대한 시행착오를 줄이거나, 맞지 않은 '대학 전공'으로 방황을 하다가 다시 '인생 전공'을 찾기 원하는 사람들에게 많이 활용되길 바랍니다.

— **윤혜경** 라파에니어그램 강사

에니어그램을 배우고 나서 이 책을 처음 읽었을 때, 내가 좀 더 일찍 알았더라면 진로 방향을 정하는 데 얼마나 도움이 되었을까 하는 아쉬움이 있었습니다. 사람들이 가는 방향이 정답이라는 생각으로 그에 맞추려 애썼던 지난 시간이 안타까운 만큼 지금의 청소년들과 청년들에게, 또 진로를 고민하는 많은 이들에게 이 책이 추천서가 되었으면 하는 마음이 큽니다. 자신에게 맞는 일을 찾아간다면 더 즐겁게 충만한 삶을 경험할 수 있겠지만, 〈에니어그램으로 진로 찾기〉를 통해 무슨 일이든 자신의 강점을 살리며 할 수 있다는 것을 알게 되었다는 것도 큰 소득입니다. 그러기에 지금의 내 위치에서 하나님의 뜻을 따라 나의 강점을 살리며 삶의 의미와 기쁨을 누려가는 것도 감사합니다.

— **이성심** 서울강명초등학교

학생들과 함께 지내면서 그들의 생각을 많이 듣게 됩니다. 특히 자신이 어떤 사람인지, 무엇을 잘하는지, 어떤 직업을 갖고 살아야 하는지 고민하는 학생들의 이야기를 들을 때면 어떻게 도와줄 수 있을지 저도 많은 생각을 하게 됩니다. 〈에니어그램으로 진로 찾기〉가 그런 학생들과 교사들에게 많은 도움이 되길 바라며 수정하는 작업에 참여했습니다. 함께 할 수 있어서 감사합니다.

— **김현승** 국어 교사

THE CAREER WITHIN YOU
Copyright ⓒ 2010 by Elizabeth Waggle and Ingrid Stabb
All rights reserved

Korean translation copyright ⓒ 2022 by YEONKYOUNG PUB.CO
Published by arrangement with HarperOne, an imprint of HarperCollins Publishers
through EYA Co.,Ltd.

이 책의 한국어판 저작권은 EYA Co.,Ltd를 통해
HarperOne, an imprint of HarperCollins Publishers 사와 독점계약한 연경문화사에 있습니다.
저작권법에 의하여 한국 내에서 보호를 받는 저작물이므로
무단전재 및 복제를 금합니다.

내 성격 유형에 적합한 직업 찾기
에니어그램으로 진로 찾기

발행일	2022년 8월 15일
초판2쇄	2025년 6월 23일
지은이	엘리자베스 와겔리 · 잉그리드 스테브
옮긴이	한병복 · 이미경 · 경혜순 · 정아름 · 이혜연 · 윤혜경 · 이성심 · 김현승
펴낸이	이정수
책임 편집	최민서·신지항
펴낸곳	연경문화사
등록	1-995호
주소	서울시 강서구 양천로 551-24 한화비즈메트로 2차 807호
대표전화	02-332-3923
팩시밀리	02-332-3928
이메일	ykmedia@naver.com
값	22,000원
ISBN	978-89-8298-200-2 (03370)

본서의 무단 복제 행위를 금하며, 잘못된 책은 바꾸어 드립니다.